www.tredition.de

AF377593

George Kaufmann

Eine Welt voller Flüchtlinge

Warum und wie produziert der Kapitalismus die riesigen Flüchtlingsströme? Leichtverständliches zum Wesen des Kapitalismus, seinem Formzusammenhang (der radikale Marx praktisch). Wie werden wir das Monster los? Warum Antisemitismus? Israel der Alien-Staat

© 2016 George Kaufmann

Verlag: tredition GmbH, Hamburg

ISBN
Paperback: 978-3-7345-1274-2
Hardcover: 978-3-7345-1275-9

Printed in Germany

Das Werk, einschließlich seiner Teile, ist urheberrechtlich geschützt. Jede Verwertung ist ohne Zustimmung des Verlages und des Autors unzulässig. Dies gilt insbesondere für die elektronische oder sonstige Vervielfältigung, Übersetzung, Verbreitung und öffentliche Zugänglichmachung.

Inhalt

Einführung

Seit über 20 Jahren führen die USA und ihre NATO-Partner im Nahen Osten Kriege. Worin liegen die Ursachen? Geht es ums Öl oder gar um die Weltherrschaft? Jein. Es geht um den Kapitalismus selbst, um das System der abstrakten Arbeit als Selbstzweck. Dieses System ist, wie Marx bereits sehr treffend vorhersagte, an seiner absoluten inneren Schranke angelangt; und zwar, wie die von jedem einsehbaren Daten auch empirisch zeigen, bereits seit etwa 40 Jahren. Seither frisst sich der nunmehr globalisierte Kapitalismus selbst auf. Er befindet sich sozusagen in seiner „Nachspielzeit".

In der Dritten industriellen Revolution der Mikroelektronik ist er so rationell geworden, dass er insgesamt nur immer weniger menschliche Arbeitskraft vernutzen kann. Die kapitalistischen Inhalte können nicht mehr in die kapitalistische Form gepresst werden. Die Menschen werden in unvorstellbarem Ausmaß zu kapitalistisch Überflüssigen. Damit kommt die Wertproduktion in immer mehr Weltregionen nach und nach zum Erliegen; denn Automaten produzieren keinen Wert und also auch keinen Mehrwert (und einzig auf diesen kommt es im kapitalistischen System an). Voll funktionsfähige Kapazitäten werden stillgelegt, während zugleich oft in unmittelbarer Nähe Menschen verhungern oder völlig verarmt dahinvegetieren. Auf einen Nenner gebracht: Mehrwert weg – Leben aus! Es ist pervers.

Dieser Prozess ist kontinuierlich und frisst sich unaufhaltsam von der ökonomischen Peripherie über deren Mittellagen bis in die kapitalistischen Zentren des Westens vor. Der Kapitalismus hat seine End-Krise erreicht; und natürlich kann er auch nicht mehr in irgendeine seiner Vergangenheiten zurück, weil das erreichte Produktivitätsniveau nicht rückgängig gemacht werden kann. So kann er sich nur auf seinen Kern, sein Wesen zurückschrumpfen: Gewalt. Das Ungeheuer windet sich und schlägt mit allen Gewaltmitteln blindlings um sich. Und die Masse der „Überflüssigen" reagiert ebenso, da sie im Laufe von mehreren hundert Jahren unter ständiger Folter verinnerlicht hat, ein Konkurrenz-Subjekt zu sein, eine Kampf-Sau, ein Raub-Affe; jeder gegen alle.

Im Folgenden habe ich ein paar aktuell sehr relevante Textauszüge aus Robert Kurz' „Weltordnungskrieg" (2003) und dem „Manifest gegen die Arbeit der Gruppe KRISIS (2004) zusammengestellt, ergänzt und aktualisierend moderiert.

Du wirst lesen, welche Ursachen zu den heutigen Flüchtlingsströmen führten und was diese ihrerseits bewirken. Dazu bekommst Du eine direkte Einsicht in den kapitalistischen Formzusammenhang, den es angesichts der heutigen Entwicklung des Monsters Kapitalismus rigoros abzuschaffen gilt, um die begonnene Selbstzerstörung der Menschheit zu verhindern. Schließlich zeige ich Dir in diesem Zusammenhang die „Alien"-Gestalt des Staates Israel.

Die imperiale Apartheid

Der nach außen gerichtete Sicherheits- und Rohstoff-Imperialismus einer ebenso hartleibigen wie penetranten globalen Minderheitskultur, die am Rest der Welt trotz ihres totalen Kontrollanspruchs nur noch ein partielles und punktuelles Interesse hat, kann seiner Natur nach nur einen Teilaspekt des „ideellen Gesamtimperialismus" ausmachen. Mindestens ebenso wichtig ist das Interesse an einer Abschottung der westlichen Zentren gegen die gesellschaftliche „Destabilisierung", wie sie aus der kapitalistischen Unbrauchbarkeit großer Teile der Welt und ihres Menschenmaterials hervorgeht. Denn spiegelverkehrt zum erlahmenden Drang des Kapitals, die unrentabel gewordene Arbeitskraft dieser Bevölkerungen zu verwerten, die nicht mehr als „hands" der Akkumulation dienen können, entwickelt die Milliardenmasse der „Überflüssigen" ihrerseits den Drang, sich zur Elendswanderung in die Zentren der kapitalistischen Elendsverursachung aufzumachen.

Gewissermaßen haben wir es dabei mit einer Massen-Entwürdigung zweiter Ordnung zu tun. Die Entwürdigung erster Ordnung hatte in einer grauen Vergangenheit der Modernisierungsgeschichte darin bestanden, dass die Menschen überhaupt in das Material des Verwertungsprozesses, in die „hands" der aus allen menschlichen Bindungen „herausgelösten Ökonomie" (Karl Polanyi) von Kapital und Weltmarkt verwandelt wurden. Später versuchten die sozialen und politischen Bewegungen der einmal zum Arbeitsmaterial degradierten Massen auf dem Boden ihrer eigenen Entwürdigung so etwas wie eine sekundäre menschliche „Würde" zu gewinnen: gerade als Subjekte ihrer eigenen Objektivierung durch die kapitalistische Weltmaschine. Das soziale Selbstbewusstsein bezog sich nur noch positiv auf das eigene Dasein in den Kategorien der historisch aufsteigenden kapitalistischen Weltgesellschaft, auf die „Anerkennung" als Rechts- und National-Subjekte in dieser Form.

In der Krise der Dritten industriellen Revolution wird nun einem stetig anschwellenden Teil dieser kapitalistisch domestizierten und disziplinierten Menschheit nicht einmal mehr die sekundäre „Würde in der Entwürdigung" als einem regulären Subjekt abhängiger Arbeit zugestanden: in einem gewaltigen Schub der Entwürdigung zweiter Ordnung nimmt ihnen das Weltsystem die letzte Hoffnung auf ein halbwegs erträgliches Dasein, ohne sie jedoch auch nur im mindesten aus seinen Klauen zu entlassen und ohne dass sie selber sich überhaupt noch ein anderes Dasein vorstellen könnten. Diese Paradoxie eines globalen Verhältnisses, in dem der größere Teil der Welt ökonomisch „überflüssig" wird und dennoch in der Form des modernen warenproduzierenden Systems festgenagelt bleibt (auch in der eigenen Subjektform), versetzt ganze ehemalige Nationalökonomien und ihre Bevölkerungen in den Status von institutionellen Bettlern und Vagabunden, die man weder leben noch sterben lässt.

Eine Welt voller Flüchtlinge

Es ist nur folgerichtig, dass neben die sekundäre Plünderungsökonomie, die den westlichen Sicherheitsimperialismus herausfordert, eine ebenso sekundäre Ökonomie der Massenfluchten und Migrationsbewegungen tritt, die von der vermeintlichen kapitalistischen Normalität der Zentren und ihrer Konsumverheißungen magisch angezogen werden. Wer noch brachliegende Tatkraft besitzt und nicht zum Aktivisten der Plünderungsökonomie wird, macht sich allein oder mit Kind und Kegel auf in die gelobten Länder und Regionen der globalen Marktwirtschaft.

Teils handelt es sich um Binnenwanderungen wie etwa in Brasilien aus dem sozialökonomisch versteppten Nordosten in die südlichen Zonen der (prekären) Weltmarkt-Industrialisierung; noch weitaus größer ist der Strom der Elendswanderung in China, wo ständig mehr als 200 Millionen Menschen der verarmten Landbevölkerung unterwegs sind und in den Einzugsbereichen der Exportindustrien nach Billigjobs suchen. Diese Form der Binnen-Migration lässt sich mehr oder weniger in allen Teilen der kapitalistischen Peripherie und mittlerweile selbst in Nordamerika und Europa beobachten.

Teils sind es aber auch große grenzüberschreitende und sogar transkontinentale Menschenströme, die ihr Heil in der Flucht nach außen suchen und doch immer und überall nur denselben Terror der Ökonomie vorfinden. Die Masse dieser Fluchtbewegungen übertrifft in ihrer globalen Dimension bei weitem die großen Auswanderungsschübe des 19. Jahrhunderts (vor allem aus Europa nach den beiden Amerika und aus Ost- nach Westeuropa), die ihrerseits schon von einem frühen Stadium derselben kapitalistischen Zumutungsgeschichte verursacht worden waren.

Der Terminus des „Wirtschaftsflüchtlings", von den demokratischen Administrationen des Elends in herabsetzender Weise kreiert, fällt dabei auf seine Urheber zurück, indem er auf den weltumspannenden Ökonomismus des Kapitals als generellen Fluchtgrund verweist. Es sind immer nur abgeleitete Formen des Urgrunds aller modernen Katastrophenpotenz und Verzweiflung, die in verschiedenen Abstufungen die Kategorien der Fluchtgründe und Flüchtlinge bilden. Die „Kriegsflüchtlinge" werden von jenen sogenannten Wirren, den Plünderungs- und Elendskriegen getrieben, die doch nichts anderes als die Folge des Scheiterns ganzer Weltregionen an den Kriterien kapitalistischer Konkurrenz sind. Die „Armutsflüchtlinge" drücken denselben Fluchtgrund nur direkter aus. Massenhaft werden Menschen auch mit brachialer (formal legaler wie illegaler) Gewalt von ihrem Stück Land vertrieben, um es in Exportfarmen von Genussmitteln und Biosprit für den Weltmarkt und seine Besserverdienenden umzuwandeln.

Längst gibt es auch „Katastrophenflüchtlinge", die sich vor den gesellschaftlich verursachten Naturkatastrophen zu retten suchen: Wassermangel, Versteppung, Vordringen der Wüsten, Dürren und Überflutungen als Konsequenz blinder Ökonomisierung, betriebswirtschaftlicher Kosten-Externalisierung, rücksichtslosem Raubbau an Rohstoffen und destruktiver Industrialisierung der Landwirtschaft zwecks Devisen-Erwirtschaftung liegen den meisten dieser vermeintlichen Naturprozesse zugrunde.

Besonders entlarvend ist die Kategorie der „Entwicklungsflüchtlinge", die jenen megalomanischen Projekten zum Opfer fallen, wie sie immer wieder von der Weltbank als angebliche „Entwicklungshilfe" gefördert werden. Oft von populistischen Regimes und korrupten Diktaturen betrieben und eifrig befürwortet von westlichen Konzernen, die damit ihre Auftragsbücher für lukrative Weltzerstörungsmaschinerien füllen, handelt es sich dabei in der Regel um bloße Prestigeprojekte oder um eine Flucht nach vorn aus ökonomischen Krisenprozessen; mit einer Art rechtskeynesianischem Pyramidenbau sollen abstrakte ökonomische Wachstumszahlen generiert und als „Erfolge" verkündet werden.

Der Prototyp dieser zerstörerischen Pyramidenprojekte, die nicht umsonst auch als „weiße Elefanten" bezeichnet werden, ist der Bau von riesigen Staudämmen, der die Flutung ganzer Regionen zur Folge hat, in denen Millionen von Menschen leben. Ganz in der Manier Stalins, dessen Terror-Industrialisierung berüchtigt war für die Zwangsumsiedlung ganzer Bevölkerungsgruppen, werden auch die Opfer der „weißen Elefanten" von ihren Lebensgrundlagen vertrieben, ihre Widerstandsaktionen mit Polizei- und Militärgewalt gebrochen.

In Brasilien ist der Itaipú-Staudamm im Grenzgebiet zu Paraguay am Paraná-Fluss solch ein Projekt. Er wird auch als „Pharaonen-Projekt" bezeichnet. In Argentinien ist so ein Schand-Projekt der Yacyreta-Staudamm, ebenfalls an der Grenze zu Paraguay. Er gilt als „Monument der Korruption". Eines dieser von der Weltbank geförderten Projekte ist der berüchtigte Staudamm Sardar Sarovar in Indien, „der größte eines gewaltigen Bauprogramms, das dreißig Großstaudämme, 135 mittlere und 3000 kleine Dämme sowie Kanalanlagen in einer Gesamtlänge von 80.000 Kilometern umfassen soll. Der Plan sieht die Umsiedlung von 14 Millionen (!) Indern vor…" (van Laak 1999, 112). Dieses von weltweiten Protesten begleitete Projekt wird noch übertroffen vom Bau des chinesischen Drei-Schluchten-Damms am Jangtse mit unabsehbaren ökologischen Folgen, wo ebenfalls Millionen von Menschen weichen müssen. Analoge Projekte sind auch in Afrika angelaufen.

Im Gegensatz zur stalinistischen Sowjetunion findet dabei meistens noch nicht einmal eine regelrechte Umsiedlung statt, sondern die Bewohner der gefluteten Regionen werden einfach ins Nichts entlassen; nationale und internationale Hilfsgelder für den angeblichen Neuaufbau einer Existenz anderswo, ohnehin lächerlich gering bemessen, verschwinden in den Taschen der korrupten Administrationen, die genau wie die Dinosaurier-Projekte selbst bereits ein Ausdruck der ökonomischen Misere sind. Und so produziert der „Entwicklungs"-Stalinismus der Weltbank, verwandter Institutionen, größenwahnsinniger Krisenpotentaten und übrig gebliebener Staatskapitalismen seine Flüchtlingskategorien so gut wie der ganz normale Gang der Weltmarkt-Konkurrenz.

Oft mischen sich die Fluchtgründe, wenn über die Menschen mehrere apokalyptische Plagen des kapitalistischen Weltsystems gleichzeitig hereinbrechen. Aber auch abgesehen von den Massenfluchten im eigentlichen Sinne (wie wir sie jetzt gerade in Süd- und Westeuropa erleben) ist eine Arbeits-Migration von globalem Umfang aus der Peripherie in die Zentren zu beobachten. Offiziell sind nach Angaben der Internationalen Arbeitsorganisation (Ilo) in Genf heute mehr als 120 Millionen Menschen außerhalb ihres Heimatlandes beschäftigt.

Auch ohne direkte Katastrophen, die zur Flucht zwingen, setzt das unverschämte Reichtumsgefälle der kapitalistisch verwahrlosten Welt die Menschen in Bewegung: Bereits anno 2000 konnten wir lesen: „Höhere Löhne wirken wie ein Magnet – trotz aller kulturellen, sprachlichen und geographischen Unterschiede. So verdienen mexikanische Arbeiter in den USA 278 $ die Woche, in ihrer Heimat waren es nur 31 $. Indonesische Arbeiter mussten sich in ihrem Land mit 0,28 $ am Tag begnügen, im benachbarten Malaysia schnellte der Lohn auf 2 $ täglich nach oben" (Handelsblatt, 2.3.2000). Selbst noch innerhalb der Billiglohn-Sektoren gibt es sowohl global als auch weltregional ein Gefälle, das zwangsläufig massenhaft Migration hervorbringt.

Rechnet man zu den offiziell im Ausland Beschäftigten noch die „Illegalen", die Binnen-Migrationsbewegungen und die diversen Katastrophen-Flüchtlinge, dann sind gegenwärtig bereits weit mehr als zehn Prozent der Menschen unterwegs, um sich vor den Wirkungen des ökonomischen Terrors und seiner Folgeprozesse (nichts Anderes sind die derzeitigen Kriege in Nahost) zu retten.

Ausgrenzungsimperialismus: Mauer und Todesstreifen nach freiheitlicher Art

Die Massen der Bürgerkriegs-, Elends- und „Wirtschaftsflüchtlinge" sind es, die den westlichen Ausgrenzungsimperialismus auf den Plan rufen. Damit tritt vollends die globale Implosion des Kapitalverhältnisses und seines imperialen Zugriffs auf die Welt ans Licht. War der Kapitalismus in seiner vergangenen Aufstiegs- und Durchsetzungsgeschichte unersättlich in seinem Hunger nach Menschenfleisch, das er noch in den entlegensten Winkeln der Welt aufzustöbern suchte, um es sich qua „Arbeit" einzuverleiben, so gleicht er nun einem appetitlos gewordenen Krebskranken, der vom einstigen Objekt seiner Begierde heimgesucht und überschwemmt wird, das er nicht mehr schlucken und verdauen kann und das ihm Angst und Abscheu einflößt.

Vom Standpunkt des alten nationalen Ausdehnungsimperialismus wäre der umgekehrte Begriff eines defensiv erscheinenden Ausgrenzungsimperialismus zwar als strategische Option bloß absurd erschienen; aber ideologisch sind in dieser Hinsicht doch gewisse Rückgriffe auf ein Vorstellungsmuster aus dem frühen 20. Jahrhundert zu erkennen, das damals nur den Stellenwert einer Subströmung hatte. Dabei wurden wie so oft in der bürgerlichen Ideologiegeschichte die Raub- und Ausbeutungsgelüste des westlichen Imperialismus und Kolonialismus aggressiv und wahnhaft auf seine Opfer projiziert, um das eigene Handeln als eine Art „Vorwärtsverteidigung" gegen einen zukünftig vielleicht übermächtigen Gegner erscheinen zu lassen. Sowohl im angelsächsischen Bereich als auch insbesondere in Deutschland gehörte dazu die populäre Rede von der „gelben Gefahr" aus Asien, die Europa und Nordamerika wie einst die mongolischen Reiterhorden zu überfluten drohe. Auch den „jungen afrikanischen Völkern" wurde immer wieder eine gefährliche Vitalität und Lendenkraft zugeschrieben, die den im Luxus seiner Welteroberung verweichlichenden „weißen Mann" drohen alt aussehen zu lassen. Oswald Spenglers „Untergang des Abendlands" ist von solchen ins Mythische erhobenen Motiven durchzogen.

Das heutige Stammtisch- und Mediengerede, dass „das Boot voll" sei, knüpft ebenso wie Huntingtons Pseudotheorie vom „Kampf der Kulturen" unverkennbar an diesen ideologischen Motivzusammenhang an. Und im Unterschied zur Vergangenheit stehen heute wirklich die Massen der Dritten Welt und der europäischen

Peripherie vor den Toren des kapitalistischen Zentrums. Nur handelt es sich nicht um unverdorbene und kampfstarke „Eroberungsvölker" wie in den idiotischen Fantasien der altimperialistischen Ideologen, sondern um die vom kapitalistischen Weltsystem selbst produzierten und ausgespuckten traurigen Elendsmassen, um die Lazarusse von Hunger, Aids und Gewalt, aber auch um die postmodernen Mafiosi der Zusammenbruchs-Regionen, die zu in den Westen ausgreifenden Risiko-Unternehmern mutieren.

Es hat etwas ungeheuer Schäbiges und zugleich banal Realistisches, dass die heranbrandenden Menschenmassen als fundamentale Bedrohung erlebt und administrativ abgewehrt werden. Dabei mischen sich irrationale Ängste vor dem andrängenden „Fremden" aus der selbst produzierten Weltkrise mit ganz banalen Konkurrenzinteressen (etwa auf den Arbeitsmärkten) und mit Motiven der „inneren Sicherheit" im Hinblick auf Ghettoisierung, Straßenkonflikte, Massenkriminalität usw.

Wie in der Vergangenheit der nationalimperialen Ausdehnungsmächte macht sich in diesem Zusammenhang mehr oder weniger diffus ein gemeinsames chauvinistisches Konkurrenz- und Herrschaftsinteresse von Lohnarbeitern und Sozialhilfeempfängern, Konzern-Management und politischer Klasse des Westens gegen die Massen des globalen Ostens und Südens geltend, das jedoch unter den neuen Bedingungen nicht mehr auf Einverleibung, sondern auf Ausgrenzung zielt.

Dieser mörderische Abwehrcharakter ist bis in den ideologischen und kulturellen Diskurs hinein unverkennbar: Selbst bei den ordinärsten Rechtsradikalen und Neonazis ist keine Rede mehr vom „Lebensraum im Osten", von „nationalen Einflusszonen", kolonialen oder quasi-kolonialen Annexionen etc. Diese einst wirkmächtigen Imaginationen einer expansionistischen nationalen Selbstbehauptung haben sich geradezu ins Gegenteil einer Abschottungs- und Ausgrenzungsideologie verkehrt, etwa in Parolen wie „Deutschland den Deutschen", „Österreich den Österreichern", „Frankreich den Franzosen" usw. oder „Deutschland zuerst" („Österreich, Frankreich usw. zuerst").

In der Abschottung gegen die Fluchtströme und Elendswanderungen sind diese Parolen zur allgemeinen westlichen Staatsdoktrin und zum Konsens innerhalb der NATO geworden, wenn auch weniger in einem eng nationalistischen als vielmehr in einem großräumigen, auf das kapitalistische Zentrum als Ganzes bezogenen Sinne. Diese Entwicklung reflektiert sich in der gängig gewordenen Redeweise von der „Festung Europa" und der „Festung Nordamerika". In der Tat haben diese beiden Teile des Zentrums in den vergangenen über drei Jahrzehnten damit begonnen, jeweils eine Art chinesische Mauer oder Limes zu errichten.

In den USA wird diese „eiserne Linie" an der mexikanischen Grenze gegenüber dem lateinamerikanischen Raum gezogen. Obwohl Mexiko und die USA mit Kanada offiziell zu einer Freihandelszone (NAFTA) zusammengeschlossen sind, gilt dies seitens der USA keineswegs für einen „Freihandel der Arbeitskraft". Im Unterschied zum Handelsraum der EU, der die Freizügigkeit der Arbeitskraft einschließt und als deckungsgleich mit dem Verhältnis von Inklusion und Exklusion definiert ist, verläuft dieses Verhältnis an der Südgrenze der USA mitten durch die offizielle Wirtschaftsunion selbst. Es besteht nur ein Interesse an „Schraubenzieherfabriken" für eine billige Lohnveredelung in den mexikanischen Grenzgebieten (maquiladoras), während die Massenmigration nach Kalifornien mit allen Mitteln abgewehrt wird. Deshalb reagieren die politischen Klassen der USA und Kanadas auch kühl bis gereizt auf alle mexikanischen Vorstöße, die NAFTA zu einer einheitlichen Wirtschaftsunion nach dem Vorbild der EU zu erweitern.

Und die Mittel der Ausgrenzung sind drastisch. Jede Nacht veranstaltet die US-Grenzpolizei mit Scheinwerfern, Sensoren und Hunden regelrechte Menschenjagden auf die „Unwillkommenen". Buchstäblich nach dem Muster jener historischen Grenzmauern, mit denen sich nicht nur antike Imperien gegen Eindringlinge abzuschotten versuchten, werden die Grenzbefestigungen der USA gegenüber Mexiko immer stärker ausgebaut. Allein bereits im Jahr 2000 wurde von den mit Kosten von mehr als 3 Milliarden Dollar zusätzlich aufgerüsteten US-Grenztruppen fast eine halbe Million sogenannter illegaler Grenzgänger festgenommen. Jedes Jahr werden durchschnittlich etwa 1000 dieser Mexikaner und weitere Lateinamerikaner auf der US- Seite erschossen bzw. kamen durch Hitzeschläge, Unterkühlung oder schwerer Misshandlung ums Leben. Dabei tritt neben die offizielle Grausamkeit der Grenztruppen die inoffizielle Selbstjustiz der US-Grenzfarmer, die sich zu einem rassistischen „Bund besorgter Bürger" zusammengeschlossen haben und schwer bewaffnet eigenmächtige Treibjagden auf das südliche Menschenwild veranstalten: „… ‚Dies Gesindel hat weder auf meinem Grund und Boden noch in den USA etwas verloren‘, dröhnt Robert Barnett, 57. Der Rinderzüchter … warnt unmissverständlich: ‚Ich bin entschlossen, auch Leben zu nehmen‘. Auch David Stoddart hat aufgerüstet. Der pensionierte Polizist hält auf seinem Grundstück zwei Kampfhunde und besitzt ein halbes Dutzend Gewehre. ‚Mein Haus ist meine Burg‘, meint Stoddart, ‚wer hier eindringen will, ist ein Todeskandidat‘ …" (Der Spiegel 7/2001)

Soviel zur demokratischen Freizügigkeit des liberalen Westens und seiner Vormacht. Die „europäischen Besucher" müssen freilich nicht bis zur Südgrenze der USA reisen, um sich an jene „vergangen geglaubten Zeiten" von Mauer und Todesstreifen der Ex-DDR erinnert zu fühlen. Sie können dieses Erlebnis auch jederzeit an der eigenen Haustür haben. Die „Festung Europa" schottet sich sogar an zwei weltregionalen Fronten durch einen „eisernen Vorhang" gegen die Kriegsflüchtlinge und Elendsmigranten ab: einerseits entlang des Mittelmeers gegen den nordafrikanischen Maghreb und den Nahen Osten; andererseits an den Ostgrenzen der EU gegen Osteuropa und Mittelasien.

Im westlichen Mittelmeer bildet Spanien mit seiner Küstenwache und schwerbewaffneten Grenzpolizei den Frontstaat gegen die Migrantenmassen aus Nordafrika. Besonders die Meerenge von Gibraltar und die spanischen Enklaven auf nordafrikanischem Territorium gelten als gefährdete Zonen. Jedes Jahr werden dort tausende Flüchtlinge (sogenannte indokumentados) festgenommen.

Im östlichen Mittelmeer sind es hauptsächlich Italien und inzwischen auch Griechenland, die für die „Berliner Mauer" der EU zuständig sind. Tausende Menschen ertrinken dort jedes Jahr. Wir kennen die grausigen Bilder: dicht neben den Touristenstränden Menschentrauben aus verschmutzten, halb verdursteten Körpern, alsbald eingesammelt von der Fremdenpolizei. Solche Tragödien sind in der Adria längst zum Alltag geworden. Die italienische Küstenwache macht systematisch Jagd auf die Verzweifelten, die als zahlungsunfähige „Unwillkommene" aus den Kriegsregionen Südosteuropas, Anatoliens, Nordafrikas und Mittelasiens angespült werden. Und gelegentlich darf auch schon mal ein Flüchtlingsschiff „aus Versehen" versenkt werden. Die jämmerlich Ertrunkenen werden widerstrebend gezählt.

Für die EU wie für die NATO ist der mediterrane Raum heute vor allem über diese Strategie der Abschottung definiert. Bereits 1999 konnten wir wissen: „Die demographische Entwicklung in vielen südlichen und östlichen Mittelmeerstaaten sowie die düsteren Zukunftsperspektiven der immer jünger werdenden Bevölkerungsmehrheiten erzeugen ein hohes Migrationspotential, das sich insbesondere auf Europa richtet. Sollten zudem noch die bereits existierenden Konflikte und Krisen in vielen dieser Länder offen zum Ausbruch kommen, so ist zu erwarten, dass neben die sozialökonomisch motivierten Migranten eine hohe Anzahl von Kriegs- und Bürgerkriegsflüchtlingen tritt" (Jacobs/Masala 1999, 31). Man höre sich heute (2016) die scheinheiligen Absonderungen der Politiker an, die natürlich von so einem Flüchtlingsansturm nichts ahnen konnten und zutiefst überrascht sind.

Die auf diese Tendenzen bezogene strategische Bestimmung folgt nicht mehr der Auseinandersetzung von kapitalistischen Mächten um die Beherrschung des Mittelmeers wie in den Epochen des polyzentrischen und bipolaren Kampfes um die Weltherrschaft, sondern der Vorgabe eines gesamtwestlichen Sicherheits- und Ausgrenzungsimperialismus. In dieser Hinsicht „lässt sich konstatieren, dass es weder das Bestreben der NATO noch der EU ist, das Mittelmeer erneut in ein ‚Mare Nostrum‘, also in ein hegemonial strukturiertes Einflussgebiet europäischer und transatlantischer Politik zu verwandeln. Vielmehr soll es in ein ‚Mare Securum‘, also in ein Vorfeld transformiert werden, von dem in absehbarer Zukunft keine Sicherheitsrisiken für die gesellschaftliche Eigenentwicklung der europäischen Staaten sowie der USA ausgehen" (ebd, 37).

Die Seesperre als „eiserner Vorhang" gegen Flüchtlinge ist inzwischen auch am anderen Ende der Welt, in Australien, zum Usus der Demokratie geworden; drastisch ins Blickfeld der Weltöffentlichkeit gerückt durch verschiedene Flüchtlingsdramen. Das erste ereignete sich bereits 2001, als das norwegische Containerschiff

„Tampa" 438 vorwiegend afghanische Flüchtlinge aus Seenot gerettet hatte und in der Nähe der zu Australien gehörenden Weihnachtsinsel im Pazifik vor Anker gegangen war. Kapitän und Besatzung waren mangels Ausrüstung völlig überfordert mit der Aufgabe, die Flüchtlinge zu versorgen und zu verpflegen. Während von den auf engstem Raum zusammengepferchten Menschen viele an Durchfall erkrankten und sich an Bord unbeschreibliche hygienische Zustände entwickelten, begann ein unwürdiges Gezerre und Gefeilsche der Staatenwelt um ihr Schicksal. Der australische Premierminister, statt Hilfe zur Verfügung zu stellen, ließ die „Tampa" von militärischen Eliteeinheiten stürmen, um sie gewaltsam außerhalb der Hoheitsgewässer zu halten. Die einzige Konsequenz dieses Dramas war eine massive Verstärkung der Grenzkontrolle Australiens; zusätzlich wurden sofort fünf Patrouillenboote und vier Überwachungsflugzeuge eingesetzt. So ist nun, analog zu den USA und zur EU, von einer „Festung Australien" die Rede, hier wie dort demokratisch mehrheitsfähig mit eindeutig chauvinistischen Begründungen. „Die Bevölkerung", so hieß es bereits 2001 in einem Korrespondentenbericht aus dem Südkontinent, „sieht die Position des Landes als ausgeprägte Wohlstandsinsel in einem ,Meer von Armut' gefährdet" (Astbury 2001). „Die Australier stehen endlich wieder fast ausnahmslos hinter ihrer Regierung... ,Abknallen und versenken', dröhnt es sogar aus den Radiolautsprechern" (Wälterlin 2001). Nur wenige Tage nach dem Drama auf der „Tampa" (die Flüchtlinge wurden am Ende Richtung Neuseeland und teils auf eine unwirtliche Pazifik-Insel verfrachtet) beschuldigte Spanien die marokkanische Regierung der „Laxheit" gegenüber illegalen Migranten, die sich von den marokkanischen Stränden aus einschifften.

Die Tragödie der „Tampa" verweist auch noch in anderer Hinsicht auf die gesamtdemokratische Heuchelei. Denn sogar auf den Ozeanen wird die Menschheit auf eine nie zuvor dagewesene Weise in extreme Armut und obszönen Reichtum aufgespalten. Den „Boat People" des Elends entsprechen die anderen „Boat People" des Krisenreichtums; beide auf der Flucht – die einen vor den Katastrophen des Kapitalismus, die anderen vor der Besteuerung ihres kapitalistisch erworbenen Vermögens und vor den sozialen Konsequenzen ihres Geldmachens: existiert der Unterschied zwischen Arm und Reich. Heute werden riesige Luxusschiffe gebaut, auf denen man sich eine Eigentumswohnung kaufen kann, um sich einen Steuerwohnsitz auf hoher See zu unterhalten – schwimmende Nobeldörfer, die keine Mauer mehr brauchen, um sich vom Rest der Welt zu befreien, keine gated communities wie in den USA. Mobile Steueroasen der Privilegierten, die von Hafen zu Hafen ziehen, immer in der absoluten Gewissheit, dort freundlich versorgt zu werden. Für die Flüchtlinge ist der Frachter „Tampa" ein riesiges Gefängnis, von dem jede Flucht unmöglich ist. Aber für die zukünftigen Bewohner der anderen Sorte wird der Ozean zum Garanten für ihre völlige Freiheit von jeder Art sozialer Verpflichtung, ein Paradies im Niemandsland. Was würde aber wohl geschehen, wenn ausgerechnet ein solches Luxusschiff die Flüchtlinge aus Seenot retten müsste – und das muss es – und nicht die „Tampa"? Würden die reichen Nomaden ihre wunderschönen Wohnungen zur Verfügung stellen? Oder würden sie gegen die Eindringlinge nicht vielmehr die Navy jener Staaten zu Hilfe rufen, für die sie zuvor kaum einen Steuerpfennig aufgebracht hatten?" (Steinberger 2001).

Als Polen, Tschechien u.a. Länder noch nicht EU-Mitglieder waren, fand dieselbe Menschenjagd wie an der Südgrenze der USA, in den australischen Gewässern und im Mittelmeer auch bereits an der damaligen Ostgrenze der EU entlang der Oder und im Grenzgebiet zu Tschechien statt. Und hier war es der deutsche Grenzschutz, der mit Hunden, Patrouillenfahrzeugen und Scheinwerfern Migranten und Flüchtlinge hetzte und dabei keinen Deut zimperlicher vorging als die Kollegen der Festungspolizei an den anderen „eisernen Vorhängen" des demokratischen Kapitalismus, wie zahlreiche Beispiele bezeugen. Sieben kosovo-albanische Flüchtlinge starben nach einer Verfolgungsjagd 1998 nahe bei der sächsischen Stadt Freiberg noch am Unfallort, 20 weitere Personen wurden in Krankenhäuser eingeliefert. „Diese Begebenheit ist ein Beispiel dafür, in welcher Weise das Recht, Rechte zu haben, territorial abgeschwächt oder gar außer Kraft gesetzt wird. In der Grenzzone, gesetzlich auf eine Breite von 30 Kilometern festgelegt, haben Flüchtlinge, wenn sie gefasst werden, kaum Chancen auf eine Asylantragstellung und sind von sofortiger Rückschiebung in das Nachbarland bedroht..." (Dietrich 2000). Nicht besser sah es natürlich an der Grenze Österreichs zu Ungarn und Slowenien aus. Die Österreichische Polizei, ohnehin bekannt für ihr rassistisches Potential und ihren Hang zu einschlägigen Übergriffen, stand den Kollegen in der BRD, Spanien und Italien an Brutalität in der Behandlung der Rechtlosen und stumm gemachten nicht nach.

Es kann heute gar keinen Zweifel mehr geben, dass die Balkankriege der NATO nicht nur im Interesse des westlichen Sicherheitsimperialismus, sondern auch (und sogar in erster Linie) im Zusammenhang mit dem westlichen Ausgrenzungsimperialismus geführt wurden. Schon Anfang der 90er Jahre gab das „Handelsblatt" hinsichtlich der „Wohlstandsgrenze" den Alarmruf aus: „Europa droht an der Ost- und Südflanke der Sturm einer neuen Völkerwanderung" (Habicht 1992). Knapp ein Jahrzehnt später wurde der Hauptherd der illegalen Migration für die 90er Jahre identifiziert, indem es hieß: „Balkan wird zur offenen Flanke der ‚Festung Europa'..." (Handelsblatt, 15.2.2001).

Durch das Abkommen von Schengen, das 1995 endgültig in Kraft trat, wurde die Freizügigkeit des Verkehrs innerhalb der EU festgeschrieben; die wie stets heuchlerischen demokratisch-kapitalistischen Medien feierten mit dem Abbau der Schlagbäume und Grenzkontrollen einen angeblichen epochalen Fortschritt, eine Überwindung des engstirnigen nationalen Denkens. Aber die Freizügigkeit nach innen ist im Schengener Abkommen ausdrücklich an die verschärfte und geradezu brutalisierte Kontrolle der gemeinsamen Außengrenze gebunden, an das Gegenteil von Freizügigkeit gegenüber den Massen der Halb- und Nichtmenschen „draußen", außerhalb der kapitalistischen Reproduktionsfähigkeit, die auch „draußen" gehalten werden sollen.

Zunehmend war und ist die EU allerdings bemüht, die hässliche Grenze ihres Ausgrenzungsimperialismus vor zu verlagern und die Schmutzarbeit auf die Anrainerstaaten auszulagern, um das Bild der demokratischen Idylle möglichst wenig zu beflecken. Vor allem die Asylpolitik ist bestrebt, das Problem auf die Frontstaaten außerhalb der EU abzuwälzen. Sämtliche osteuropäischen Beitrittsstaaten mussten sich in Verträgen verpflichten, über ihr Territorium eingereiste und in der BRD bzw. Westeuropa abgelehnte Asylbewerber und „illegale" Migranten „zurückzunehmen", also den Umgang mit diesen Menschen zu ihrem Problem zu machen.

Dabei arbeiteten die Europäische Kommission und insbesondere die Regierung der BRD als Hauptfürsprecher der damaligen sogenannten Osterweiterung der EU ganz unverblümt mit Pressionen, um besonders die damals hoffnungsvollsten Aufnahme-Adepten Polen, Tschechien und Ungarn ebenso wie Bulgarien und Rumänien zu Vorposten ihres Ausgrenzungsimperialismus zu machen: „In der Europäischen Kommission kursieren deshalb Überlegungen für einen ‚europäischen Grenzschutz', der Beamte aus neuen und alten Mitgliedstaaten umfassen könnte... Noch immer erwartet die Kommission eine überzeugende Antwort der polnischen Regierung auf die Frage (!), wie sie die löchrige Grenze zu Weißrussland und zur Ukraine besser zu schützen gedenke... Werden künftig an der polnischen und anderen Außengrenzen der Gemeinschaft Grenzpolizisten aus den heutigen EU-Staaten gemeinsam mit litauischen, polnischen oder ungarischen Kollegen auf Streife gehen? Die Vorstellung, Beamte des Bundesgrenzschutzes könnten entlang der Ostgrenze patrouillieren, weckt in Polen auch mehr als ein halbes Jahrhundert nach Ende des Zweiten Weltkriegs schlimme Erinnerungen..." (Bünder/Friedrich 2000).

Um solchen unverschämten Pressionen zuvorzukommen, bemühten sich natürlich die Regierungen der damaligen Aufnahmekandidaten zunehmend darum, selbst bereits die erwünschte Härte bei der „Vorneverteidigung" der „Festung Europa" an ihren Ostgrenzen zu demonstrieren. Mit ekelhaften Folgen für die „Freizügigkeit" innerhalb Osteuropas, das nun auf neue Weise geteilt wurde: „Wenn Leute aus der alten westukrainischen Metropole Lemberg ihre Freunde und Verwandten im 100 km entfernten Przemysl besuchen wollen, dann wird das eine lange Reise... Die Grenze dazwischen ist in den vergangenen vier Jahren zu einem undurchdringlichen Festungswall ausgebaut worden. Stacheldraht und Patrouillen mit Hunden sollen illegale Einwanderer fernhalten, Polizeihubschrauber fliegen beständig Grüngürtel ab, an den Übergängen werden Lastwagen und Busse mit endloser Gründlichkeit durchsucht. Die Scheußlichkeit hat bei den Grenzbewohnern einen bezeichnenden Namen: Brüsseler Vorhang (!)... Ähnlich wie im Südosten Polens sieht es auch an den Ostgrenzen der Slowakei und Ungarns aus. Sogar die Tschechen verriegeln ihre Ostgrenze zum Mit-EU-Anwärter Slowakei, auch wenn diese Grenze zu Zeiten der Tschechoslowakei, also bis vor acht Jahren, so unsichtbar war wie die Grenze zwischen deutschen Bundesländern…" (Oztovics 2000).

Die derart gedemütigten und zurückgestuften Staaten östlich der aussichtsreicheren damaligen Aufnahmekandidaten bemühten sich ihrerseits, der EU gegenüber Wohlverhalten durch Härte gegen die noch weiter östlich gelegenen Gebiete an den Tag zu legen. „… Bei der Vorbereitung auf den Beitritt in die EU verwandelt sich Rumänien von einem Ursprungs- und Transitland illegaler Einwanderung zu einem Schutzschild gegen diese" (Nastase 2001. Das schrieb der damalige rumänische Ministerpräsident an die Zeitung FAZ.

Ähnlich widerlich und untertänig verhielt sich die Ukraine, die ebenfalls kapitalistische „Seriosität" in den Ausgrenzungsstandards gegen Flüchtlinge und transnationale Mafia-Bewegungen mimte. „Mehr oder weniger ist das ukrainische Bemühen darauf gerichtet, dass nicht die Westgrenze zu Polen, sondern die Ostgrenze zu Russland die zukünftige Außengrenze der EU sein solle (Wehner 2000).

Es ist kaum fassbar, mit welcher Chuzbe sich der westliche demokratische Diskurs mehr als 25 Jahre nach dem Fall der „Berliner Mauer" immer noch über diese „unmenschliche Grenze" bis zu strömenden Krokodilstränen erregen kann, während er gleichzeitig ungeniert nach „Mauer und Stacheldraht" gegen die „Unerwünschten" verlangt. Das ist dann auf einmal keine „Schandmauer", sondern ein „demokratischer Schutzwall" gegen die Erniedrigten und Beleidigten des kapitalistischen Weltsystems.

Und selbst wenn sich die heutige LINKE, gewissermaßen als Nachfolgepartei der für den Mauerbau verantwortlichen einstigen DDR-Staatspartei in krampfhaften Entschuldigungen übt: Kein Staat habe das Recht, Menschen an ihrer Bewegungsfreiheit zu hindern und sie in seinem Hoheitsgebiet einzusperren. Dieser demokratische Kotau ist offensichtlich nichts als eine Anbiederungsgeste, um das Eintritts-Billett zur kapitalistischen „Regierungsfähigkeit" zu erlangen und „Mitverantwortung übernehmen" zu dürfen für den neuen, noch viel größeren Mauerbau im Osten (über den im Zusammenhang mit der ganzen „Entschuldigungsdebatte" kein Wort verloren wurde und wird).

Was die wunderbare Freizügigkeit betrifft, ist es schließlich kein grundsätzlicher Unterschied, ob Menschen mit Gewalt und Festungswällen ein- oder ausgesperrt werden, ob die Menschenjagd illegalen Flüchtlingen nach außen oder nach innen gilt. Wenn man sich überhaupt auf Argumente für einen Mauerbau einlassen will, war die Legitimation der DDR sogar die bessere: Die staatskapitalistische Bürokratie wollte verhindern, dass der DDR permanent riesige Kosten für die Ausbildung von Ärzten, Ingenieuren, Wissenschaftlern usw. verloren gingen, indem die ausgebildeten Spezialisten sich samt Wissen in den Westen davonmachten. Das war ein gewaltiger ökonomischer Transfer zugunsten der BRD, und zwar zum Nulltarif. Und die flüchtigen Spezialisten wollten natürlich, unabhängig von allen ideologischen Begründungen, ihr kostenlos erworbenes Humankapital im Westen besser verkaufen. Wenn die abfällige Bezeichnung „Wirtschaftsflüchtling" zutrifft, dann auf diese Sorte. Im Unterschied dazu richtet sich die „Brüsseler Mauer" gegen die vom globalen ökonomischen Terror des Konkurrenzkapitalismus verursachten Elendswanderungen; ihre Legitimierung ist noch viel schäbiger als diejenige der „Berliner Mauer".

Je größer der Zustrom und je härter die Abschottungsmaßnahmen im Laufe der 80er, 90er und 00er Jahre wurden, desto mehr entwickelte sich die „Fluchthilfe" zu einem weltweiten professionellen Geschäft – wiederum in böser Analogie zur Geschichte von

„Mauer und Stacheldraht" zwischen DDR und BRD. Wurden aber die Mitglieder der nicht selten durchaus auf klingende Münze erpichten Fluchthelfer-Organisationen an der Berliner Mauer im Westen einst als Helden gefeiert, so gelten die sogenannten „Schlepper-Syndikate" nun als kriminelle Vereinigungen der schlimmsten Art, obwohl sie im Prinzip nichts anderes tun als ihre Vorgänger an der deutsch-deutschen Mauer – allerdings in einem weitaus größeren Maßstab und rein kommerziell, ganz ohne ideologische Freiheitsmaske, also ordinär kapitalistisch; was denn sonst?

Das Schleusergeschäft ist inzwischen weltweit milliardenschwer, buchstäblich eine Art Menschhandel mit notgedrungenem Einverständnis der Menschenware, deren einziges Ziel es ja ist, die eigene Haut auf den westlichen Arbeitsmärkten des Kapitals verkaufen zu können. Für die oft illusorischen Hoffnungen werden den Flüchtlingen, die in ihrer vom Konkurrenzgesetz des Weltmarkts ruinierten Heimat keinerlei Perspektive mehr sehen, in der Regel die gesamten Lebensersparnisse abgenommen. In Albanien und anderen Ausgangspunkten wie Bosnien-Herzegowina trieben die Schleuser ihre „Kundschaft" wie Vieh mit den Waffen zusammen; und tauchte bei der Fahrt über die Adria die ihrerseits rabiate italienische Küstenwache auf, wurden die Flüchtlinge gelegentlich mit vorgehaltener Pistole einfach dazu gezwungen, ins Meer zu springen. Und genau das geschieht tagtäglich auch den Flüchtlingen, die derzeit aus Syrien und anderen Ländern übers Mittelmeer nach Europa drängen. Was bedeuten schon Tote?

Die andere Odyssee auf dem Landweg besteht darin, dass die Schleuser ihre menschliche Fracht zusammengepfercht in Frachtcontainern von Lastwagen verstecken, wie sie dank der kapitalistischen Verkehrspolitik die großen europäischen Transferstraßen verstopfen. In diesen Containern und Lastwagen ersticken immer wieder Flüchtlinge. Ein Normalfall. Und jedes Mal fließen die Krokodilstränen der demokratischen Presse wieder reichlich; ebenso wie bei Berichten über Kinder von Flüchtlingsfamilien, die beim illegalen Fußmarsch über die Alpen erfroren oder an Erschöpfung gestorben sind. Zu ertrinken, zu ersticken, zu erfrieren, erschossen zu werden, bestenfalls in einem verseuchten Lager oder im Abschiebungsknast zu landen, das ist die größere Aussicht derer, die dafür alles hingeben, was sie noch haben. Daran ist das Potential der Verzweiflung zu ermessen. Umso schlimmer, wenn man bedenkt, dass es ja meist jüngere und aktive Menschen mit einem Rest an Zahlungsfähigkeit sind, die diesen Leidensweg gehen. Wie muss es da im Alltag der Zurückgebliebenen aussehen, der Alten, Kranken, gänzlich Mittellosen?

Was die heuchlerischen demokratischen Medien dabei wahrnehmen, ist nie der globale politökonomische Gesamtzusammenhang dieser Verhältnisse, sondern immer nur die „Skrupellosigkeit der Schlepperbanden". Die Wirkung wird zur Ursache, die Erscheinung zum Wesen erklärt, wieder einmal. Selten, dass eine kritische Stimme zu Wort kommt.

Die Illusion vom „Wiederaufbau"

Je unduldsamer sich das demokratisch-kapitalistische Zentrum gegen die Massen der Herausgefallenen abschottet, desto weniger wollen seine Hüter wahrhaben, dass es sich bei den Krisenerscheinungen, die sie mit derart perfiden Methoden eindämmen wollen, um den Auflösungs- und Selbstzerstörungsprozess des warenproduzierenden Weltsystems selbst handelt; also um den Untergang ihrer eigenen kapitalistischen Ontologie. Sie tun immer so, als ginge es nach dem Epochenbruch und am Ende des

Staatskapitalismus um die Schaffung einer „neuen" marktwirtschaftlich-demokratischen Welt, während es sich in Wirklichkeit um die Rückkehr zur ältesten sozialen Brutalität des kapitalistischen Realitätsprinzips handelt.

Was die Zersetzung des Weltsystems für die demokratischen Ideologen oberflächlich wie die positive Konstitution einer selbsttragenden neuen Weltgesellschaft aussehen lassen kann, ist die relative zeitliche Dehnung der Krisenprozesse und ihre Ungleichzeitigkeit. Zwar ist auch in dieser Hinsicht die historisch beispiellose, von der totalen Konkurrenz bedingte blinde Dynamik des Kapitalismus wirksam: Im Vergleich zur Auflösung früherer gesellschaftlicher Konstitutionen (etwa der altägyptischen, der römisch-antiken oder der sogenannten mittelalterlich-feudalen) ist die kapitalistische Weltgesellschaft auch in dieser Hinsicht einer ungeheuren Beschleunigung unterworfen. Aber andererseits hat sich entsprechend auch der Zeithorizont des kapitalistischen Bewusstseins verkürzt und auf die immer schnelleren Zyklen der Märkte und Moden zusammengezogen (am extremsten in der „nanosekunden-Kultur" der Finanzmärkte), sodass eine über Jahre oder gar Jahrzehnte sich hinziehende Entwicklung schon jenseits des kapitalistischen Zeitbewusstseins liegt. In einer Welt, in der man „für fünf Minuten berühmt sein" kann, muss alles, was über die Saison- oder Jahresfrist und damit über den Radius des medialen Scheinwerferlichts hinausgeht, gewissermaßen eine „historische Dimension" annehmen, obwohl es in der wirklichen Dimension der Geschichte verschwindend sein kann. Wenn am Ende die „Epochen" nach Jahren oder gar Monaten gezählt werden, dann mag es tatsächlich zumindest für dieses reduzierte Bewusstsein eine „Epoche" der postmodernen, demokratisch-kapitalistisch vereinheitlichten Welt geben.

Die Realität der globalen Krisenverwaltung, reduziert auf ein repressives und blutiges „business as usual" bis zum Gehtnichtmehr, nimmt in diesem Sinne epochale Verlaufsformen an, die in ein „schwarzes Loch" der Zukunft münden; zumindest solange sich keine neue emanzipatorische Gegenbewegung erhebt, die diesen Namen verdient. Und für diese Epoche, die schon keine mehr ist, werden dementsprechend auch Strategien und Konzepte ausgearbeitet, die im globalen Zerfallsprozess Haltepunkte markieren und eine positive Perspektive suggerieren sollen. Zu den anspruchsvollen und zugleich begriffslosen Konflikttheorien, wie sie z.B. Glucksmann, Fukuyama oder Huntington formulieren, treten daher sekundäre Bewältigungskonzepte, die ebenfalls ideologisch angereichert werden. Im Unterschied zu den globalen kulturalistischen Konflikttheorien geht die illusorische Konzeptheckerei weniger von Intellektuellen im engeren Sinne aus, die sich saisonal berühmt machen, als vielmehr vor allem von der politischen Klasse sowie der bürokratischen Funktions- und Verwaltungsintelligenz der kapitalistischen Apparate.

Ganz wie die intellektuellen Theorien der Weltlage und deren kulturalistisch beschränkte epochale Fehlbestimmungen sind auch die eine Schuhnummer kleineren Bewältigungs-Konzepte und -Ideologien wesentlich nostalgisch ausgerichtet: Ziehen sich die ersteren großenteils auf die falschen, längst ausgeleierten und bis zur Kenntlichkeit ihres repressiven Gehalts entpuppten Ideale der bürgerlichen Aufklärung im 18. Jahrhundert zurück, um damit den planetarischen Herrschaftsanspruch eines nicht mehr reproduktionsfähigen Kapitalismus zu legitimieren, so schielen die letzteren mangels Alternativen immer noch auf das Paradigma der Prosperitätsperiode in den kapitalistischen Zentren nach dem Zweiten Weltkrieg.

Zwar wissen es die Ökonomen besser und haben auch längst ebenso offen wie zynisch zugegeben, dass es für den größten Teil der Menschheit keine „Beschäftigung", keine „Entwicklung" und keine Zukunft mehr geben wird, den zur ontologischen Menschheitsbedingung verdichteten Kapitalismus als gesellschaftliche Pseudo-Naturform vorausgesetzt. Aber das „business as usual" des demokratischen Ausgrenzungsimperialismus verlangt eben nach Konzepten, die irgendwie eine praktisch mögliche Perspektive vorgaukeln sollen, und so verbinden sich die wolkigen ideologischen Statements des westlichen Universalismus mit trügerischen, haltlosen Begrifflichkeiten von „Wiederaufbau", „Normalisierung", „Wiedereingliederung in die demokratische Völkergemeinschaft" usw. für die globalen Zusammenbruchs-, Plünderungs- und Bürgerkriegs-Regionen.

Das Wort, das sich dafür konzeptionell einstellt, inzwischen inflationär geworden ist und von demokratischen Außenministern, Sonderbeauftragten, NGO-Häuptlingen und Medienkaspern gewohnheitsmäßig abgeleiert wird, heißt „Marshall-Plan". Jene Wirtschafts- und Finanzhilfe, die von der aufsteigenden Supermacht USA nach dem Zweiten Weltkrieg 16 europäischen Ländern, darunter dem zerstörten Deutschland zwecks Eingliederung in die neue Front des Kalten Krieges gewährt worden war, wird als leuchtendes Beispiel und ökonomisches Allzweck-Rezept ausgemalt, um für die Reintegration der ökonomisch verbrannten Zonen des Weltmarkts in „Marktwirtschaft und Demokratie" die Idee einer Art Starthilfe zu verbreiten und so zu tun, als handelte es sich dabei um ein bewährtes, jederzeit wiederholbares Mittel der Hilfe für die „armen Verwandten". Von den insgesamt ungefähr 13 Mrd. US-$ des Marschall-Planes erhielt Deutschland etwa 10 Prozent, also vier Jahre lang (1948 bis 1952) etwas über 600 Mio $. (1950 betrug das BIP der BRD 49, 69 Mrd. DM).

Schon das historische Original ist also ein bloßer ökonomischer Mythos, der aus Gründen des ideologischen Wohlverhaltens im Sinne einer Westbindung der BRD erfunden wurde. In Wahrheit kam dem Marshall-Plan kaum mehr als symbolische Bedeutung zu. Der wirkliche Take-off des Nachkriegsbooms war die militärisch vermittelte Konjunktur des Korea-Kriegs; und das nachfolgende sogenannte Wirtschaftswunder speiste sich aus den immanenten Potentialen der Zweiten industriellen Revolution (Fordismus, „Automobilmachung" usw.) zur erweiterten betriebswirtschaftlichen Vernutzung menschlicher Arbeitskraft. Der Marshall-Plan hatte damit gar nichts zu tun. Und nichts davon ist heute wiederholbar. Die neue Weltkrise der Dritten industriellen Revolution besteht ja gerade darin, dass das kapitalistische Potential zur Absorption von Arbeitskraft unter dem Eindruck der neuen mikroelektronischen Produktivkräfte erlischt, dass deshalb immer neue Massen von „Überflüssigen" erzeugt werden und immer größere Gebiete der Erde aus der Weltmarktfähigkeit herausfallen.

Da die offizielle Ideologie jedoch in dieser Hinsicht das Verhältnis von Ursache und Wirkung auf den Kopf gestellt hat und die gesellschaftlichen Zerfallsprozesse, die grassierenden Bürgerkriege, Gewaltexzesse und plünderungsökonomischen Strukturen nicht als Folge des Scheiterns am Weltmarkt begreifen will, sondern derartige Erscheinungen umgekehrt als mangelnde Orientierung am Weltmarkt und als kulturell vermittelte, selbstverschuldete Hindernisse für diese Orientierung darstellt, kann sie auch auf die Fata Morgana von nicht nur einem, sondern vielen „Marshall-Plänen" verweisen, die zumindest in politischen Absichtserklärungen und in medialen Kommentaren freigebig verteilt werden.

Von US- und noch mehr von EU-Politikern wurden „Marshall-Pläne" für das Kosovo, für Bosnien, ja überhaupt für die ganze Balkan-Region versprochen; dasselbe Versprechen wurde ins Spiel gebracht für Afghanistan, für den Nahen Osten und, weil man schon einmal dabei war, für den gesamten Elendskontinent Afrika – sodass der südafrikanische Präsident sogleich schon beim G-8-Gipfel 2002 in Kanada hoffnungsvoll einen neuen „Entwicklungsplan" der afrikanischen Länder vorstellte, für den die G-8-Länder jährlich 64 Milliarden Dollar berappen würden. Wenn wir uns heute (2016) anschauen, was daraus in der Realität wurde, lautet die einfache Antwort: Nichts!

Denn dieser verbalen Inflation von Marshall-Plänen steht nicht nur die schnöde ökonomische Objektivität entgegen, dass mit noch so viel „Starthilfen" mangels Rentabilität kein Entwicklungsmotor mehr anspringt, weil das kapitalistische Weltsystem immer mehr Arbeitskraft abstößt, statt sie zu absorbieren. Dass eine bloß symbolische Hilfe kein selbsttragendes Wachstum auf den Weg bringen kann und nicht einmal ein Tropfen auf dem heißen Stein wäre, weiß man im Grunde, auch wenn es niemand eingestehen will, und so werden die anvisierten Marshall-Plan-Hilfen zwar in vollmundigen Absichtserklärungen gern vergeben, real jedoch herrscht angesichts der voraussagbaren Misserfolge der dürre Geiz, und die versprochenen Gelder werden nur stockend, widerwillig und regelmäßig in viel kleinerem Umfang als versprochen, gewissermaßen nur symbolisch, ausbezahlt. Und die daraus evtl. doch entstehenden Projekte, haben keinen Funken eigenes Leben (sprich: Weltmarktfähigkeit), sondern sind reine Zombie-Projekte, die nur durch monetäre Transfusion von außen zum Scheinleben gebracht werden. Die Scheu der „Geber", in ein Fass ohne Boden zu schöpfen, ist natürlich wohlbegründet; aber die Gründe dürfen nicht laut ausgesprochen werden, weil sie das Systemversagen der globalen Marktwirtschaft ausdrücken und die gesamte

„Wiederaufbau"-Propaganda des Westens und seiner lokalen Kreaturen dementieren würden. Und dieser Propaganda wiederum bedarf es, um den Versuchen des demokratischen Ausgrenzungsimperialismus, die Elendsmigration aus den Krisen- und Zusammenbruchs-Gebieten einzudämmen, eine Scheinperspektive zu geben.

Insbesondere gleichen sich die Bilder in allen von NATO- oder UNO-Truppen oberflächlich „befriedeten" Zonen wie ein Ei dem anderen. Nirgendwo wächst auch nur die zarteste marktwirtschaftliche Pflanze nach, die aus sich heraus zur Weltmarktfähigkeit reifen könnte. Außer wenigen offiziellen Zombie-Projekten gibt es lediglich kümmerlichste Subsistenzwirtschaft in den ländlichen Räumen und die auch unter westlicher Aufsicht fortdauernde Einbindung in transnationale Mafia-Strukturen, wie sie mit der Plünderungsökonomie verbunden oder aus dieser hervorgegangen sind; Beispiel Drogenanbau vor und während der NATO-Invasion in Afghanistan.

Die Phantom-Ökonomie des humanitär-industriellen Komplexes

Neben spärlich wenigen Vorzeigeprojekten und der Fortsetzung der Plünderungs- und Elendsökonomie bildet sich allerdings noch eine zweite Phantom-Ökonomie heraus, die nicht von den sowieso kaum jemals real eintreffenden Geldern der bloß propagandistischen „Marshall-Pläne" gebildet wird, sondern schlicht von der unmittelbaren westlichen Präsenz in den „befriedeten" Zonen. In den Zerfallsregionen des ehemaligen Jugoslawiens wird das exemplarisch. Und insbesondere Bosnien war und ist der Prototyp dieser abhängigen Sekundär-Ökonomien unter NATO- oder UN- Verwaltung: „Ein wichtiger Wirtschaftsfaktor sind auch die

Ifor-Truppen. Die Soldaten sichern nicht nur Frieden und öffentliche Ordnung, sie haben auch Geld und geben es aus. Die ersten Straßencafés und Kneipen hatten in Sarajevo schon bald nach dem Ende der serbischen Belagerung wieder geöffnet; dank der Nachfrage aus den Militärcamps sieht die Fußgängerzone heute fast wie im Frieden aus. Von April bis Mai erhöhte sich das durchschnittliche Monatseinkommen um fünfzig Prozent – von 80 auf 120 Mark; die Differenz zum Existenzminimum von 300 Mark müssen humanitäre Hilfe und Einkünfte aus dem Schmuggel schließen" (Piper 1996).

Die dauerhafte Präsenz von westlichen Besatzungssoldaten alias „Friedenstruppen" mit Dollar- oder Euro-Einkommen (plus Zuschlägen für den Einsatz in „Krisovo"-Gebieten) wird auf diese Weise nicht zu einem Wirtschaftsfaktor neben anderen, sondern zur tragenden Säule der Reproduktion überhaupt, die das System der Plünderungsökonomie ganz oder teilweise ablöst. Hinzu kommen nicht nur die „humanitären Hilfslieferungen" der billigen westlichen Mildtätigkeit in Form von physischen Gütern (von Altkleidern bis zu Medikamenten, deren Verfallsdatum abgelaufen ist), sondern auch die westlichen Hilfsorganisationen selbst und deren Aktivisten, Beamte, Beschäftigte usw., die ebenfalls vor Ort einen Teil ihrer Gehälter für persönliche Bedürfnisse ausgeben. Soldaten und Hilfsorganisationen bilden so durch ihre schiere Anwesenheit die Basis einer sekundären, rein von außen in den toten Leib der einheimischen Wirtschaft gepumpten Zombie-Ökonomie. Aus dem so verdienten Geld finanzieren die Einheimischen zum Beispiel die Reparatur ihrer zuvor von den „Friedenstruppen" zerbombten Wohnungen (soweit überhaupt Baumaterial zu ihnen gelangt), ohne dass damit auch nur die geringste eigenständige Wirtschaftstätigkeit zustande käme. Der „Markt" wird fast ausschließlich durch die Geldeinkommen der westlichen personalen Repräsentanz generiert.

Bereits die 90er Jahre haben im Wechselspiel von Scheitern am Weltmarkt, daraus folgenden ökonomischen Zusammenbrüchen, Bürgerkriegen und Plünderungsökonomie, westlicher Militärintervention, Besatzungsregimes und Objektivierung der jeweiligen Regionen zum Schauplatz von westlichen „Hilfsorganisationen" jene Sekundärökonomie hervorgebracht, die in doppelter Weise pervers ist: Einerseits tritt vor Ort an die Stelle einer eigenen ökonomischen Reproduktion die totale Abhängigkeit von der Präsenz der ausländischen „Helfer", Administratoren, Militärs usw. und deren persönlichen Konsum; andererseits bildet diese perverse „Hilfe" gleichzeitig ein eigenes ökonomisches Interesse aus, nicht zuletzt genährt von der ökonomischen Krise im Westen selbst.

Wie in den westlichen Kernländern ein gewisser Typus von (zunehmend „privatisierter") sogenannter „Sozialarbeit" von staatlichen Geldern schmarotzt, um das Heer der Arbeitslosen zu schurigeln und mit oft nur absurden „Maßnahmen" zu demütigen, so schmarotzt ein ähnlicher Typus der (ebenfalls zunehmend „privatisierten") globalen Krisenverwaltung und Pseudo-Hilfe von den Geldern internationaler Organisationen, Spendengeldern usw., um in den dahinsiechenden Besatzungszonen des westlichen Weltordnungskriegs ein übles „Regime der Hilfe" zu errichten.

Die Niedertracht der kapitalistischen Weltgesellschaft zeigt sich auch darin, dass sie nicht nur die von ihr selbst verursachten sozialökonomischen Zusammenbrüche von oben herab verwaltet und die von ihr selbst ins Elend gestürzten Menschen in Objekte ihrer heuchlerischen „Hilfe" verwandelt, sondern dass sie sogar noch diese „Hilfe" als eigenen Geschäftszweig ausbeutet und damit die Krise selbst zum Marktgegenstand macht. Ideologischer Marktradikalismus, Globalisierungs- und Privatisierungsgewinnler, Kriegsgewinnler und „Hilfs"-Organisationen aller Art gehen eine unheilige Allianz ein, die in vieler Hinsicht eine Art sekundäre

Kolonialverwaltung hervorbringt und gleichzeitig unmittelbarer Ausdruck des totalitären Ökonomismus wie eines Prozesses ist, der ihn ad absurdum führt: „Bedenklich stimmt dabei auch, dass die Hilfswerke selbst zu den Profiteuren der Bürgerkriegsökonomien zählen. Humanitäre Hilfe gilt längst als spenden- und publicity-trächtige. Die große Hilfsbereitschaft, die es zum Glück noch immer in der Bevölkerung gibt, wird mehr und mehr von einem ‚Hilfsbusiness‘ ausgenutzt, das seit einigen Jahren mit großen Zuwachsraten boomt. Jenseits aller Moral wird Hilfe als bloße Ware gehandelt. Wenn internationale Hilfswerke noch während der Bombardierung Afghanistans die Claims für spätere Hilfs- und Wiederaufbaumaßnahmen abstecken, wenn die Planung und Gewährung von Nothilfe unter dem Diktat des Marketing steht, wenn findige Geschäftsleute während des Golfkriegs uralte, dafür aber hebräisch beschriftete Gasmasken zur Lieferung an das von irakischen Scut-Raketen bedrohte Israel anbieten, dann ist darin nur eine besonders krasse Blüte eines Geschäfts auszumachen, das von den üblichen Gesetzen des Marktes beherrscht wird... Auch die Medien haben das erkannt und begonnen, eigene Hilfsorganisationen aufzubauen. So RTL mit seiner Stiftung ‚Hilfe für Kinder‘, die 1997 entstand. Statt klarer Rollenverteilung sind hier die Vorboten eines selbstreferenziellen ‚Humanitär-Industriellen-Komplexes‘ auszumachen, der in der Zukunft droht“ (Gebauer 2002).

Sexuelle Gewalt- und Elendsökonomie

Ist der „Wiederaufbau“ in den militärisch „befriedeten“ Zusammenbruchs-Regionen eine ökonomische Farce und der sekundäre Kolonialismus von Krisenverwaltung, Regime und Business der „Hilfe“ die wahre Realität, so kann es kaum verwundern, dass damit eine entsprechende demokratische Herrenmenschen-Mentalität einhergeht. Dazu gehört nicht zuletzt, dass Frauen und Kinder beiderlei Geschlechts in den „Befriedungs"-Zonen von den „Beschützern und Helfern" zunehmend als sexuelles Freiwild betrachtet werden. Im „wilden Osten" und im „wilden Süden" des globalen Krisenkapitalismus lassen die wohlerzogenen Repräsentanten von westlichem Universalismus, „demokratischer Völkergemeinschaft", „Rechtsstaatlichkeit und Rechtssicherheit" usw. regelmäßig alle Hemmungen fallen und liebäugeln, Dollar- und Euro-gespickt, wie sie sind, mit den Lustbarkeiten anomischer Zustände: „Viele ‚Helfer' – vom Peace-Keeper unter UN- oder NATO-Kommando über den LKW-Fahrer für das Flüchtlingshilfswerk bis zum internationalen Polizeiausbilder – halten bei ihren Einsätzen den Bordellbesuch für ihr Recht" (Böhm 2000 a).

Je hysterischer in der westlichen Mittelstands-Intelligentsia die projektive Modediskussion über „sexuellen Missbrauch" grassiert, desto rücksichtsloser nehmen sich ihre Vertreter in den Protektoraten der globalen kapitalistischen Apartheid schamlos das reale Recht dazu heraus. Und je mehr sich die westliche Propaganda als Beschützerin der Frauenrechte gegen den islamischen Fundamentalismus in die Brust wirft, desto brutaler krallen sich ihre Exekutoren die Frauenkörper als billige Ware, kaum dass sie die „Unrechtsregimes", „Terroristen" usw. vertrieben haben.

Es wäre schon schlimm genug, wenn Frauen sich aus blanker Not selbst an die westlichen „Friedensengel" und „Beschützer" verkaufen müssen. Aber schlimmer noch ist, dass ein Großteil der Prostitution in den UNO- und NATO-Protektoraten, Flüchtlingslagern usw. auf nacktem Zwang beruht. Ob im Kosovo, in Bosnien, Serbien, Mazedonien, Afghanistan, Irak, Syrien usw., sondern auch in den umliegenden osteuropäischen Staaten wie Bulgarien,

Ungarn oder Rumänien, die der sozialökonomischen Misere ausgeliefert sind, werden Frauen und Mädchen regelrecht auf der Straße weggefangen, müssen sich zwecks Begutachtung nackt auf Tische stellen und anschließend versteigern lassen, um die „persönlichen Bedürfnisse" des zahlenden westlichen Friedenspersonals zu befriedigen und die Taschen ihrer Gewaltzuhälter zu füllen.

Dabei werden die Opfer immer jünger, weil die demokratischen Freiheits- und Marktwirtschaftsengel zunehmend auf den Geschmack frischen Kinderfleisches gekommen sind.

Nicht anders als in den südosteuropäischen NATO-Protektoraten geht es in den zahlreichen afrikanischen Flüchtlingslagern zu, die unter UNO-Verwaltung stehen. Die Lager in Kenia, Tansania, Liberia, Guinea, Sierra Leone, Libanon usw. mit Millionen von Flüchtlingen sind zum „Geschäftsfeld" für Blauhelme und UNHCR-Mitarbeiter geworden: „Zwischen 1500 und 6000 Dollar verlangen sie für die Ausstellung von gefälschten Dokumenten. Ihren Opfern versprachen sie eine Ansiedlung als Verfolgte in einem sicheren Drittland wie den Vereinigten Staaten, Großbritannien oder Australien" (Thielke 2002). Gleichzeitig geht das Erzwingen von sexuellen Dienstleistungen durch die Repräsentanten von „Marktwirtschaft und Demokratie" in den afrikanischen Lagern noch direkter vor sich als auf dem Balkan. Die Prostitution ist hier gar kein eigenes Geschäft mehr, sondert vollzieht sich unmittelbar im Austausch gegen die Aushändigung von Hilfsgütern wie elementaren Nahrungsmitteln: „hauptsächlich betroffen: Mädchen zwischen 13 und 18 Jahren, aber auch einige Jungen, die von älteren Frauen missbraucht worden sein sollen. ‚Wenn du keine Frau oder Schwester oder Tochter hast, die du den Helfern anbieten kannst, wird es schwierig, an Hilfsgüter zu kommen‘, berichtete ein Flüchtling den Ermittlern. Eine Frau sagte: ‚In unserer Gemeinde kommt niemand an Sojamehl, ohne vorher Sex zu haben. Sie sagen: Ein Kilo für Sex' …" (Thielke, a.a.O.).

Je mehr Anti-Korruptionskampagnen die diversen Hilfsorganisationen führen, desto korrupter werden sie selbst. Der Verlust jeder Perspektive, die Degradation zum verlängerten Arm des Ausgrenzungsimperialismus und die völlige moralische Verwahrlosung sind der unvermeidliche Preis für den lobbyistischen Pragmatismus, wie er die NGO seit den 90er Jahren bestimmt. Die Akzeptanz des kapitalistischen ökonomischen Diktats musste dem noch so gut gemeinten Hilfswillen das Genick brechen. Ohne radikale Gesellschaftskritik, ohne grundsätzliche Nicht-Akzeptanz des herrschenden Systems ist in Wahrheit auch keine pragmatische Hilfe möglich. Der reine, im Grundsätzlichen kritiklose Pragmatismus, der sich tatsächlich blauäugig auf das völlig haltlose „Wiederaufbau"-, „Integrations"- und „Marshall-Plan"-Gerede verlässt, erstickt schließlich an sich selbst. Er schlägt durch die nicht zu verdrängende negative Realität, an die er sich anschmiegen möchte, entweder in ideologischen demokratischen Fanatismus um oder in jene zynische Korruption, die auch vor Kinderschändung nicht mehr zurückschreckt.

So ekelhaft das Befriedungs- und „Hilfe"-Business in allen seinen Erscheinungsformen auch sein mag, so ökonomisch haltlos ist es letzten Endes. Es gleicht einer parasitären Wucherung auf einem verfallenden Körper, die mit diesem zusammen sterben muss. Auch darin zeigt sich die Verwandtschaft mit der Plünderungsökonomie. Weder in den „Empfänger"- noch in den „Geber"-Ländern entspringt daraus auch nur eine einzige kapitalistisch „wertschöpfende" Produktion. Sämtliche in diesen Prozess eingebundenen Geldeinkommen und „Arbeitsplätze", von den Blauhelm- oder Sfor-Soldaten bis zu den Aufbauhelfern, Polizeiausbildern, Verteilern von Hilfsgütern usw., bis zum einheimischen Personal und bis hinab zur Kinderprostitution sind ausnahmslos abgeleitet aus unproduktiven Fonds der Militärbürokratien, der Haushalte internationaler Institutionen, von Spendensammlungen etc. Und auch diese wieder stammen kaum mehr aus der Besteuerung produktiver Einkommen, sondern großenteils und zunehmend aus abgeleiteten Geldern des neuen Finanzkapitalismus, sprich: der globalen Finanzblasen, die selber schon Krisenerscheinungen des kapitalistischen Weltsystems darstellen.

Deshalb steht der gesamte Prozess von Befriedung, „Hilfe" und Pseudo-Wiederaufbau auf noch wackligeren ökonomischen Füßen als die unmittelbar militärischen Operationen der demokratischen Weltordnungskriege. In jeder Hinsicht setzt die finanzielle Schmerzgrenze das Limit. Die gesamte planetarische Krisenwelt als Einsatzterritorium ist sowohl für die Weltpolizei wie für den „humanitär-industriellen Komplex" illusorisch. So hangelt man sich von Fall zu Fall, von Monat zu Monat, von Skandal zu Skandal, von Katastrophe zu Katastrophe.

Vom Pufferstaat zum Ethno-Zoo

Unter der dunklen Wolke der fortschreitenden Weltkrise des warenproduzierenden Systems zeichnen sich dabei allmählich Konturen einer weiter aufgefächerten Differenzierung in den Zonen der globalen Apartheid ab, die zu Vorgaben für den demokratischen Ausgrenzungsimperialismus werden. Jede dieser Zonen ist wieder in sich differenziert in Gewinner und Verlierer, in Subzonen des relativen Reichtums und der relativen und absoluten Armut. Überall ist das globalisierte Kapitalverhältnis und überall ist die Apartheid, aber in abgestuften Verhältnissen von Krise und Ausgrenzung.

Das imperiale Zentrum wird natürlich durch die kleine Minderheit der G-7-Staaten gebildet, die längst in sich ihre eigenen Armutszonen, Slums und Risikogebiete hervorgebracht haben. Nächstes Ziel für den Ausgrenzungsimperialismus ist es, dieses Zentrum nicht nur durch Mauer und Stacheldraht, Schießbefehl und Menschenjagd gegen die globale Elendsmigration abzuschotten, sondern möglichst einen Ring von „Pufferstaaten" zu bilden.

Als Pufferstaaten können zum Beispiel Mexiko, Tunesien, Marokko, die Türkei, Kroatien, Serbien, Polen, Ungarn, Tschechien, Slowakei, Rumänien, Bulgarien und bald auch die Ukraine gelten. Ein solcher Pufferstaat erhält in der Regel gerade noch eine staatliche und nationalökonomische Fassade aufrecht, seine Leistungsbilanzdefizite werden von Zeit zu Zeit (das heißt von Finanzkrise zu Finanzkrise) von IWF und Weltbank alimentiert, sein Polizei- und Militärapparat wohlwollend gesponsert, seine Repräsentanten auf Regierungsebene anerkannt. Für den Ausgrenzungsimperialismus haben diese Pufferstaaten eine doppelte Funktion: Einerseits dienen sie als „heimatnahe Fluchtabwehr", indem sie gewissermaßen im Vorfeld des Limes grenzwächterische Aufgaben selbstständig ausführen und dabei noch brutaler vorgehen dürfen als ihre demokratischen Herren. Andererseits, soweit diese vorgelagerte Grenzziehung versagt, dienen sie als „heimatnahe Fluchtalternative", das heißt, sie sollen den nicht abzuwehrenden Teil der Flüchtlingsmassen absorbieren und in Lagern festhalten, bevor diese die Grenzen des imperialen Zentrums überschreiten. Gerade soeben, als diese Zeilen verfasst und zum Druck vorbereitet werden, war die deutsche Kanzlerin in der Türkei, um durch EU-Geld- und andere Versprechen diesen Pufferstaat abzusichern. Man darf gespannt sein.

Die Krise und die daraus resultierenden gesellschaftlichen Erschütterungen reißen aber immer größere Löcher in diesen Ring der Pufferstaaten, sodass das imperiale Zentrum unmittelbar militärisch-weltpolizeilich und mit „Weltsozialarbeitern" eingreifen muss, ohne dass eine staatlich-nationalökonomische Fassade aufrechterhalten werden kann. Zwar wird diese Option rhetorisch weiter beschworen, aber in Wahrheit gibt es in allen Fällen der mehr oder weniger befriedeten Notstandsgebiete kein Zurück zum Status des Pufferstaats mehr. In dieser Hinsicht steht Serbien ähnlich wie Albanien auf der Kippe, während Bosnien, das Kosovo, im wesentlichen auch Mazedonien bereits heruntergefallen sind, was Deutschland nicht hindert, sie als „sichere" Länder einzustufen, um dorthin Flüchtlinge wieder abschieben (!) zu können.

Ähnliches deutet sich in weiten Teilen von Mittelasien und Ostasien, im pazifischen Raum und in Afrika an.

Die aus dem Status des Pufferstaats herausgefallenen Länder und Regionen gehen dauerhaft in den Status eines Protektorats oder Semi-Protektorats von UNO und zunehmend direkt der NATO über, da sie in keiner einzigen Hinsicht mehr selbstständig lebensfähig sind und sich nur noch auf die fremde Militärpräsenz stützen können.

Jenseits der Pufferstaaten, Protektorate und Semi-Protektorate breiten sich die dunklen Zonen der völligen Barbarisierung aus, die längst bereits als die neuen „terrae incognitae" (Rufin 1991) bezeichnet worden sind. In sozialer und subkultureller Hinsicht finden sich die „terrae incognitae" überall, auch innerhalb des Zentrums. Was in den Welten der Herausgefallenen vor sich geht, wird von den Rastern der offiziellen Verwaltung, der Medien, der akademischen Forschung großenteils nicht mehr erfasst. Je weiter man sich vom Zentrum entfernt, desto mehr geht die jeweilige „terra incognita" auch in einen tatsächlich territorialen Zustand über, der sich quer durch die formale Staatenwelt zieht. Zentrum,

Pufferstaat, Semi-Protektorat, Protektorat, terra incognita: In dieser Abstufung stellt sich zumindest in einem bestimmten Stadium des globalen gesellschaftlichen Zerfallsprozesses die Welt der demokratischen Apartheid und ihrer Barbarei dar.

Wobei allerdings klar sein muss, dass erhebliche Teile der zerfallenden Staatenwelt keineswegs bruchlos in diesem Muster aufgehen: Die militärisch nicht befriedbaren, sondern nur auf ebenso diffuse wie hochgefährliche Weise post- und pseudopolitisch einzubindenden, atomar bewaffneten Armutsstaaten wie Russland, China, Indien und Pakistan fallen aus dieser Zuordnung heraus. Sie gehören nicht zum Zentrum, sind aber auch weder Pufferstaat noch Protektorat, sondern bilden den unbefriedeten Teil des Planeten, der dennoch in die einheitliche Systemform des Weltmarkts auf Gedeih und Verderb eingebunden ist. Die „terrae incognitae" nehmen hinter diesen Staatsfassaden besonders bedrohliche Züge an. Der „ideelle Gesamtimperialismus" betrachtet die von ihm nicht kontrollierbaren, verwildernden Apparate mit Nuklearpotential in diesen Weltteilen mit Argwohn, versucht sie aber gleichzeitig zu hofieren und an sich zu binden. Es handelt sich also um eine eigene Zone, eben die unbefriedete und unkontrollierte, die ein Stachel im Fleisch des Sicherheits- und Ausgrenzungsimperialismus bleibt, auch wenn sich die darin vegetierenden „Mächte" zu keiner globalen Rivalität gegenüber dem Westen mehr aufschwingen können.

Aus dieser naturwüchsig im Krisenprozess entstandenen Abstufung lässt sich auch eine bestimmte strategische Option des „ideellen Gesamtimperialismus" für den weiteren Verlauf erkennen. Denn es muss sich ja die Frage stellen, nach welchen ideologischen und legitimatorischen Mustern die Migrationsströme eingedämmt, die „überflüssigen" Massen in die jeweiligen Zonen eingebannt, die jeweiligen Konfliktparteien an der Kandare gehalten, die lokalen Kreaturen des Ausgrenzungs- und Sicherheits-Imperialismus aufgewertet und als Sub-Repräsentanten annehmbar gemacht werden sollen. Es kann kein Zweifel bestehen, dass die generelle Option in dieser Hinsicht eine neue Version des „divide et impera" darstellt – und zwar als weitgehend positiv besetzte „Ethnisierung" der Krise und des Zerfalls gesellschaftlicher Strukturen. Mit anderen Worten: Der Sicherheits- und Ausgrenzungsimperialismus gesteht in generöser Scheinheiligkeit den Massen der Herausgefallenen eine absurde „Eigenständigkeit" als Ethno-Subjekte zu, vorausgesetzt, sie können in dieser spezifischen Form der Barbarei zonal fixiert werden, um sie durch vom Westen eingesetzte oder wenigstens kontrollierte Ethno-Häuptlinge identitär in ihrer eigenen Elendshaut schmoren zu lassen. Dieses Geschäft erledigen die USA bzw. NATO entweder selbst direkt militärisch, wie uns das die USA- bzw. NATO-Kriege zum Beispiel in Afghanistan, Irak, Libyen u.a. zeigen oder der westliche Gesamtimperialismus unterstützt in breitem Maße ethnizistische Separatistenbewegungen von Warlords der Plünderungsökonomie, wie wir soeben deutlich in Syrien sehen.

Sehr deutlich fällt auch die Unterstützung des großen Pufferstaats Türkei gegen den kurdischen Ethno-Aufstand aus. Anders wäre es freilich angesichts einer Situation, in der bei einem dramatischen Wegbrechen der Reste ökonomischer Substanz die galoppierende Auflösung des russischen oder türkischen Staatssubjekts unausweichlich würde. Die ausgrenzungsimperialistische Option, auf ethnisch definierte Zonen und zonale Abgrenzungen zu setzen, um gegeneinander ausgespielte „Volksgruppen" sich gegenseitig in Schach halten zu lassen und sie gleichzeitig auf ihr „eigenes" Elendsgebiet festzunageln, stellt sich entweder erst nach dem Zusammenbruch einer vom Weltmarkt niedergewalzten Nationalökonomie und des dazugehörigen Nationalstaats (etwa im

Fall Jugoslawiens), oder wenn ein noch existierender Staat als nicht mehr zu duldender „Schurkenstaat" definiert worden ist (etwa im Fall Irak und noch aktueller Syrien).

Ideologisch bietet der postmoderne Kulturalismus auch in dieser Hinsicht die Interpretationsmuster. Auf widersprüchliche, ja völlig konträre Argumentationen kommt es dabei nicht an; Hauptsache, das kulturalistische Muster lässt sich irgendwie affirmativ instrumentalisieren. Einerseits wirft man den globalen Zusammenbruchs-Kandidaten bezüglich der Ökonomie mangelnde Kompatibilität ihrer spezifischen „Kultur" mit den kapitalistischen Kriterien vor; andererseits möchte man sie, nachdem sie schließlich tatsächlich zusammengebrochen sind, in eben die postpolitische „Identität" dieser „Kultur" bei lebendigem Leib einmauern, um sie sich vom Hals zu halten.

Die vom Westen eingerichteten kurdischen „Schutzzonen im Nordirak bilden ebenso Prototypen dieser ethnischen Definition wie auf andere Weise etwa die palästinensischen sogenannten Autonomiegebiete, das bosnische „Drei-Ethnien"-Protektorat, der kroatische Pufferstaat von IWF-Gnaden, die „Völkertrennung" im Kosovo unter NATO-Aufsicht oder, am anderen Ende der Welt, die Konstitution des Ethno-Protektorats Osttimor unter UNO-Ägide.

„Auf mazedonischem und albanischem Gebiet ... errichtete die NATO in enger Kooperation mit internationalen Hilfs- und Nicht-Regierungs-Organisationen (NGO) ein ausgedehntes System von Auffanglagern, in denen die Flüchtlinge interniert wurden. Der Ausdruck ‚interniert' beschreibt exakt die Bedingungen des Lagerdaseins: Kontakte zur Außenwelt sind so gut wie unmöglich, Besucher gelangen erst nach strengen Einlasskontrollen und langen Wartezeiten in die Lager, die von hohen Drahtzäunen umschlossen sind und von bewaffneten Polizeipatrouillen mit scharfen

Hunden bewacht werden. Wer im Lager lebt, ist zur Passivität gezwungen und zu vollständiger Abhängigkeit verurteilt. Wiederholt ist es vor allem in den mazedonischen Lagern zu Unruhen und versuchten Massenausbrüchen gekommen, während derer die Zäune umgerissen und Polizeistreifen und NGO-Mitarbeiter angegriffen wurden" (Seibert 2000).

Internierungslager dieser Art zeigen symbolisch an, was die „befreite" und ihren ethnischen Insassen (genauer gesagt: deren mafiotischen Führungskadern) großzügig „zurückgegebene" Elendsregion letztlich werden soll: nämlich eben ein Ethno-Gefängnis. Das eigentliche, wenn auch nicht offen zugegebene Vorbild sind die „Homelands" der südafrikanischen Apartheid: pseudo-staatliche und pseudo-unabhängige Armuts- und Elendsprotektorate für die schwarze Bevölkerungsmehrheit unter der Fuchtel des weißen Rassenstaats. Genau das passiert jetzt im globalen Maßstab auf ganz ähnliche Weise in den Zusammenbruchs-Regionen. Die naturwüchsige Ethnisierung der Konkurrenz wird von der gesamtimperialen Weltpolizei positiv aufgegriffen und als Legitimation für das Konstrukt von ethnischen Homelands für die „Überflüssigen" im Raum des universellen Weltmarkts umgemünzt. Die Notstandsverwaltung der unbewältigbaren sozialökonomischen Misere bekommt so einen „kulturellen" Mantel umgehängt.

Deshalb ist es durch und durch verlogen, wenn demokratiefromme Ideologen behaupten: „Der Triumph der Demokratie … hat politischen Extremismus und ethnische Intoleranz nicht ein für alle Mal beseitigt. Doch bestehen diese Einstellungen jetzt in einem pluralistischen Kontext. Sie sind nur noch ein Aspekt einer Wirklichkeit, die auch auf dem Balkan vom Wandel der Weltwirtschaft geprägt ist" (Mazower 2000). In Wahrheit ist die neue „ethnische Toleranz" des Westens womöglich noch gemeiner als die autochthone „ethnische Intoleranz" der Krisenregionen. Beides sind nur Varianten einer Fortsetzung der Konkurrenz mit anderen Mitteln. Ethnische Toleranz bedeutet seitens imperialer Zugriffe nichts anderes als eine neue Blut- und Boden-Politik des Westens selbst, nämlich eine vermeintliche Krisenbewältigung durch ethnische Homelands. Die imperialen Krisenverwalter wollen einen „Pluralismus der Ethnien", einen Blut- und Boden-Pluralismus kleiner und kleinster Ethno-Gefängnisse, um den globalen Migrationsdruck einzudämmen.

Unübersehbar sind die Anleihen bei jener einst spezifisch „deutschen Ideologie", dem irrationalen „völkischen" Konstrukt von Blut und Boden, wie es Herder und Fichte für die deutsche Nationsbildung kreiert hatten und wie es den Aufstieg Deutschlands zur Großmacht bis 1914 kulturalistisch munitionierte, um dann von den Nazis bis zum Menschheitsverbrechen des Holocaust zugespitzt und exekutiert zu werden. Allerdings erfährt dieses Konstrukt durch den „ideellen Gesamtimperialismus" unter Führung der USA eine weitgehende Umdeutung für die neuen Ausgrenzungsbedürfnisse im Kontext der Globalisierung. Die völkische Ideologie dient jetzt eben nicht mehr einem nationalen Ausdehnungs- sondern genau umgekehrt einem supranationalen Ausgrenzungs-Imperialismus.

Dementsprechend wird die Ontologie des Völkischen auch nicht dem eigenen Dasein legitimatorisch zugesprochen, das im Gegenteil als globalisiertes positiviert werden soll, sondern als spezifische Existenzbedingung für die Herausgefallenen proklamiert. Die völkische Identität erscheint nicht als imperiale Selbstdeutung, sondern wird für die Stigmatisierung der Elenden instrumentalisiert. Deshalb geht es auch nicht um die Konstruktion eines völkischen „Großkörpers" wie des Deutschen Reiches und des Nazi-Imperiums, sondern im Gegenteil um die Schaffung möglichst vieler völkischer „Kleinkörper". Völkische Konstrukte eines „Großalbanien", eines „Großserbien" (oder auch eines „Großisrael") werden abgelehnt oder mit Misstrauen beobachtet; je kleiner die Tierchen des „Ethno-Zoos" und damit ihre Käfige sind, desto besser im Sinne „divide et impera".

Aus diesem Grund richtet sich die instrumentelle kulturalistische Ausgrenzungs- und Sicherheitsideologie des „ideellen Gesamtimperialismus" auch eher gegen religiöse Krisenideologien, besonders massiv gegen die islamische. Denn der Rückgriff auf religiöse Interpretationen impliziert gewissermaßen einen barbarischen Gegen-Universalismus und damit großräumige Verknüpfungen, die viel schwerer weltpolizeilich zu bekämpfen sind als untereinander inkompatible ethnische Kleinstgruppen im pluralistischen Ethno-Zoo. Das naturwüchsig entstandene, tastend ausgebaute Konzept des Ausgrenzungsimperialismus läuft also auf eine Doppelstrategie hinaus: Einerseits eine universalistische Selbstdefinition qua Weltmarkt und transnationalem Kapital (vielleicht noch mit einem ideologischen Schielen auf die „christlichen Werte des Abendlandes"), andererseits eine dazu völlig konträre negative „Anerkennung" der Anderen, Unbrauchbaren, zu Befriedenden qua Blut- und Boden-Pluralismus in ethnischen Homelands, die als Protektorate weltpolizeilich und weltsozialarbeiterisch verwaltet werden.

Mangels ökonomischer Substanz ist zwar auch dieses Konzept letztlich zum Scheitern verurteilt, sei es, weil sich die Ethno-Käfige nicht genügend abdichten lassen, sei es, weil die benachbarten, von der Weltpolizei selber ethnisch definierten Populationen von neuem übereinander herfallen und hohen, kostenträchtigen Sicherheits-Aufwand erfordern. Aber dieses Konzept dient ja ebenso wenig wie die direkten militärischen Eingriffe und regel-

rechten Weltordnungskriege einer wirklichen Bewältigung, son-
dern nur einer hinhaltenden Eindämmung und Verwaltung der
Weltkrise. Die Pragmatiker richten sich so lange in ihren eigenen
Widersprüchen ein, bis sie darin ersaufen.

Die Gemeinsamkeit der Demokraten

Nicht nur die Konzepte der Sicherheits-, sondern auch diejenigen
des Ausgrenzungsimperialismus sind letztlich zum Scheitern verurteilt, da sie in sich unstimmig sind und nichts Anderes wollen,
als eine unhaltbar gewordene Form der gesellschaftlichen Reproduktion unter allen Umständen aufrecht zu erhalten. Deshalb
zeigt sich auch, dass der Migrationsdruck stärker ist als sämtliche
Abschottungsmaßnahmen. So brutal die Grenzwachen des äußeren Limes auch vorgehen und so viele Menschen in den Ethno-
Homelands der Protektorate auch festgehalten werden mögen,
es bleibt immer noch eine genügend große und beständig wachsende Zahl von Flüchtlingen übrig, die irgendwie durchkommen,
um in den selber schon sozial instabil gewordenen Ländern des
Zentrums als zusätzliche „Problemmasse" zu erscheinen.

Inländische Ausländer als Humanressourcen

Dabei überlagern sich verschiedene Schichten der Migration, die
verschiedenen Zeiten der Nachkriegsgeschichte angehören, und
es bilden sich verschiedene Kategorien von „Fremden" und „Ausländern", die in unterschiedlicher Weise zu „Inländern" geworden
sind. Im Wesentlichen handelt es sich dabei um drei Kategorien
von Migranten, die formal einen jeweils anderen Status haben,

obwohl die Grenzen sowohl in offizieller und juristischer Hinsicht als auch in der öffentlichen Wahrnehmung fließend sind.

Die erste Kategorie besteht teils aus den sogenannten „Gastarbeitern", die in der längst vergangenen Epoche des fordistischen „Wirtschaftswunders" in den 60er und 70er Jahren wegen des damaligen Mangels an Arbeitskräften von den kapitalistischen Zentren selber angeworben wurden; teils handelt es sich im Fall der ehemaligen Kolonialmächte wie Großbritannien, Frankreich, Spanien oder Holland auch um Migranten aus dem jeweiligen alten Kolonialgebiet. Viele von ihnen leben mit ihren Familien seit Jahrzehnten legal in den kapitalistischen Kernländern. In je nach Land unterschiedlichem Ausmaß haben sie auch die entsprechende Staatsbürgerschaft erworben, obwohl diese Frage (insbesondere die „doppelte Staatsbürgerschaft") in den einzelnen Ländern sehr unterschiedlich geregelt ist und oft restriktiv gehandhabt wird.

Die zweite Kategorie besteht aus den legalen oder halblegalen Migranten der „zweiten Welle", die schon von der kapitalistischen Globalisierung und Weltkrise seit den 80er Jahren angestoßen wurde. Hier handelt es sich zum einen um eine in den 80er und 90er Jahren sprunghaft gestiegene Masse von Asylbewerbern, die ihre politische Verfolgung in den globalen Krisendiktaturen, Bürgerkriegs- und Zerfallsregionen geltend machen und sich dabei auf die diversen Asylgesetze der westlichen Länder berufen, die teilweise erst nach dem Zweiten Weltkrieg unter dem Eindruck der rassistischen und antisemitischen Verfolgungen als demokratisches Aushängeschild erlassen worden waren. Je nachdem, wie restriktiv diese Asylgesetze gehandhabt werden, befindet sich ein Großteil der Asylbewerber in einem Wartestatus der „Anerkennung", der sich über viele Jahre hinziehen kann. Nur ein relativ geringer Teil wird zuletzt wirklich anerkannt.

Zum anderen besteht die zweite Kategorie aus wiederum trotz und gerade wegen der Krise neu angeworbenen Arbeitskräften. Dieses auf den ersten Blick überraschende Faktum erklärt sich aus den Verwerfungen der sozialökonomischen Weltkrise selbst. Aus diesen Verwerfungen entsteht ein gewissermaßen sekundärer Arbeitskräftebedarf einerseits in der Spitze und andererseits am untersten Ende der Beschäftigung; ein Bedarf, der nicht im Gegensatz zur steigenden Arbeitslosigkeit steht, sondern in diese sozusagen eingefaltet ist.

So geht die Massenarbeitslosigkeit an vielen Orten einher mit einem relativen Mangel an spezialisierten Fachkräften. Der Grund ist derselbe, nämlich die Politik der Kostensenkung um jeden Preis. Einerseits werden so Arbeitsplätze durch Hightech-Maschinen und neue Kommunikationstechnologien eingespart, andererseits spart man sich auch die hohen Kosten für die Ausbildung von Fachkräften. Diese werden dann per „Outsourcing" anderswo angeheuert, und zwar wiederum zu möglichst billigen Preisen. Das kann dadurch geschehen, dass bestimmte Aufgaben wie Software-Entwicklung etc. zum Beispiel nach Indien oder Bulgarien vergeben werden, oder eben umgekehrt dadurch, dass man sich indische oder bulgarische Spezialisten holt. Mit anderen Worten: Die westlichen Konzerne reißen sich das anderswo (meistens noch in der Hoffnung auf eine eigenständige Entwicklung) mit hohen Kosten ausgebildete „Humankapital" unter den Nagel, ohne selbst für diese Ausbildung bezahlen zu müssen; nicht anders, wie einst die BRD von den Ausbildungskosten der DDR durch deren hochqualifizierte Flüchtlinge profitierte. Natürlich ist das ein Auslaufmodell, denn zusammen mit den Wirtschaftsstrukturen zerfallen in der Peripherie (und mittlerweile auch in den Zentren selbst) die Ausbildungsinstitutionen. Aber für eine Übergangszeit lässt sich diese „Humanressource" nutzen.

In bestimmten Bereiche nimmt dieser Spezialisten-Tourismus skurrile Züge an, etwa wenn sich der deutsche katholische Klerus Billiglohn-Pfarrer aus der Peripherie an Land zieht: „Aus Mangel an Nachwuchs holen die katholischen Bischöfe immer mehr ausländische Priester ins Land. Vor allem Polen und Inder sind begehrt… Pater Paul Thenayan, 56, aus der südindischen Diözese Cochin betreut gemeinsam mit einem Landsmann seit einem Jahr die Pfarrei im bayerischen Weilheim… Die ersten drei Monate in Weilheim verdiente Pater Paul als Aushilfe rund 770 Mark. Jetzt kommt er auf 2500 Mark netto… Um… Pannen vorzubeugen, hat die Diözese Augsburg ein dreijähriges Ausbildungsprogramm aufgelegt. Im ersten Jahr lernen die fremden Kleriker Deutsch und machen sich nebenher mit bayerischen Schweinshaxen, Hirschgeweihen und Lederhosen vertraut…" (Korosides 2001).

Am anderen Ende der Skala sind es teilweise die schmutzigen, unqualifizierten Billigjobs wie Erntehilfe im Agro-Business, Bedienungs- und Pflegedienste im Gesundheitswesen usw., die trotz Massenarbeitslosigkeit an Unterbesetzung leiden und mit ausländischem Hilfspersonal aufgefüllt werden. Das gilt besonders für den kontinentaleuropäischen Teil des kapitalistischen Zentrums, wo der fordistische Welfare-Staat noch nicht völlig aufgelöst ist und gewisse soziale Ansprüche von Arbeitslosen trotz kontinuierlichen Abbaus immer noch juristisch geltend gemacht werden können, sie also (noch) nicht jeden Elendsjob annehmen müssen.

Sowohl bei den Spitzenjobs der kleinen Minderheit von gesuchten Spezialisten als auch bei den unqualifizierten Elendsjobs am Sockel der Beschäftigungspyramide tritt ein weiterer Faktor hinzu, der ausländische Arbeitskräfte aus der östlichen und südlichen Peripherie konkurrenzlos billig macht, nämlich der Wechselkurs. Zwei bis fünf Euro Lohn pro Stunde liegen für Deutsche oder Franzosen indiskutabel unter dem Existenzminimum, aber für polnische, bulgarische, serbische oder indische Arbeitskräfte konnte es sich um ein verlockendes Angebot handeln, weil die Kaufkraft eines Euro aufgrund der abgewerteten Währungen in ihren Heimatländern dort um ein Vielfaches höher ist als in Euroland. Ohne diese irreguläre Billigbeschäftigung, die überhaupt nur als indirekte Folge der globalen Währungskrise möglich ist, müssten ganze Bereiche wie das Agro-Business oder die Krankenpflege in den kapitalistischen Kernländern bereits dichtmachen. In anderen Branchen (vor allem im Baugewerbe) entsteht auf dieselbe Weise eine Billigkonkurrenz, die sämtliche Tarifverträge unterläuft und zu Massenentlassungen bei den inländischen Lohnarbeitern führt (was in aller Regel nicht sozialkritisch, sondern rassistisch verarbeitet wird).

Dieses System von sekundärer ausländischer Beschäftigung ist auch deswegen möglich, weil es sich bei diesen Arbeitskräften im Unterschied zu den fordistischen Migranten der Wirtschaftswunderzeit größtenteils nicht um eine Dauermigration handelt, sondern um befristete oder bloß saisonale Beschäftigungsverhältnisse, also um einen permanenten „Grenzverkehr" von vorübergehender Arbeitsmigration; oft unter unwürdigen Umständen wie Container- oder sogar Zelt-Unterkünften, primitiven Schlafstätten in überbelegten Kleinwohnungen etc.

Die dritte Kategorie besteht aus den heimlichen Flüchtlingen und Zuwanderern, wie sie auf eigene Faust oder mit Hilfe von Schlepperbanden über die grüne Grenze und über das Meer gekommen sind. Auch viele abgelehnte Asylbewerber gehören dazu, die nun abgetaucht sind, bevor sie abgeschoben (!) werden können. Aber auch die Abgeschobenen kehren zu einem wachsenden Prozentsatz immer wieder zurück, weil die Hölle der Zusammenbruchs-

Regionen immer noch unerträglicher ist als die Vorhölle von Flucht und Verfolgung in den demokratischen Zonen.

Innere Menschenjagd und Abschiebungsterror

So hat sich in sämtlichen Weltregionen des westlichen imperialen Zentrums, in den USA und Kanada ebenso wie in Australien und in der EU, ein sozialer Bodensatz von „Illegalen" herausgebildet, teils als Menschen „ohne Papiere", teils mit gefälschten Pässen in illegalen Arbeits- und Sozialverhältnissen: wahre Parias in den demokratischen Zonen, deren schiere Existenz der Menschenrechts-Ideologie Hohn spricht. Dieser soziale Untergrund der illegalen Migranten bildet das Objekt einer permanenten und flächendeckenden Menschenjagd der demokratischen Gewalt-, Sicherheits- und Justiz-Apparate auch innerhalb der imperialen Grenzen. Die Illegalen, die rechtlosen Massen der transnationalen Vagabondage, sollen erfasst, interniert und in die für sie vorgesehenen planetarischen Zonen „abgeschoben" werden.

Überall in den Ländern des Zentrums wurden die einschlägigen restriktiven Bestimmungen hinsichtlich Zuwanderung und Asyl in den 90er Jahren drastisch verschärft. Durch einen parteiübergreifenden faulen Kompromiss gelang es der deutschen politischen Klasse, das ohnehin längst als lästiges Überbleibsel der Nachkriegsgeschichte betrachtete Asylgesetz vollkommen auszuhöhlen, um auch gegenüber politisch und rassistisch Verfolgten zu einer Ausgrenzungspolitik zurückzukehren, wie sie in der „Blut- und Boden-Ideologie" der deutschen Nationsbildung immer schon angelegt war. Aber auch sämtliche anderen westlichen Länder und gerade auch die ihrer Tradition nach als liberal geltenden angelsächsischen, west- und nordeuropäischen Demokratien nehmen in dieser Hinsicht immer stärker „deutsche" Züge an.

Verschärft und restriktiv umgebogen wurden und werden fortlaufend die Asyl-, Immigrations- und Ausländergesetze außer in Deutschland auch in Australien und den USA, in Großbritannien, Frankreich und Italien; und nach politischen „Rechtsrutschen" sogar in den ehemals besonders migrationsfreundlichen Niederlanden und in Dänemark. Ausgerechnet die Niederlande haben nun das schärfste Ausländerrecht in der ganzen EU: „Die Niederlande sind dabei, sich von ihrer liberalen Ausländerpolitik zu verabschieden, die das Land in den vergangenen Jahrzehnten verfolgt hat. Die drei größten Parteien haben sich auf eine entsprechende Gesetzesvorlage verständigt. Das Land bekommt damit eines der strengsten Ausländergesetze in ganz Europa. Der Geist des ermordeten Rechtspopulisten Pim Fortuyn wirkt in der niederländischen Parlaments- und Regierungsstadt Den Haag weiter. Die Auffassung von Fortuyn, wonach die großen Probleme des Landes in den Bereichen Gesundheit, Bildung und Sicherheit durch Einwanderer verursacht würden, wird sich ohne Zweifel im Programm der neuen Regierung niederschlagen... Geplant ist, dass Personen, die sich im Lande niederlassen wollen, künftig für die Kosten der Immigration selbst aufkommen müssen, wodurch erreicht werden soll, dass schlecht ausgebildete und arme Leute nicht mehr nach den Niederlanden emigrieren. Personen, die sich bereits im Lande aufhalten und einen Familiennachzug planen, müssen zeigen können, dass sie über ein Jahreseinkommen von mindestens 19.000 Euro verfügen... Die Auflagen werden im Weiteren auch bei Kindern von Immigranten verschärft... Diskutiert wird derzeit noch, ob Militärtransportflugzeuge zum Transport von abgewiesenen Asylbewerbern und Illegalen zum Einsatz kommen sollen..." (Neue Zürcher Zeitung, 17.6.2002). Diskutiert und längst bittere Realität.

Ähnlich sieht es inzwischen in Dänemark und anderen europäischen Staaten aus, natürlich die NATO-Länder Osteuropas inklusive. Und ähnlich wird längst auch in Japan debattiert, das sich in einem völlig ungebrochenen, ähnlich wie in Deutschland formulierten ethno-nationalistischen Selbstverständnis als Teil des kapitalistischen Zentrums besonders schwer tut mit der zunehmenden Zahl der legalen und illegalen Arbeitsmigranten: „Der Ruf nach härteren Sanktionen ist vor dem Hintergrund zu sehen, dass sowohl die Arbeitslosigkeit als auch die illegalen Grenzübertritte markant zugenommen haben… In den vergangenen Monaten haben sich vor allem Nachrichten über eine illegale Zuwanderung aus China gehäuft, doch kommen auch viele Arbeitssuchende aus Ländern des Nahen Ostens, aus den Philippinen, aus Korea und auch aus Brasilen, das die größte Ausländerkolonie in Japan aufweist… In einem konkreten Fall wurde schon ein Schlepperring mit dem Namen „Schlangenkopf" zerschlagen. Sporadisch ist von Verhaftungen zu hören…" (Neue Zürcher Zeitung, 7.10.1998).

Die in diesem Lesebuch zitierten Veröffentlichungen liegen bereits etwa 15 Jahre zurück. In dieser Zeit haben sich diese Probleme trotz der Abwehrmaßnahmen der kapitalistischen Zentren um keinen Deut verringert, sondern äußerst verstärkt; haben sich doch die absoluten Flüchtlings-Zahlen seitdem vervielfacht. Allein Deutschland erreichte 2015 über eine Million Flüchtlinge. Und obwohl es sehr beeindruckende Willkommens-Beispiele gibt, versuchen Administration und politische Apparate beständig vor allem solche Maßnahmen durchzusetzen, dass möglichst schnell möglichst viele dieser Flüchtlinge wieder „abgeschoben" werden können, bzw. gar nicht erst bis an die deutsche Grenze gelangen. Eine besondere Schande liegt hierbei darin, dass sie sich damit in absoluter Übereinstimmung mit dem gesellschaftlichen Mehrheitsbewusstsein befinden.

Die Jagd auf die Illegalen, ihre Internierung und Abschiebung nimmt überall besonders bösartige Züge an, weil es Bevölkerungen, Regierungen und Apparate des imperialen Zentrums als ausgesprochen impertinent empfinden, wenn sich die menschlichen Resultate der marktwirtschaftlichen globalen Verelendung bis in die heimischen Vorgärten und Fußgängerzonen vorgearbeitet haben. Der demokratische Rechts- und Sicherheitsapparat setzt sich über jedes menschliche Empfinden, über alle moralischen Schranken und über elementarste Bindungen hinweg, er lässt keine Gelegenheit und keine Ungeheuerlichkeit aus. Wollte man ein vergleichbares Handeln suchen, so müsste man auf die Verhältnisse der Sklaverei oder auf die Selektionsmaschinerie der Nazis zurückgreifen.

Dabei ist besonders perfide, dass es eine Grauzone zwischen „Duldung" und Illegalität gibt, die ein starkes Maß an Willkür enthält: Vorübergehend „Geduldete" können sich jederzeit in Abschiebehäftlinge verwandeln, der Status bleibt bis zuletzt unsicher, und die „Duldung" hat oft genug einzig die Funktion, die Unsichtbaren für die Apparate sichtbar zu machen und sie den Selektionsmechanismen auszuliefern. Die völlige Wehrlosigkeit und Rechtlosigkeit dieser Menschen reizt zu geradezu sadistischen Maßnahmen, wobei die direkt damit befassten Behörden und Polizeikräfte in der Regel eine gewisse Schulung der Brutalität und der Abstumpfung durchlaufen, ganz ähnlich wie die demokratischen „Hilfs"- und „Friedenskräfte" in den äußeren Befriedungszonen.

Die Methoden des Aufspürens und der Abschiebung, von den Bürokratien euphemistisch als „Rückkehrmanagement" bezeichnet, sind ein einziger Alptraum. Die deutschen Ausländerbehörden etwa, angestachelt von den politischen und juristischen Verschärfungen, schrecken vor nichts zurück. Männer werden von ihren Frauen, Kinder von ihren Eltern getrennt, oft genug sogar Kinder mutterseelenallein ins Flugzeug gesetzt: „Ein Mann, eine Frau, drei Kinder. Er Diplomingenieur bei einer großen amerikanischen Firma in Berlin, sie Bürokraft in einer Anwaltskanzlei… Eine ganz normale deutsche Familie also und dennoch ein behördlicher ‚Vorgang‘. Denn der Mann ist unübersehbar Afrikaner, und sein Sohn Yannick, der zurzeit eine französische Mittelschule in Berlin besucht, soll dahin zurückkehren, woher er vor zehn Monaten illegal gekommen ist, an die Elfenbeinküste – so will es die Berliner Ausländerbehörde" (Broder 2001).

Eine solche, Übelkeit erregende Haarspalterei und bewusste Ignoranz wird von den Behörden in vieler Hinsicht mit großer Fantasie entwickelt. Auf die wenigen in der Presse dokumentierten Beispiele kommen unzählige Fälle, die stumm bleiben. Die besonders niederträchtige Abschiebung von Kindern nimmt weder Rücksicht darauf, dass diese oft schon im Säuglings- oder Kleinkindalter nach Deutschland gekommen und hier aufgewachsen sind, noch darauf, ob die leiblichen Eltern in den Kriegs- und Krisenregionen unauffindbar, verschollen oder tot sind, Ohne Vorwarnung werden Kinder zum Entsetzen und gegen den Protest ihrer Mitschüler auch aus den Schulklassen heraus von der Polizei zur Abschiebung mit ihren Familien abgeführt.

Die Schikanen und Brutalitäten sind schier endlos. Selbst der legale Nachzug von Kindern wird mit geradezu absurden Argumenten abgeblockt: „Zwischen Mutter und Kind liegen 6200 Kilometer. Und wenn es nach den deutschen Behörden geht, dann soll das für immer so bleiben. In Deutschland, genauer in Eschweiler bei Aachen, sehnt sich die 30-jährige Pakistanerin Kiran Naz Rana nach ihrem Sohn. In Pakistan… wartet der inzwischen dreijährige Akbar seit 1999 darauf, dass seine Mama ihn holt. Doch der deutschen Botschaft in Islamabad und dem Referat 509 im Auswärtigen Amt ist offenbar jedes Mittel recht, dass das nie geschieht…

Nach dem Paragrafen 20 des deutschen Ausländergesetzes ist die Sache klar.: Frau Rana hat hier eine unbefristete Aufenthaltsgenehmigung. Sie ist mit einem deutschen Staatsbürger pakistanischer Abstammung verheiratet... Dem Recht nach wäre es kein Problem, den... zu Beginn der Ehe noch in Pakistan geborenen Akbar nachzuholen. Doch die Behörden weigern sich hartnäckig zu glauben, dass Akbar der leibliche Sohn der Kiran Naz Rana ist, weshalb sie dem Kleinkind das Einreisevisum vorenthalten. Anfangs zweifelte die Botschaft in Islamabad an der Geburtsurkunde und den vorgelegten Schwangerschaftsbestätigungen... Mürbe vom Papier- und Nervenkrieg unterzogen sich Mutter und Kind ... einem DNA-Speicheltest, der die Abstammung endgültig klären sollte. Die genetische Untersuchung der Spucke wurde am rechtsmedizinischen Institut Münster durchgeführt und ausgewertet. Das Ergebnis lautet: Frau Rana ist mit 99,99999998 Prozent Wahrscheinlichkeit die Mutter des kleinen Akbar. Ein höherer Wert ist beim Gentest nicht erreichbar... Um nun die humangenetischen Gutachten trotzdem nicht anerkennen zu müssen, verstieg man sich im Auswärtigen Amt zu folgender Hypothese: Es könnte ja sein, dass Frau Rana in den Weiten Pakistans eine eineiige, von ihr genetisch also nicht zu unterscheidende Zwillingsschwester habe. Diese könne die wahre Mutter des kleinen Akbar sein... Dass Frau Rana gar keine Zwillingsschwester hat, stört die bürokratischen Perverslinge nicht... Die Amtsbriefe sind in einem Ton verfasst, als ginge es um einen Staatsfeind und nicht um ein kleines Kind... In der Rechtsmedizin der Universität Münster konstatiert man in letzter Zeit befremdet, dass das Herumzweifeln an DNA-Abstammungsgutachten durch ebenso unkundige wie unwillige Amtspersonen um sich greift ‚wie die Pest'...“ (Rückert 2002).

Die strukturelle Bösartigkeit der anonymen Apparate, in denen sich die niedrigsten Instinkte des Systemcharakters inkarnieren, wird so zum Merkmal der Individualität von „Amtspersonen", die das dumpfe Ansinnen des negativen gesellschaftlichen Ganzen zu ihrer ureigenen persönlichen Sache machen und gerade gegenüber den in ihrem Rechtsstatus unsicheren oder aus diesem Status sogar schon gelöschten Migranten und Flüchtlingen in einer Willkür schwelgen, wie sie sich Kafka nicht unheimlicher hätte ausdenken können.

Willkür ist es, wenn Heiraten zwischen deutschen Frauen und Ausländern, vor allem solchen mit schwarzafrikanischer Herkunft, von den Behörden mit Vorliebe als „Scheinehe" abqualifiziert werden, um die Männer trotz gegenteiliger Rechtslage abschieben zu können. Die Frauen müssen oft entwürdigende Prozeduren durchlaufen und ihre Intimität dem Auge der Behörden öffnen, um diesen das Eingeständnis zu entlocken, dass es sich vielleicht doch um eine „wirkliche" Ehe handelt. Was aber von der Laune des Sachbearbeiters abhängen kann. Oft wollen die Ausländerbehörden die Einreisesperre selbst für nachgewiesene „wirkliche" Ehemänner nur zurücknehmen, wenn die Frauen die horrenden Abschiebekosten übernehmen, die vorher dank der eigenen behördlichen Willkür angefallen waren. Dänemark hat das Problem inzwischen auf ebenso brutale wie einfache Weise gelöst: Dort sind Eheschließungen zwischen Dänen und Asylbewerbern schlicht verboten worden.

Bei all diesen Schikanen, die Aufzählung würde Buchbände füllen, gibt es ein systematisches Zusammenspiel von kommunalen Ausländerbehörden und Justiz; in Deutschland funktioniert das besonders gut, wenn es sich um Folteropfer des NATO-Partners Türkei handelt. Die Komplizenschaft mit dem dortigen Folterregime ist so groß, dass sich die Behörden in solchen Fällen besonders ungerührt über die Kriterien sogar noch des bereits ausgehöhlten Asylrechts hinwegsetzen. Ähnliches ist natürlich auch in Bezug auf

andere Länder dokumentiert, wo Abgeschobenen Folter und Todesstrafe drohen.

Darüber hinaus ist grundsätzlich von einem „enormen Abschiebe-
willen" (Dreis 2000) der Ausländerbehörden zu sprechen. Auch
Schwerkranke werden ungerührt abgeschoben, oft in den sicheren Tod. Die dokumentierten oder in die Presse gelangten Fälle
sind auch in dieser Hinsicht nur die Spitze des Eisbergs. Wenn man
die Berichte liest, könnte man zu dem Schluss gelangen, dass sich
in den demokratischen Ausländerbehörden und Vollzugsappara-
ten so etwas wie der Abschaum der Menschheit sammelt. Nicht
selten scheint auch indirekter Druck von Regierungen und Behörden auf die angeblich unabhängigen Richter, die über Abschie-
bungen entscheiden müssen, ausgeübt zu werden; etwa durch
Drohungen, einen ‚Karriereknick' zu veranlassen.

Der Ignoranz und Entmenschung des bewusst restriktiven und
sich selbst um den Buchstaben des Gesetzes kaum scherenden
Anerkennungsverfahrens entspricht die polizeiliche Praxis des
Umgangs mit den Flüchtlingen. Sowohl die Menschenjagd auf „illegale" Existenzen als auch der Vorgang der Abschiebung zeichnen sich durch Brutalität und Horror-Szenen aus. Wenn es sich um
illegale Ausländer handelt, scheint der rohe Zugriff leichter von
der Hand zu gehen und die Waffe lockerer zu sitzen als sonst. In
allen westlichen Ländern kommt es immer wieder zu Skandalen,
sadistischen Demütigungen und schweren Verletzungen von „po-
lizeilich behandelten" Illegalen, zu ungeklärten Todesfällen und
„Selbstmorden". Und auch dabei ist die Dunkelziffer hoch.

Am anderen Ende des Verfahrens, bei der Abschiebung, werden
die „Schüblinge" (so der bürokratische Terror-Jargon) mit allen
Mitteln in die Flugzeuge getrieben, umzingelt von stummen Poli-
zeikordons. Wenn Verzweifelte sich wehren, gelten sie als
„schwerstrenitente Personen", die einer Sonderbehandlung (!) zu

unterziehen sind. Dabei gibt es dann natürlich auch immer mal einen Toten, gewissermaßen als Kollateralschaden, zu beklagen. Solche Methoden sind in allen EU-Ländern Usus, wie der Europarat gestehen musste: „Als ein dunkles Kapitel von Menschenverletzungen westeuropäischer Staaten hat der Europarat die Abschiebepraxis zahlreicher Regierungen bei unberechtigten Einwanderern und abgewiesenen Asylsuchenden verurteilt... In dem von der Schweizerin Ruth-Gaby Vermont-Mangold erstellten Bericht wird auf die seit sieben Jahren regelmäßig eingehenden Beschwerden über Misshandlungen von Abzuschiebenden hingewiesen. Alle Organisationen, die solchen Beschwerden nachgingen, berichten zudem von einem deutlichen Anstieg der Vorfälle in den letzten beiden Jahren. Dies zeige, dass es sich nicht um Einzelfälle handle, bei denen sich die auf ihre Abschiebung wartenden Personen unter Verletzung der Europäischen Menschenrechtskonvention Diskriminierungen, rassistischem Sprachgebrauch, gefährlichen Fesselmethoden, ja sogar lebensbedrohender Gewalt sowie unmenschlicher und erniedrigender Behandlung ausgesetzt sähen. Diese Methoden hätten zu zahlreichen Todesfällen bei der Abschiebung geführt" (Neue Zürcher Zeitung, 2.2.2002).

Das demokratische KZ

Dass es sich bei den inneren Maßnahmen des demokratischen Ausgrenzungsimperialismus um einen sozialen Krieg gegen die „Herausgefallenen" des globalen Marktsystems handelt, belegt nichts so deutlich wie die zunehmende Existenz von immer mehr KZ-ähnlichen Sammellagern und exterritorialen Verschubräumen für die kaum noch bewältigbare Masse der Migranten, Flüchtlinge und aufgegriffenen Illegalen.

Ist es zulässig, diese Bezeichnung zu verwenden? Es gibt eine gewisse opportunistische Sorte von Tabuisierung des Begriffs KZ, die diesen ausschließlich für die nationalsozialistische Vernichtungspraxis reservieren möchte. So richtig es aber ist, noch innerhalb des kapitalistischen Grauens zu differenzieren und auf der Singularität von Auschwitz zu beharren, so falsch wird dieser Gedanke und schlägt in Rechtfertigung um, wenn damit die Praktiken der demokratischen Apparate und speziell des heutigen Ausgrenzungsimperialismus hermetisch von der Praxis des NS getrennt werden sollen. Wie die Nazis integraler Bestandteil der westlichen Modernisierungsgeschichte und der kapitalistischen Entwicklung waren, so gehört auch die Praxis des Konzentrationslagers zum allgemeinen Bestand der Moderne, und eben auch der westlichen Demokratien insgesamt.

Das heißt nicht, dass jedes KZ ein Vernichtungslager vom Typ Auschwitz ist. Selbst innerhalb des deutschen NS gab es ein abgestuftes System von Varianten der Internierung, der „Vernichtung durch Arbeit" und des industriellen Massenmords an den europäischen Juden. Die Singularität von Auschwitz bedeutet nicht, dass Auschwitz in irgendeiner Weise außerhalb der kapitalistischen Zivilisation angesiedelt gewesen wäre und nichts mit deren Praktiken zu tun gehabt hätte; vielmehr handelte es sich um die äußerste Zuspitzung jener Vernichtungslogik, die dem kapitalistischen Todestrieb als universeller Erscheinung innewohnt und die sich in verschiedenen Formen und auf verschiedenen Stufen äußert. Der heutige demokratische Ausgrenzungsimperialismus gehört ganz eindeutig in den Umkreis dieser differenzierten Praktiken, und deshalb bringt er auch eine bestimmte Form von Konzentrations-Lagern hervor.

Diesem Charakter angenähert sind nicht nur die Auffang- und Flüchtlingslager in den Protektoraten und in den ungesicherten

Zusammenbruchs-Regionen, sondern auch verwandte Einrichtungen der Internierung und der Abschiebepraxis in den demokratischen Zentren. Der Übergang vom „normalen" Gefängnis zum KZ ist dabei oft schleichend und anfangs fast unmerklich, etwa wenn es im Kontext der verschärften niederländischen Ausländergesetze heißt: „Da die Niederlande bereits heute nicht über genügend Gefängnisplätze verfügen, ist der Bau von mehreren hundert neuen Gefängniszellen geplant" (Neue Zürcher Zeitung, 17.6.2002). Wenn aber extra Gefängnisse für eine bestimmte Menschenkategorie gebaut werden, die nicht mehr unter die Zivil- und Strafgerichtsbarkeit der staatlichen Konstitution fällt, sondern durch ihre schiere Existenz delinquent ist, hat ein transitorischer Prozess begonnen, der zur Konstitution eines „Ausnahmeraums" führt, eines Raums, jenseits der bürgerlichen Rechtsform, der dennoch an diese gebunden bleibt; und nichts anderes ist letztlich ein KZ: ein Nicht-Raum für die Verbringung von Nicht-Personen ins Nichts, eine bürokratische Ausscheidung des kapitalistischen Todestriebs.

Derselbe Übergang zum Ausnahmeraum des Lagers wird deutlich, wenn etwa von der dramatischen Überfüllung eines Aufnahmelagers auf der italienischen Mittelmeerinsel Lampedusa berichtet wurde. Dass dieses Lager vom Roten Kreuz verwaltet wird, ändert nichts an seinem Charakter, zumal wenn man sich an die Zustände in den von „Hilfsorganisationen" überschwemmten Protektoraten der Peripherie erinnert. Und auf derselben Linie liegt es wenn über den von allen großen Parteien gebilligten Umgang mit Asylbewerbern berichtet wird: „Die Unterbringung in Großunterkünften mit Gemeinschaftsverpflegung soll Köln für die Flüchtlinge so unattraktiv wie möglich machen" (Beucker 2001). Nichts Anderes sehen wir auch noch und wieder 2016. Flüchtlinge werden in ebensolche Lager verfrachtet. Und besonders schändlich ist es, dass das „gesunde Volks-Bewusstsein" damit keinerlei Probleme hat, auch nicht die vielen fleißigen Helfer.

Noch einen Schritt weiter Richtung KZ sind die Verhältnisse bereits in Australien, das sich schon an seinen äußeren Grenzen durch besonders rigide Fluchtabwehr bemerkbar macht. Die Migranten, die sich dennoch bis in die „Festung Australien" durchschlagen und aufgegriffen werden, sind in Straflagern in der Wüste interniert: „Eingesperrt hinter Stacheldraht und praktisch ohne Kontakt zur Außenwelt, hoffen sie darauf, als Flüchtlinge anerkannt zu werden. Gelegentlich dauert das Warten in der Einöde Jahre. Die Konsequenzen der Isolation sind tragisch. Viele der Eingesperrten leiden unter Depressionen. Am schlimmsten trifft es die Kinder. Mitten in der Wüste leben sie als Strafgefangene… ‚Es ist nicht wie ein Konzentrationslager', meinte kürzlich ein Mann, der die Zustände dort kennt, gegenüber einer australischen Tageszeitung, ‚es ist ein Konzentrationslager'. Der Mann arbeitet in einem von sechs Lagern der australischen Regierung. ‚Insidern' wie ihm ist es zu verdanken, dass die Welt überhaupt erfährt, wie es in den Internierungslagern aussieht. Denn jede unabhängige Kontrolle fehlt. Der für den Betrieb verantwortliche Immigrationsminister … verbietet Medienvertretern prinzipiell den Zugang. Eine Arbeitsgruppe der Vereinten Nationen versuchte jüngst, in die Lager zu gelangen, musste jedoch aufgeben… Australien verstößt nicht zuletzt wegen der Inhaftierung von Kindern gegen die Menschenrechtskonvention…" (Wälterlin 2001 b).

Das Lager von Woomera, von australischen Oppositionellen als „Höllenloch" bezeichnet, hat inzwischen Hungerstreiks, Verzweiflungsaufstände und Ausbrüche erlebt, die von der demokratischen Weltöffentlichkeit mit einem gewissen Gleichmut zur Kenntnis genommen werden: als Zustände, die irgendwie nicht ganz in Ordnung sind, die aber gewiss bewältigt werden und das demokratische Selbstverständnis nicht ankratzen können. Und dieser Gleichmut beschleunigt noch langfristig und bei fortschreitender Krise überall auf der Welt den Weg ins demokratische KZ für die Überflüssigen. Der Zustand in den australischen Lagern dürfte gegenwärtig nur am weitesten fortgeschritten sein. Und keineswegs zufällig befinden sich diese „Höllenlöcher" in der Hand von privaten Betreibergesellschaften, deren Muttergesellschaft ebenso wenig zufällig in den USA beheimatet ist. Das KZ als privates Profitunternehmen entspricht völlig der Transformation des politischen Totalitarismus der Zwischenkriegszeit in den ökonomischen Totalitarismus der Weltmarktgesellschaft nach dem Zweiten Weltkrieg und in die daraus folgenden Exzesse des ökonomischen Terrors heute.

Auch Belgien hat begonnen, die Lager zu privatisieren: „Seit Anfang Dezember können private Organisationen in Belgien ihr Interesse anmelden, Auffanglager für Flüchtlinge zu organisieren und zu betreuen" (Neue Zürcher Zeitung, 12.12.2000).

Denselben Weg gingen die Niederlande im Einklang mit ihren verschärften Restriktionen gegen Flüchtlinge: „Asylbewerber sollten während der Prüfung ihrer Anträge in geschlossenen Internierungslagern untergebracht werden können..." (Neue Zürcher Zeitung, 17.8. 2002).

In Deutschland sind es staatliche Einrichtungen, die gleitend in den KZ-Status übergehen. Außer lagerähnlichen Zentren für die restriktive Unterbringung von Asylbewerbern existieren seit Jahren spezifische lagerähnliche Erfassungen von abgelehnten Asylbewerbern, im Behördenjargon mit beispiellosem Zynismus „Ausreisezentren" genannt.

Es sind aber nicht allein die großen Internierungslager, in denen sich die Logik des KZ bis zur Kenntlichkeit herausentwickelt. Einzelne Elemente des KZ finden sich in den Verfahren, Apparaten und Praktiken des demokratischen Ausgrenzungsimperialismus auf Schritt und Tritt, auch wenn sie noch nicht zu einem umfassenden System zusammengewachsen sind. Aber sie befinden sich auf dem Weg dorthin.

Ein solches Element von besonderer Inhumanität ist das deutsche „Flughafenverfahren", dessen Grausamkeit festgehaltene Flüchtlinge immer wieder in den versuchten oder vollendeten Selbstmord treibt. Beim „Flughafenverfahren" wird der KZ-Aspekt des Nicht-Raums besonders deutlich. Die Unpersonen befinden sich faktisch auf deutschem Boden, aber nicht juristisch. Also befinden sie sich nirgendwo. Ihre Existenz wird schon allein dadurch im Prinzip für ungültig erklärt. Das Verfahren geht hier insofern über die allgemeine demokratische Definition hinaus, dass Flüchtlinge als Verbrecher gelten, ohne dass sie Verbrechen begangen haben: Ihr Verbrechen ist, dass sie existieren, ohne dass für diese Existenz kapitalistischer Bedarf besteht. Und so setzt sich diese Tendenz darin fort, dass die Verbrecher ohne Verbrechen immer mehr unsichtbar gemacht und in Räume gebannt werden, die gewissermaßen formal außerhalb der Welt angesiedelt sind. An diesem Punkt wird bereits, ähnlich wie in den australischen Lagern, die logische Vorstufe der Vernichtung erreicht.

Zonen des Rassismus

Das Selektionsdenken und die enthumanisierende Praxis der demokratischen Ausgrenzungs-apparate repräsentieren durchaus das Massenbewusstsein der demokratischen Staatsbürger als Hyänen der Konkurrenz. Das Krisenbewusstsein erschöpft sich allerdings auch in den Zentren nicht mehr in der alltäglichen sozialökonomischen Konkurrenz um Geld, Kaufkraft, Arbeitsplätze, Vorteile, Futterstellen, Pfründe usw., wie sie an sich schon die niedersten Instinkte mobilisiert und offiziell als angeblich segensreicher „Wettbewerb" gefördert wird. Vielmehr macht sich zunehmend jene „Fortsetzung der Konkurrenz mit anderen Mitteln" bemerkbar, wie sie die manifesten Krisen- und Zusammenbruchs-Regionen der Peripherie bereits in der Form von „Bürgerkriegen" neuen Typs überflutet hat. Die Logik dieser Konflikte folgt auch und gerade in den Zentren nicht mehr aus Reibungsflächen realer binnenrationaler Interessenlagen, sondern aus einer irrationalen Verarbeitung der Systemkrise und ihrer Erscheinungsformen. Dabei geht es auch hier einzig und allein um die Definition eines Feindbilds, auf das die Zumutungen des Systems und die Zwangslagen der Krise projiziert werden können.

Im Unterschied zu den Zusammenbruchs-Regionen der Peripherie hat sich diese Feinddefinition in den Zentren noch nicht bis zu kollektiven bewaffneten Kriegshandlungen und flächendeckenden plünderungsökonomischen Strukturen fortentwickelt. Stattdessen stellt sie sich vorerst in Hetzkampagnen, Übergriffen, Pogromen und Bandenbildungen dar. Wesentlich ist auch ein Unterschied im Inhalt der Feinddefinition. Folgt diese in der Peripherie durchwegs den inneren ethnischen Differenzierungen, wie sie oft aus früheren Zuständen ererbt und krisenideologisch reformuliert werden, so handelt es sich in den Zentren eher um eine rassistische Ausgrenzungskampagne gegen die Migranten. Die spontane Fortsetzung der Konkurrenz mit anderen Mitteln in ausgrenzenden Gewaltideologien und gewaltsamen Übergriffen folgt dabei exakt der bürokratischen Logik der demokratischen Ausgrenzungsapparate. Beide Formen – die staatliche Selektions- und

Ausgrenzungspraxis und die spontane Gewalt auf der Straße – bedingen sich nicht nur gegenseitig, sondern wurzeln auch beide in derselben rassistischen Ideologie der Aufklärungsphilosophie und der westlichen Kolonialgeschichte.

Dabei ist eine Abstufung der rassistischen Ausgrenzungsimpulse festzustellen, die sich von den nord- bzw. westeuropäischen und nordamerikanischen Zentren gewissermaßen in konzentrischen Kreisen nach Osten und Süden entsprechend den Schattierungen und Zusammensetzungen der Migrationsströme ausbreiten.

Den äußersten Kreis bildet der gemeinsame Rassismus des gesamten demokratischen Zentrums gegen den planetarischen Süden der ehemaligen Kolonialgebiete, die sogenannte Dritte Welt. In diesem Sinne richtet sich die Straßengewalt des demokratischen Mobs mit Vorliebe gegen Migranten dunkler und vor allem sogenannter schwarzer Hautfarbe, die immer wieder in Gewaltexzessen durch die Straßen gehetzt werden. Nicht umsonst entzündet sich der besondere Hass sowohl des Mobs als auch der Ausländerbürokratien an sexuellen Beziehungen und Heiraten zwischen weißen demokratischen Frauen und schwarzen Migranten; eine Verbindung, die mit geifernder Irrationalität als „Rassenschande" und Sexuelle Demütigung der weißen, demokratischen Abspaltungs-Männlichkeit erlebt wird. Gerade in dieser Hinsicht ist der rassistische Gehalt des Aufklärungsdenkens von Hume, Kant, Hegel usw. bis zum Straßenmob durchgedrungen und hat sich die Aufklärung also „verwirklicht".

Den zweiten Kreis bildet der rassistische Ausgrenzungshass gegen die arabisch-moslemische Welt und die davon herkommenden Migrationsströme; und in dieser Hinsicht geht der demokratische Mob direkt konform mit der kulturalistischen strategischen Feinddefinition der Huntingtons und ihrer Vollstrecker im Pentagon. Der antimoslemische demokratische Rassismus äußert sich dabei außer in den USA selbst besonders drastisch in Großbritannien, wo sich ganze Ghettos von moslemischen Migranten aus den ehemaligen Kolonialgebieten des Empire gebildet haben, und aus demselben Grund noch deutlicher in Frankreich, wo die Migranten aus dem maghrebinischen Raum und besonders natürlich aus der ehemaligen engsten Kolonie Algerien das Hauptkontingent der „Fremden" bilden. Ähnliches gilt für die anderen Mittelmeer-Anrainer wie Italien und noch mehr Spanien, das einen starken Zustrom von Flüchtlingen und Migranten aus Marokko erlebt.

Nicht zuletzt bildet auch Deutschland eine Hochburg der antimoslemischen rassistischen Ausländerhetze, die sich hier auf die Türken und Kurden konzentriert, insofern diese das bei weitem stärkste Kontingent der Migration in der BRD stellen. Dass gleichzeitig die antisemitische irrationale Welt- und Krisenerklärung eine neue Sumpfblüte erlebt, verweist nur auf die an sich widersprüchliche und geistlose, um Kohärenz und Logik unbekümmerte Struktur aller rassistischen Ideologiebildung. Auch in der offiziellen Politik bestehen starke Widerstände gegen die Aufnahme der „moslemischen" Türkei in die „christliche" EU, während gleichzeitig das türkische Folter-Regime als strategisch wichtige Flanke der NATO gestützt und hofiert wird. In dieser Hinsicht ist der abendländische demokratisch-aufklärerische Rassismus um Widersprüche ebenso wenig verlegen.

Der dritte und innerste Kreis der spontanen Ausgrenzungsimpulse und der Übergriffe des demokratischen Mobs richtet sich gegen die innereuropäischen „Ausländer" selbst, wobei – analog zur Abstufung der sozialökonomischen Krisenerscheinungen – einerseits Nord-Süd- und andererseits West-Ost-Gefälle festzustellen ist.

Auf alte Vorurteile und kulturelle Negativdefinitionen zurückgreifend, macht sich in der Krise ein Abgrenzungs- und Ausgrenzungsimpuls des protestantischen, industriell hochentwickelten europäischen Nordens gegen den katholischen, industriell schwächer entwickelten europäischen Süden bemerkbar; eine abgeschwächte Reproduktion der Abstoßungsreaktionen des Nordens gegen den Süden auf globaler Ebene. In diesen Impuls spielt die Missgunst der nördlichen Industriezonen gegen die Agrar-Subventionen der EU für den Süden hinein, ein Moment der Konkurrenz, das sich mit schwindender Finanzierungsfähigkeit verschärft, obwohl man auf das Obst und Gemüse aus dem Süden angewiesen ist. Abgesehen vom ökonomischen Konkurrenzmotiv verselbstständigt sich aber auf dieser Ebene die rassistische Ideologie gegenüber allen realen (und ihrer Struktur nach selber irrationalen) Interessenlagen. Dasselbe Motiv wiederholt sich im katholischen Italien als inneritalienischer Rassismus und Ausgrenzungshass der Industriegebiete nördlich des Po gegen die südlichen Armutszonen und deren in den Norden strömenden inneritalienischen Migranten, bis hin zu den offen separatistischen Tendenzen der Lega Nord, für deren Chef bekanntlich „südlich von Rom Afrika beginnt".

Noch stärker fällt der innereuropäische rassistische Ausgrenzungsimpuls im Gefälle von West nach Ost aus. Gilt vielen westdeutschen Stammtischen schon das eingegliederte Ostdeutschland der ehemaligen DDR als „Zone" von unfähigen und rückständigen Menschen „zweiter Klasse", die durchzufüttern ein Ärgernis ist, so verschärft sich dieselbe Abstoßungsreaktion Richtung Osten seitens der Deutschen insgesamt und besonders der Ostdeutschen gegen die über die Grenze auf der Suche nach Beschäftigungsmöglichkeiten und Sperrmüll einfallenden „faulen Polen" und überhaupt gegen die slawischen neuen EU-Mitglieder Ostmitteleuropas. In diesen Ländern wiederum richtet sich die Wut des Mobs außer gegen Sinti und Roma vor allem gegen russische Migranten der Bevölkerungsteile; außer in Russland selbst müssen die „Kaukasier" und „Asiaten" als Objekte des Ausgrenzungshasses herhalten, während alle zusammen immer ärmer werden.

Insgesamt lässt sich geradezu eine „Landkarte des Rassismus" zeichnen, in den demokratischen Zentren ebenso wie in ihren Randzonen und in den Zusammenbruchs-Regionen der Peripherie. Die strukturelle Differenz der inszenierten „inneren" Feinddefinitionen, wie sie die gewaltsame Fortsetzung der Krisenkonkurrenz bestimmen, ist dabei in den ethno-rassistischen und pseudoreligiösen Abgrenzungen nur unscharf gezogen. Dennoch lässt sich der Unterschied deutlich erkennen, der in der Definition des Feindes als Migrant („Ausländer") oder als „anderer" innerer Bevölkerungsteil liegt.

Die letztere Bestimmung der Krisenkonkurrenz ergibt sich naturwüchsig in den vor allem der Peripherie zugehörigen sogenannten „Vielvölkerstaaten", in denen während der kapitalistischen Durchsetzungsgeschichte Nationsbildung, ethnokulturelle Zuschreibungen, Sprache, Religion usw. nie zur Deckung gebracht werden konnten; sei es wegen der schieren imperialen Größenordnung (zum Beispiel Russland), sei es wegen der mangelnden Integration im Prozess „nachholender Modernisierung" (zum Beispiel Jugoslawien), oder sei es deswegen, weil sich die kapitalistische Nationsbildung im Gefolge der postkolonialen Entwicklung rein synthetisch vollzog und nur an der Oberfläche über andere soziokulturelle Zusammenhänge gelegt wurde (zum Beispiel Südafrika oder Indonesien).

In relativ homogenisierten Nationalstaaten dagegen, deren Konstitution wie in den kapitalistischen Zentren Europas weiter zurückliegt, entzündet sich die rassistische Krisenkonkurrenz des Mobs eher in der Hetze gegen die Migranten/"Ausländer". Es ist aber nicht nur der formale Unterschied von relativ homogenem Nationalstaat und „Vielvölkerstaat" (beides historische Konstrukte, die nur die Verschalung kapitalistischer Reproduktionsräume darstellen), der diese unterschiedliche Feinddefinition in der „Fortsetzung der Konkurrenz mit anderen Mitteln" hervorbringt, sondern eben auch der substantielle Unterschied von Zentrum und Peripherie, in dem sich in verwandelter und verwilderter Gestalt die alte Kolonialgeschichte reproduziert: nicht nur in der barbarischen Protektoratsverwaltung der peripheren Zusammenbruchs-Regionen und nicht nur im Bau des neuen Limes, sondern erst recht in den Feindbildern des innerdemokratischen Mobs, der in den Flüchtlingen und Illegalen, aber ebenso in den „Geduldeten" und Eingebürgerten eine genügend große „Feindmasse" für Hetze, Übergriffe und Pogrome vorfindet, die sich analog zu den Barbarisierungs- und Zerfallsprozessen in der Peripherie bei fortschreitender Krise bis zu offenen Kriegshandlungen und bewaffneten Zusammenstößen steigern können.

Allein in der BRD leben immerhin etwa acht Millionen „Ausländer" der verschiedensten Kategorien; und in der Reformulierung der deutschen Blut- und Boden-Ideologie von der „Volksgemeinschaft", die letztlich auch den gehässigen innerdeutschen West-Ost-Gegensatz verblassen lässt, baut sich in der Krisenkonkurrenz vorrangig die Frontstellung gegen die „Fremdstämmigen" auf, die sich im Unterschied zur vergangenen Geschichte der nationalimperialen Ausdehnungsmacht nicht mehr eroberungspolitisch nach außen richtet, sondern auch in Deutschland und ähnlich in den übrigen demokratischen Zentren der EU nach innen, gegen die Populationen der Migranten.

Dieser strukturelle Unterschied in der krisenideologischen Feindbestimmung ist natürlich kein absoluter. In einem gewissen Ausmaß findet sich der rassistische Übergriff gegen Migranten und

Flüchtlinge als Ausdruck der Krisenkonkurrenz auch in den peripheren Gesellschaften, in die hinein und durch die hindurch sich ja sogar der größere Teil der globalen Vagabondage bewegt.

So sind die Bürgerkriegs-Flüchtlinge und Arbeitsmigranten aus dem besonders heftig von der „Asienkrise" durchgeschüttelten Indonesien in den benachbarten südostasiatischen Ländern immer wieder rassistischen und ausländerfeindlichen Übergriffen ausgesetzt. Allein in Malaysia leben etwa drei Millionen legale und illegale Migranten; immer mehr von ihnen werden nach westlichem Muster interniert oder dienen als Projektionsfläche für den sich ausbreitenden diffusen Krisenhass. In China sind es die mehr als hundert Millionen entwurzelten, durch das Land ziehenden Wanderarbeiter, die nicht qua ethnischer oder religiöser Zuordnung, sondern als ausgestoßene Sozialkategorie zum Objekt der Wut oder sogar gewaltsam erpresster Sklavendienste werden.

Ganz Afrika ist voll von Flüchtlingen und Verzweiflungs-Migranten, die von den einheimischen Bevölkerungen gehetzt und als Freiwild betrachtet werden; auch hier in Übereinstimmung mit Regierungen und Apparaten, die oft ganz bewusst selber Stimmung gegen das angeschwemmte menschliche Treibgut machen.

Dasselbe Bild bietet sich in Lateinamerika, wo etwa in Brasilien die Armutsmigranten aus dem Nordosten ähnlich wie die Binnenmigranten in Italien und in China Angriffen aller Art ausgesetzt sind.

Dennoch ist es in den fortgeschritteneren Krisenregionen der Peripherie nur an zweiter Stelle der ideologisch aufgeladene Hass gegen die Migranten, der die Krisenkonflikte bestimmt, während an erster Stelle meistens die binnenstaatliche Feinddefinition gegen schon lange eingesessene „andere" Ethnien, Stämme, Volksgruppen etc. die Frontlinie der Feindseligkeiten konstituiert. Fast immer geht es dabei um ethno-religiösen Separatismus oder umgekehrt gewaltsamer Zwangsintegration zwecks krisenideologischer und plünderungsökonomischer Legitimation.

Umgekehrt findet sich die ethno-religiöse, separatistische Feindbestimmung auch in Europa; nicht nur in Italien in Gestalt der Lega Nord, sondern auch bei den qua Krisenkonkurrenz immer wieder hochkochenden alten Volksgruppen-Konflikten etwa in Spanien, Belgien, Nordirland, Schottland und in abgeschwächter Form in einigen Gebieten Frankreichs und sogar in der Schweiz. Dennoch wird die hauptsächliche Konfliktlinie der bis zum Ausbruch von Gewaltexzessen verlängerten Konkurrenz in den EU-Ländern eindeutig nicht durch die Reformulierung von Ethno-Gegensätzen innerhalb der alten Nationalstaaten gezogen, sondern durch die Kampagne gegen „Ausländer", Flüchtlinge und Migranten, die aus den europäischen Randzonen und aus den globalen Katastrophengebieten in die EU einströmen.

Der demokratische Mob in Aktion

Die brutalen Ausschreitungen des rassistischen demokratischen Straßenmobs von desorientierten und moralisch verwahrlosten Jugendlichen gegen die „ausländische" Wohnbevölkerung jeglicher Couleur und Herkunft sind in allen EU-Ländern längst zum Alltag geworden. Der Ausländerhass hat sich selbst bei der einst als besonders tolerant und weltoffen geltenden Jugend der skandinavischen Länder breitgemacht; nicht nur in dem inzwischen für seine rechtsradikale Schläger-Szene berüchtigten Schweden (dort kommt es immer wieder zu schweren Krawallen, sogar die Gewerkschaften sollen von Neonazis unterwandert werden), sondern auch in Dänemark, wo die Anpöbelungen von Farbigen drastisch zugenommen haben, und in Norwegen, das im Januar 2001 den ersten rassistischen Mord erleben musste.

Die Gewaltausbrüche in Skandinavien sind noch verhältnismäßig gering gegenüber den rassistischen Jagdszenen, Straßenschlachten und Terroranschlägen in Großbritannien, die sich seit Ende der 90er Jahre zu wahren Orgien der Gewalt gesteigert haben. Die Atmosphäre in den großen Städten mit hohem „Ausländeranteil", besonders Migranten aus dem indischen Subkontinent, aber auch auf dem flachen Land, ist zum Zerreißen gespannt und entlädt sich in immer neuen Attacken: „Mohammed Yunis ist seines Lebens nicht mehr froh geworden, seit er im September 1997 den Gemischtwarenladen in West Cornforth bei Sedgefield gekauft hat. Er, seine Frau und seine sieben Kinder stammen aus Pakistan. Drei Monate dauerte es, bis der Laden unter seiner Wohnung angezündet wurde. So geht das: Steine durchs Fenster, ‚Verpisst Euch, Pakis' an die Hauswand geschmiert, Beleidigungen auf offener Straße und anonym am Telefon – Kinder, die vor dem Haus ‚Brenn, Baby, brenn' skandieren" (Ebeling, 2000). „Pro Jahr werden in Großbritannien um die zehntausend rassistisch motivierte Verbrechen und Diskriminierungen registriert, und die Dunkelziffer liegt nach Schätzungen von Bürgerrechtsorganisationen mindestens drei Mal so hoch" (Bebber 2001). Der weiße Rassismus hat zu gewaltsamen Gegenreaktionen und Bandenbildungen unter jugendlichen Migranten geführt. Bereits im Mai 2001 kam es zum Beispiel in Oldham in Nordengland und im Juli desselben Jahres im ebenfalls nordenglischen Bradford zu regelrechten „Rassen"- und „Ausländer"-Schlachten mit Barrikaden und brennenden Straßenzügen. Nach Presseberichten liegt die faktische Arbeitslosigkeit in beiden Städten sowohl bei den weißen wie bei den asiatischen Jugendlichen um die 20 Prozent, in einigen Stadtvierteln bei 40 bis 50 Prozent; nebenbei bemerkt ein Hinweis auf die Lügenhaftigkeit der offiziellen britischen Arbeitslosenstatistik. Je stärkeren Angriffen sie ausgesetzt sind, desto stärker wird auch die Tendenz zur Einigelung der migrantischen Population: „In Großbritannien droht eine Gettoisierung unterprivilegierter und ethnischer Gruppen. Sie betrifft vor allem die von der weißen Mittelklasse verlassenen innerstädtischen Gebiet, heißt es in einem offiziellen Bericht zu den Rassenspannungen in der nordenglischen Stadt Bradford. ‚Die Kommune zerbricht entlang rassischer, kultureller und religiöser Linien‘, heißt es weiter in dem alarmierenden Rapport, der vom Stadtrat Bradfords schon im vergangenen Jahr in Auftrag gegeben wurde". (Handelsblatt, 11.7.2001).

In Frankreich sind es die „Banlieus", die heruntergekommenen Vorstädte mit hohen Arbeitslosenraten, in denen sich die Gettoisierung der Migranten aus Algerien und anderen Ländern des Maghreb, teilweise auch aus den ehemaligen französischen Kolonien Schwarzafrikas vollzieht: „Nach Erhebungen des Pariser Innenministeriums zählt Frankreich inzwischen 1300 dieser explosiven ‚Enklaven, aus denen Staat und Recht verschwunden sind‘ (Nouvel Observateur)..." (Der Spiegel 35/1998). In Paris und anderen Städten kam es fast regelmäßig wie in Großbritannien immer wieder zu Zusammenstößen von französischen und migrantischen Jugendlichen, zu Straßenschlachten mit der Polizei, Plünderungen und Zerstörungen. Der wechselseitige Hass hat den Rassismus bereits in breiten Bevölkerungskreisen angeheizt: „Für die Mehrheit der Franzosen stehen die Schuldigen der Misere fest: 56 Prozent der Bevölkerung glauben, dass es in Frankreich zu viele Araber gibt; 40 Prozent geben auch unumwunden zu, dass sie ‚anfällig für Rassismus‘ sind..." (Der Spiegel, a.a.O.).

Der wachsende Einwanderungsdruck verschiebt auch in Italien die Frontlinie des Ausgrenzungshasses mehr und mehr von der inneren zur äußeren Migration, besonders gegenüber den über die 8000 Kilometer Küstenlinie eingedrungenen Illegalen („clandestini"). Noch deutlicher ist das in Spanien, das bereits im Februar 2000 in die Schlagzeilen der Berichterstattung über rassistische Pogrome rückte. Die Opfer dieser und nachfolgender Gewaltorgien waren niemand anders als die marokkanischen Bootsflüchtlinge, die es durch die Linien der spanischen Küstenwache geschafft hatten, nur um sich als illegale Billiglöhner im Gemüse-Intensivanbau verdingen zu müssen, in Elendsunterkünften zu hausen, als „Moros" beschimpft und schließlich zum Freiwild und zum Projektionsobjekt für die Frustrationen des einheimischen Mobs zu werden, der sich aus arbeitslosen Jugendlichen ebenso wie aus der örtlichen „Jeunesse dorée" rekrutiert – ein vertrautes Bild aus den Bürgerkriegsregionen der Peripherie.

Eindeutig die Hochburg des „Rassismus von unten" in der EU ist aber die Bundesrepublik Deutschland. Nirgendwo sind Übergriffe gegen „Ausländer" und Migranten so häufig und dicht wie hierzulande. Schon Anfang der 90er Jahre setzten die brutalen Massenangriffe auf Flüchtlinge in Rostock und Hoyerswerda ebenso wie die Mord- und Brandanschläge von Mölln und Solingen die Welt darüber in Kenntnis, dass sich die Heimat der Blut- und Boden-Ideologie die Vorreiterschaft in Sachen Rassismus und Antisemitismus nicht nehmen lässt, wenn es um den volkstümlichen Rang des Hass- und Vernichtungsdenkens gegen „Fremdstämmige" geht. Als im August 1992 in Rostock-Lichtenhagen mehrere hundert Jugendliche unter dem frenetischen Beifall tausender Anwohner mit Brandsätzen gegen eine von den Behörden bewusst überbelegte Sammelstelle für Asylbewerber und benachbarte Wohnungen von vietnamesischen Familien vorgingen und die evakuierten Gebäude in Brand steckten, machte das Ausmaß dieses Pogroms den gesellschaftlichen Tiefgang der Ausländerhetze deutlich. Lassen sich die Höhepunkte der rassistischen Straßenbrutalität in der übrigen EU noch an bestimmten Ereignissen aufzählen, so haben sich solche Ereignisse mit hohem Gewaltpegel bis hin zu Mord und Totschlag in Deutschland, anhaltend bis heute (2016), bereits inflationär ausgeweitet.

Rassismus, Antisemitismus und dumpfe Ausländerfeindlichkeit haben in ganz Deutschland Konjunktur, mit besonderer Dichte aber in Ostdeutschland, der ehemaligen DDR, wo der prozentuale Anteil von entsprechenden Gewalttaten gemessen an der Bevölkerungszahl überproportional hoch ist. Von der „preußischen Traditionspflege" des staatskapitalistischen DDR-Regimes, das einen national abgeschotteten bürokratischen „Sozialismus" pflegte, ja sogar engere persönliche Kontakte seiner Bürger zu Menschen aus den „sozialistischen Bruderländern" mit Misstrauen beobachtete und einzuschränken versuchte, ist nichts übriggeblieben als ein primitiver Ausländerhass. Konnte sich dieser zu DDR-Zeiten nur an den relativ wenigen vietnamesischen Vertragsarbeitern abreagieren, die als „Fidschis" angepöbelt wurden und auch heute noch Gegenstand rassistischen Hasses sind, so richtet sich derselbe ebenso vermiefte wie tückische Ungeist nun mit viehischer Brutalität gegen alle, die irgendwie „ausländisch" aussehen und den provinziellen ostdeutschen Stammesgepflogenheiten nicht entsprechen.

In allen Teilen Deutschlands sind das Anzünden von „ausländischen" Menschen, Wohnungen und Geschäften, Anschlägen auf Unterkünfte von Asylbewerbern und das Hetzen von Farbigen durch die Straßen zu einer Art Wochenendsport für frustrierte Jugendliche geworden. Seit den exemplarischen Mordtaten und Brandstiftungen Anfang der 90er Jahre, die nicht zufällig mit der deutschen Vereinigung zusammenfielen, vergeht kaum ein Tag mehr, an dem nicht neue Vorfälle und Exzesse aus deutschen Regionen gemeldet werden. Immer wieder sind es Brandanschläge auf Einrichtungen und Wohnungen „ausländischer" Bürger; immer wieder werden Farbige, Türken und andere „Fremde" geschlagen und schwer verletzt, in Flüsse und Seen geworfen; und immer wieder werden dabei Menschen ermordet, mit Messern durchbohrt oder mit blanken Fäusten totgeschlagen.

USA: Rassistische Basisidentität und Intergetto-Bürgerkrieg

Etwas anders als in der EU und in Deutschland verlaufen die rassistischen Feindbestimmungen der gewaltsam verlängerten Konkurrenz in den USA. Bei der letzten Weltmacht handelt es sich weder um einen „Vielvölkerstaat" mit einem „ethnisch" konstruierten „Herrenvolk" als Kern nach dem Muster Russlands noch um eine homogenisierte Nation im Verhältnis zu äußeren Migranten wie in West- und Mitteleuropa, sondern um einen selber aus einer Vielzahl von Migrantenströmen aus aller Welt hervorgegangenen kontinentalen Großstaat ohne vorkapitalistische Vergangenheit, auch wenn die Gründungslegende der „Pilgerväter" diejenige von weißen angelsächsischen Protestanten („Wasps") ist. Trotz dieses unverkennbar weißen, rassistisch aufgeladenen, auf die westlich-kapitalistische Basisideologie fixierten Kerns der US-amerikanischen Geschichte und Identität galten die USA stets als die gesellschaftliche Inkarnation der Aufklärungsideale, als Bollwerk der Freiheit und als Beispiel für das friedliche Zusammenleben von Menschen unterschiedlicher Herkunft unter dem gemeinsamen Sternenbanner. Darüber hinaus galt es als ausgemacht, dass die USA letzten Endes ein „Schmelztiegel" (Melting Pot) der konstruierten „Rassen", „Ethnien", religiösen und kulturellen Identitäten seien, eine kapitalistische „Über-Nation", in der sich alle Herkunfts- und Geschichts-Identitäten zu einer einzigen geschichtslosen Hyper-Identität kapitalistischer Logik und „Freiheit" verschmelzen.

Einerseits war dieses ideologische Konstrukt in seiner positiven Formulierung natürlich von Anfang an durch und durch verlogen. Geschichte und Aufstieg der USA basieren nicht nur auf schwarzer Sklavenarbeit, sondern der weiße Rassismus gegen die schwarze Minderheitspopulation war immer konstitutiv für die US-Identität und ist es trotz formaljuristischer Emanzipation bis heute geblieben. Die schwarze Bürgerrechtsbewegung der 60er Jahre und ihre Nachfolge-Bewegungen waren und sind eher ein Indiz für das ungebrochene Fortwuchern eines informellen Rassismus gegen die Schwarzen als für eine gelungene Emanzipation innerhalb der Grenzen des kapitalistischen Systems; ebenso wie übrigens die Tatsache, dass von der Millionenmasse Strafgefangener in den USA (allein schon ein Hinweis auf den Ausschließungs- und Terrorcharakter des Systems) und besonders von den zum Tode Verurteilten die Mehrzahl Schwarze sind.

Allerdings widersprechen diese Tatsachen ja gar nicht den Begriffen von westlicher Aufklärung, Freiheit usw., sobald man diese dechiffriert und sie ihrer positiven, heuchlerischen Formulierung entkleidet hat. Die westliche Freiheit samt ihren falschen „Menschenrechten" ist in Wahrheit ein System der Selektion und Ausschließung, der Degradation des Menschen zum Selbst-Exekutor der fetischistischen Verwertungsbewegung des Kapitals und der Enthumanisierung derer, die aus dieser Bewegung herausfallen und zur nicht mehr „anerkennungsfähigen" Biomasse gemacht werden. Insofern, und in der Zuspitzung zum Todestrieb des Wert-subjekts, konvergieren die deutsche Nazi-Identität und die US-Identität trotz historisch unterschiedlicher Erscheinungsformen in den entscheidenden Punkten der zugrunde liegenden gemeinsamen Basisform der Moderne (an der ideologischen Oberfläche kenntlich in der Nazismus und Liberalismus gemeinsamen Schnittmenge des Sozialdarwinismus, im totalen Herrschaftsanspruch über den Planeten und im Manifestwerden des Todestriebs durch individuellen wie kollektiven Amoklauf).

Die Unterschiede liegen bis jetzt teils in der historischen Konstitution und im damit verbundenen Gewicht und der Intensität des (beiderseits vorhandenen) Antisemitismus, der sich allein in Deutschland zur Singularität Auschwitz steigerte; teils aber auch in der unterschiedlichen Akzentsetzung des System-Terrors einerseits in einer „politischen" (der europäischen Durchsetzungsgeschichte des Kapitals entsprechenden) deutschen Form und einer „ökonomischen" (der zur Krisenreife vollendeten Planetarisierung des Kapitals nach 1945 entsprechenden) US-Form. Dabei handelt es sich nur um einen Polsprung innerhalb des identischen politisch-ökonomischen Fetischsystems.

Da Kapitalismus, Demokratie, Freiheit und „Menschenrechte" auf Konkurrenz, Selektion und Ausgrenzung basieren, ist es nur logisch, dass die rassistische Verlängerung dieser Mechanismen im Kernland des Kapitals ewiges Heimatrecht hat und der Rassismus gegen die Schwarzen nicht nur zur historischen, sondern auch zur logischen und damit immer aktuellen Konstitution der USA gehört. Diese Logik ist nicht weniger wirksam, als wenn sie ausdrücklich in der ach so vorbildlichen Verfassung der USA stünde; und sie steht dort nur deshalb nicht, weil sie nichts anderes als die unvermeidliche Kehrseite dieser Verfassung (und jeder kapitalistischen Konstitution überhaupt) ist.

Die Theorie vom „Melting Pot" war also immer nur Ideologie; und soweit diese Ideologie sich zu „verwirklichen" schien, bezog sich dies erstens nie substantiell auf die Schwarzen und zweitens nur auf die Prosperitätsphase des Zweiten Weltkriegs und der folgenden drei Jahrzehnte. Inzwischen hat die Weltkrise von Dritter industrieller Revolution und Globalisierung längst auch die USA, das „Zentrum des Zentrums", sozial mit voller Gewalt ergriffen. Diese Tatsache wurde zwar in den 80er und vor allem in den 90er Jahren ökonomisch durch den Finanzblasen-Kapitalismus der angeblichen „New Economy" verschleiert, dessen Kern von Anfang an die Finanzmärkte der letzten Weltmacht bildeten. Als der aus dem „fiktiven Kapital" des abgehobenen Finanzkapitals gespeiste Magnet der Waren- und Geldkapital-Ströme der Welt finanzierten die USA Investitionen und Konsum in den 90er Jahren aus den Finanzblasen ohne „realökonomische" Grundlage und konnten damit eine glänzende Weltmacht-Fassade aufrechterhalten. Aber dahinter gähnt längst ein sozialer Abgrund (wie wir spätestens seit der Welt-Finanzkrise seit 2007/08 an allen Ecken und Enden sehen), eine tiefe und unheilbare Spaltung der Bevölkerung in Gewinner und Verlierer wie sonst nirgendwo in der westlichen Welt, mit Ausnahme vielleicht des konstitutions-geschichtlich verwandten Großbritannien.

Es konnte nicht ausbleiben, dass sich die hinter der Weltmacht-Fassade zugespitzte und mit brutalen Restriktionen beantwortete soziale Krise in einer ethno-rassistischen Abgrenzungs- und Ausgrenzungstendenz darstellen musste; im Grundsatz nicht anders als in der übrigen Welt. Hinter dem postmodernen Multikulturalismus der Beliebigkeits-Kultur lauert auch und gerade in den USA ein rassistischer Terror „von unten", der allerdings unter veränderten Umständen auch eine andere Form annimmt als in der Vergangenheit. Natürlich sind in den USA wie in der übrigen westlichen Welt die restriktive Behandlung von Flüchtlingen und Migranten, der Bau des Limes an der Südgrenze und die Übergriffe des demokratischen Straßenmobs an der Tagesordnung. Dass Einwanderer zumindest der ersten Generationen als Freiwild, als

„Untermenschen", Arbeitsvieh und Vertragssklaven minderen Rechts behandelt werden, gehört im Übrigen zur tief eingewurzelten Tradition des Mutterlands von Freiheit und Demokratie.

Aber gemessen an der Bevölkerungsmasse und der neuen Dimension der Krise taugen die Migranten und Flüchtlinge in den USA nicht zur generellen Feinddefinition für die „Fortsetzung der Konkurrenz mit anderen Mitteln", zumal sich im Unterschied zur EU die „Fremdstämmigkeit" der „Ausländer" nicht so leicht irgendwie äußerlich kenntlich machen lässt. Aufgrund ihrer Geschichte als reines Einwanderungsland haben sich in den USA derart viele Phänotypen aus aller Herren Länder abgelagert, dass eine generelle Abgrenzung von „innen" und „außen" nach wie auch immer konstruierten Merkmalen schwierig ist. Es fehlt die „nationale" (natürlich ihrerseits historisch konstruierte) Homogenität von Italienern, Franzosen, Deutschen usw. Andererseits ist auch das Konstrukt einer zahlenmäßig, kulturell oder religiös dominierenden „Herren-Ethnie" im Unterschied etwa zu Russland schlecht möglich. Zwar bildet die Identität der „Wasps" einen solchen Ansatz, aber dieser dementiert sich schon allein numerisch. Ganz abgesehen davon, dass die katholischen weißen Einwanderer vor allem aus Irland (dazu gehört z.B. der Kennedy-Clan) und aus Italien nicht deckungsgleich mit der Wasp-Identität sind, hat sich durch die jüngsten Einwanderungswellen das Gewicht noch viel grundsätzlicher verschoben; die Anteile der weißen Bevölkerungsgruppen werden prozentual immer geringer.

Diese Entwicklung geht mit einer anderen einher: Immer weniger gilt das ohnehin zweifelhafte Gesetz des „Melting Pot", die verschiedenen Sprach-, Ethno- und Religionsgruppen in den USA gettoisieren sich in demselben Maß, wie die soziale Krise um sich greift. Wie auch anderswo bildet die Ethnisierung des Sozialen die Kehrseite der Individualisierung. Unter permanent verschärften

Konkurrenzbedingungen auf allen Ebenen entwickelt sich spontan die Tendenz, vor allem unter den neuen Einwanderern aus Asien und Lateinamerika, im Überlebenskampf nicht nur auf mitgebrachte Familien- und Clan-Strukturen zurückzugreifen, sondern sich auch in ethnischen Gettos zu organisieren. Auch diese Erscheinung ist im Prinzip trotz der Ideologie vom „Melting Pot" nichts grundsätzlich Neues, man denke nur an die „China-Towns" in großen US-Städten; aber diese Tendenz verfestigt sich unter den neuen Krisenbedingungen. Statt eines Schmelztiegels und einer Meta-Nation bilden die USA heute eher einen Flickenteppich von Kiez- und Clanstrukturen, von Landsmannschaften, ethnischen und religiösen Gettos, Sekten usw., deren einziges gemeinsame Dach der absolute kapitalistische Realökonomismus und sein Selbstzweck-Medium in Gestalt des Dollars ist.

Tradierte, reformulierte und neu gebildete synthetische Identitätsbildungen gehen dabei ineinander über; und die universelle Konkurrenz wird nicht nur zwischen den Individuen, sondern auch zwischen den Identitäten ausgetragen. Gerade in den USA hat die postmoderne Ideologie des Multikulturalismus den Boden bereitet für gegeneinander abgeschottete Getto-Identitäten, was sich nur in Prosperitätszeiten (sprachlich) als tolerante „political correctness" darbieten konnte, aber in der Krise als Muster wechselseitiger Hass-, Feind- und Ausgrenzungsbestimmungen zu entpuppen droht. Derselbe Bruch in dieser Ideologie, der den peripheren Zusammenbruchs-Regionen und den Verlierern gegenüber als kulturalistische Negativbewertung erscheint, macht sich in den USA als allgemeine Gettoisierung und Ethnisierung der Konkurrenz bemerkbar. Auch in dieser Hinsicht zeigt sich, dass die oberflächlichen Maskenball-Theoreme der Postmoderne zu kurz griffen, weil sie nicht bis zur Kritik der gesellschaftlichen Basisformen durchzustoßen vermochten.

Es ist leicht auszurechnen, was passieren muss, wenn die Weltkrise der kapitalistischen Reproduktion mit voller Wucht die USA
erreicht und die „Fortsetzung der Konkurrenz mit anderen Mitteln" dort nicht als Pogrom einer barbarisierten „Mehrheitskul-
tur" gegen Minderheiten ablaufen kann. Schon bei den sogenannten „Rassenunruhen" Anfang der 90er Jahre in Los Angeles war
ansatzweise ein Krieg „jeder gegen jeden" zu sehen: Nicht nur
Weiße gegen Schwarze, sondern auch Schwarze gegen Juden und
Asiaten, Latinos gegen Schwarze, Weiße gegen Latinos und Asiaten usw. Geplündert wurden im Mai 1992, wenige Monate vor
dem deutschen Pogrom in Rostock-Lichtenhagen, vor allem die
Läden von Koreanern.

Lag die Bürgerrechtsbewegung eines Martin Luther King (ähnlich
wie die Bewegung von Nelson Mandela gegen die Apartheid in
Südafrika) noch auf der Linie der alten bürgerlich-aufklärerischen
Emanzipationsideologie, wie schon der Begriff der „Bürgerrechte" zeigte, so ist dieses Auslaufmodell auch in den USA längst
durch ein verwildertes Barbarisierungsmodell der Konkurrenz ersetzt worden, das den Gewaltkern und die Ausgrenzungslogik des
„bürgerlichen Rechts" selber zum Vorschein bringt. Einen Übergang bildeten zum Beispiel die „Black Muslims", das synthetische
Konstrukt einer „Muslimisierung" von Bewegungen der Schwarzen, das nicht umsonst in klassischen Antisemitismus umgeschla-
gen ist. Diese Tendenz machte sich schon seit den 80er Jahren bis
in die schwarze akademische Intelligentsia hinein bemerkbar: „...
Aufsehen erregte Leonard Jeffris, ein schwarzer Professor am
New Yorker City College. Mit antisemitischen Ausfällen und seiner
These, die weißen ice people seien den schwarzen sun people aufgrund des niedrigeren Melanin-Gehalts ihrer Haut moralisch un-
terlegen, brachte er sich an den Rand eines Disziplinarverfahrens"
(Uthmann 1991).

Der alte weiße Rassismus gegen Schwarze und der schwarze Gegenrassismus treffen sich also in einem gemeinsamen Antisemitismus, was die Struktur des rassistischen Konkurrenzkriegs aller gegen alle (und des Antisemitismus als Dachideologie der Krise) umso deutlicher macht. Am besten organisiert ist zweifellos immer noch der weiße Rassismus in den USA: Heute existieren in diesem Spektrum rund 500 miteinander verzahnte sogenannte hate groups, vom traditionellen Ku Klux Klan des Südens bis zur extrem antisemitischen „World Church of the Creator". Ein Teil der US-Amokläufer kommt aus diesem Millieu und wird von rassistischen Motiven getrieben.

Die trübe Melange aus rassistischen hate groups, fundamentalistischen protestantischen Sekten und organisierten Waffenbesitzern macht immer stärker mobil; inzwischen haben sich zahlreiche weiße Milizen gebildet, allein in Kalifornien operieren über 35 derartige bewaffnete Kampforganisationen.

Synthetische Identitäten und Neo-Rechtsradikalismus

Das mörderische Konstrukt der „Rasse", ein tief in der Aufklärungsphilosophie verwurzeltes und in zwei Jahrhunderten immer wieder von naturwissenschaftlich-biologistischer Scharlatanerie aufbereitetes Phantasma der Konkurrenzgesellschaft, verschmilzt in der Weltkrise mit ethno-kulturalistischen und pseudo-religiösen Konstrukten; in der Projektion auf die migrantischen Populationen wird dieses Konglomerat des Wahns zum zentralen Agens des Ausgrenzungshasses „von unten", wie er in den Mehrheitsbevölkerungen des europäischen Zentrums gärt, und zum Agens des Intergetto-Bürgerkriegs, wie er in den USA schwelt.

Die Gegenprojektionen, Gegenrassismen und aggressiven Identitätsbildungen bei den Migranten und in den farbigen oder religiösen Gettos lassen nicht auf sich warten, unter Einschluss der bewaffneten Formierung. Vor allem Jugendliche, die als massenhaftes Strandgut der kapitalistischen Globalisierung keine Sprache mehr richtig sprechen und schreiben können, weder die alte noch die neue, und die sich nirgendwo mehr zugehörig fühlen können, neigen zu militanten synthetischen Identitätsbildungen, die sich allerdings durch ihre völlige Perspektivlosigkeit selbst dementieren und in jene „reductio ad insanitatem" münden, in die blinde Selbstzerstörung, die Enzensberger so deutlich und doch verständnislos (weil an der bürgerlich-aufklärerischen Identität der Moderne festhaltend) beschrieben hat.

Nicht nur in den arabisch-moslemischen Ländern oder bei den Schwarzen in den USA greift dabei der alte westlich-weiße Antisemitismus als adaptierte Hassideologie um sich, sondern auch in den französischen Banlieus bei den jungen maghrebinischen Migranten: „Über 100 Angriffe auf Einrichtungen der jüdischen Bevölkerungsgruppe und auf Kulturstätten der jüdischen Religion haben seit Anfang Oktober in Frankreich stattgefunden. Dazu zählt der Brandanschlag auf die Synagoge von Trappes – einer westlich von Paris gelegenen Vorstadt – die dabei ausbrannte... In der Lyoner Vorstadt Venissieux wurde versucht, die Mauer der Synagoge mit einem so genannten „Rammbock-Auto" einzureißen – eine in den Trabantenstädten beliebte Methode: Mit einem gestohlenen Wagen wird die Fassade eines Gebäudes durchbrochen, das geplündert werden soll... Für viele der aus der arabischen und nordafrikanischen Immigration stammenden Jugendlichen ist der Nahost-Konflikt zur Projektionsfläche für ihre Frustrationen und Aggressionen geworden, die es ihnen vermeintlich erlaubt, in der Situation der Palästinenser ein Spiegelbild ihres eigenen Schicksals zu sehen... Islam, das bedeutet für viele in erster Linie Antisemitismus..." (Schmid 2000).

Nicht nur diese Art der Krisenverarbeitung und negativen Identitätsbildung zeigt an, dass die Opfer, die Ausgegrenzten und Erniedrigten keineswegs die besseren Menschen sind und auch nicht im geringsten emanzipatorisch reagieren „müssen". Wie die Migration an sich kein kritischer Akt ist, sondern ein Akt der Konkurrenz und des Überlebenskampfes in der nicht mehr tragfähigen und dennoch nicht abgestreiften kapitalistischen Subjekthülle, so gilt dies erst recht für die synthetischen Identitätsbildungen und militanten Reaktionen auf die Erfahrung, ausgegrenzt zu werden. Wie bei den Schwarzen in den USA verblasst die in der bürgerlich-aufklärerischen Form nicht mehr formulierbare Idee der sozialen Emanzipation, solange die emanzipatorische Kritik an der westlichen Moderne und ihrem totalitären warenproduzierenden System nicht ausreichend geleistet und so weit verbreitet ist, dass die globale soziale Frage neu und radikaler als durch den untergegangenen Arbeiterbewegungs-Marxismus reformuliert werden kann.

So erscheint die Erfahrung von Krise, Elend und Perspektivlosigkeit bei den Migranten und Illegalen ebenso wie bei den westlichweißen Arbeitslosen und Sozialhilfeempfängern überhaupt nicht mehr in einer sozialen, sondern in einer ethnischen und rassistischen Form. An die Stelle des emanzipatorischen sozialen Pathos treten dumpfe kulturalistische und asoziale Rassismen und Gegenrassismen als Verwilderungs- und Barbarisierungsformen der Konkurrenz, ganz wie in den Krisen- und Zusammenbruchs-Zonen der Peripherie, wenn auch noch nicht in derselben Dimension von unmittelbarer gesellschaftlicher Massengewalt. Statt sich zu vereinigen, was eine universelle Befreiungsidee jenseits der Konkurrenz und damit der kapitalistischen Subjektform erfordern würde, grenzen sich die migrantischen Opfer und Verlierer auch gegenseitig ethno-rassistisch aus. Noch in den demokratischen Internierungslagern fallen die verfeindeten „Stämme", „Ethnien" oder sonstigen Gruppierungen mit Fäusten und Messern übereinander her.

Gegenwehr gegen Übergriffe legitimiert sich selber zunehmend nationalistisch, ethno-identitär und religionsfanatisch, also mit denselben barbarischen Gedanken und Handlungen wie die Peiniger der anderen Seite. Selbst die jüdische Gegenwehr in Frankreich gegen den Neo-Antisemitismus der jungen maghrebinischen Migranten ist zunehmend selber ethno-nationalistisch und rassistisch statt emanzipatorisch und gesellschaftskritisch aufgeladen.

Der neue Rechtsradikalismus darf in seinen Verlaufsformen aber nicht mit dem der Zwischenkriegszeit verwechselt werden; vor allem insofern er heute nicht nach außen, sondern nach innen gerichtet ist, weniger politisch als vielmehr postpolitisch und postmodern, nicht als einheitliche Bewegung formiert, sondern in einem widersprüchlichen Netzwerk von Banden, Clans, Milizen, militanten Gettos usw. organisiert. Wie in der Peripherie, nur in anderer Zusammensetzung, läuft die gesellschaftliche Krisenerschütterung in den demokratischen Zentren auf den universellen Bürgerkrieg gegen die und unter den Gettos und synthetischen Identitäten hinaus.

In der gegenwärtigen Phase des Krisenprozesses ist diese Entwicklung trotzdem noch, wenn auch brüchig, mit der herkömmlichen politischen Form vermittelt. Auf der Welle der diffusen rassistischen Krisen- und Ausgrenzungs-Stimmung schwimmen teils ihrer Ideologie nach offen neonazistische Parteien wie etwa die

„nationaldemokratische Partei" (NPD) in Deutschland, teils sind
es sogenannte rechtspopulistische, medial inszenierte Parteige-
bilde wie die „Haider"-Partei in Österreich oder Silvio Berlusconi
in Italien; Frankreichs Le Pen scheint eher eine Mittelstellung zwischen traditionellem Rechtradikalismus und dem postmodernen
medialen Rechtspopulismus einzunehmen. Dieselben Erscheinungen finden sich natürlich erst recht in sämtlichen osteuropäischen Ländern und in Russland, wo sich ein breites rechtsradikal-
nationalistisches Parteienspektrum und eine entsprechende
weitverzweigte Subkultur gebildet haben.

Die Nützlichen und die Unnützen

Es ist nun bemerkenswert, wie die offizielle Gesellschaft der westlichen Zentren und ihre politische, ökonomische und kulturelle
Repräsentanz auf diese verräterischen Erscheinungen und Tendenzen in ihrer wunderbaren Demokratie und Marktwirtschaft
reagieren. Krampfhaft wird versucht, die rassistische Straßengewalt und den neuen Rechtsradikalismus als bloße Wiederkehr von
Dämonen der schlimmen Vergangenheit zu kennzeichnen und damit zeitlich zu veräußerlichen, ebenso wie man den islamischen
Terrorismus räumlich und kulturell veräußerlichen will. Obwohl
beides Dämonen aus dem Inneren des globalisierten Kapitalismus
selbst sind. Mit einer Heuchelei sondergleichen bemüht sich die
gesamte demokratische Öffentlichkeit, ihre Hände in Unschuld zu
waschen, und gibt ein ums andere Mal ihrer „Bestürzung", ihrem
„Abscheu" usw. angesichts der rassistischen Gewalt- und Mordtaten betulichen Ausdruck. Liberale Zeitungen rufen zum Kampf
gegen die Neonazis auf, konservative wie sozialdemokratische
Politiker reihen sich in antirassistische Menschenkatten und sogenannte Gegendemonstrationen ein, allerseits wird der „Aufstand der Anständigen" gegen die neue Barbarei propagiert.

Es ist nur zu deutlich, was für ein Manöver hier vollzogen wird, in dem sich rechtfertigende Propaganda und falsches Selbstbewusstsein, schreiende Widersprüche und jämmerliche Furcht vor den Konsequenzen, systematische Verdrängung und pseudo-naiver Selbstbetrug mischen. Dieselben Repräsentanten und Instanzen, deren sicherheits-, öl- und ausgrenzungs-imperialer Weltherrschaftswille über die von ihrer Hightech-Weltpolizei produzierten Leichenberge geht, nachdem die „unsichtbare Hand" ihres ökonomischen Terrorsystems den halben Planeten schon vorher unbewohnbar gemacht hat, und das alles im Namen der Menschenrechts-Ideologie, die doch nichts anderes beinhaltet, als die logische Verwandlung der „Überflüssigen" in Biomasse – dieselben Leute verfallen angesichts der von ihren heimischen Killerkids Totgeschlagenen in Betroffenheitszuckungen und pädagogisches Räsonnement. Dieselben demokratischen Apparatschiks und Mandarine, christliche, sozialdemokratische, liberale, grüne, die für Menschenjagd und Flüchtlings-KZ verantwortlich zeichnen, deren Schergen Kinder quälen und Menschen bewusst zurück in die Folterkeller ihrer verbündeten Alptraum-Regimes jagen – just diese Ausgeburten der Unwahrheit und Enthumanisierung erdreisten sich, an der irregulären Mordlust ihrer eigenen Brut einen gewissen bürgerlichen Anstoß zu nehmen, weil hier der Dienstweg nicht eingehalten wird.

Weil sie sich einreden wollen, dass Marktwirtschaft und Demokratie eine edle, humane, für die Menschheit bestmögliche und im Übrigen für jetzt und immer notwendige Sache seien, und nicht das weltzerstörende, vom Todestrieb besessene Fetischsystem, das es real ist, muss so getan werden, als wären die Untaten des rassistischen Straßenmobs ein auf mangelnde Erziehung beruhender Irrtum und nicht die verwilderte, unverhüllte, unmittelbare, mit dumpfem Hass aufgeladene Erscheinungsform desselben, was die demokratischen Apparate und Institutionen tagtäglich selber, bloß ein wenig geräuschloser vollziehen. In Wirklichkeit unterscheidet sich das offizielle demokratische Bewusstsein von demjenigen seines Mobs nur dadurch, dass es das von der eigenen globalisierten Produktionsweise erzeugte Migrantenproblem nicht durch unterschiedsloses Hinausprügeln und Totschlag „erledigen", sondern durch Selektion „regulieren" will.

Die Demokraten wollen nur diejenigen „hereinlassen", die „uns nützen", was immer das heißen soll. Besonders tun sich mit dieser Devise die ökonomischen Ideologen des Liberalismus hervor: „Warum stehen wir nicht zu unserem nationalen Eigeninteresse und beschränken den Zuzug auf das wirtschaftlich erwünschte und gesellschaftlich verkraftbare Maß? So wie Amerika, Australien, Kanada und Singapur. Keiner dieser Staaten fühlt sich dazu berufen, seine Grenzen für die Beladenen und Verfolgten dieser Welt sperrangelweit zu öffnen. Vielmehr versucht jeder, die besten Arbeitskräfte und Investoren ins Land zu holen" (Ramthun 1997). Es geht also nicht um die Flüchtlinge und die Ursachen für ihre Flucht, es geht auch nicht um Ausländerfeindlichkeit und Rassismus an sich, sondern einzig und allein um die ökonomische „Nützlichkeit", um ein optimales Verhältnis von Ausgrenzung der Flüchtlinge und Ausbeutung ihrer Notlage.

Unfreiwillig deutlich wird dieses perfide Motiv, wenn der damalige britische Smartie-Premier Blair, ein typischer Repräsentant der „neuen Mitte", sich von den Mördern folgendermaßen distanzierte: „Wenn ein junger und talentierter schwarzer Student von rassistischen Schlägern ermordet wird..., schwächt das den grundlegenden Konsens von Anständigkeit und Respekt, ohne den die Stärke unseres Landes in Frage gestellt ist" (zit. Nach: Back 2000). Die Logik dieser Aussage ist in doppelter Weise verräterisch. Erstens erscheinen „Anständigkeit und Respekt" nicht als

Werte an sich, sondern nur als Funktionen der „Stärke unseres Landes". Und zweitens kann sich Blair über den Mord nicht anders ereifern, als dass ein „junger und talentiertes schwarzer Student" betroffen war (da klingelt es: ein potentiell „nützlicher" Ausländer!). Im Kontext der ganzen „Nützlichkeits"-Debatte ist in diese Eigenschaftsbestimmung des Opfers eingeschlossen, dass es nicht ganz so schlimm wäre, wenn ein alter, untalentierter und mittelloser Flüchtling ohne jeden „Nützlichkeitswert" totgeschlagen worden wäre.

An den Flüchtlingen und Migranten wird in aller Offenheit exekutiert, was die innerste Logik des Kapitalismus überhaupt ist: die Tendenz nämlich, den Menschen auf seine „ökonomische Nützlichkeit" als Verausgabungseinheit von rentabler Arbeitskraft und Leistung zu reduzieren. Was bei den eigenen Staatsbürgern noch nicht mit dieser Konsequenz möglich ist, nämlich nur die rentabel vernutzbare Leistungsmaschine Mensch als Menschen „anzuerkennen", nicht aber die aktuell unbrauchbaren Kinder, Alten und Kranken oder sonstwie nicht Leistungsfähigen, das tritt bei der Behandlung der Migranten in aller Brutalität zu Tage: sie müssen jung und gesund sein, vaterlos, mutterlos, ohne Anhang und Verpflichtung außer der einen, „nützlich" zu sein für den hiesigen Verwertungsprozess. Und noch willkommener ist natürlich der „Investor", der Mensch, der Geld mitbringt, geronnene vergangene „Leistung", die aus Menschenmaschinen wer weiß wo herausgequetscht worden ist, um sich nun am geheiligten „Standort" erneut in den flüssigen Aggregatzustand des Kapitals zu verwandeln und „die Stärke unseres Landes" zu mehren.

In diesem Sinne hatte bereits die damalige rotgrüne deutsche Bundesregierung im Sommer 2002 zu Wahlkampfzwecken an alle deutschen Haushaltungen einen Brief geschickt, auf dessen Umschlag die Aufschrift prangte: „Im deutschen Interesse: öffnen Sie die Zukunft". Der Inhalt dieses Briefes rechtfertigte das sogenannte Zuwanderungsgesetz, indem die Regierung sich mit der Argumentation des selektiven Verfahrens vertrauensvoll und um Einsicht werbend an die Volksbasis ihres rassistischen Mobs wandte: „Wohlstand und Arbeit in Deutschland sind an die internationale Wettbewerbsfähigkeit unserer Wirtschaft gebunden. Für erstklassige Produkte, innovative Technologien und hoch entwickelte Forschung braucht man die besten Köpfe der Welt. Viele davon haben wir im eigenen Land. Aber wir brauchen auch Spezialisten aus anderen Teilen der Welt… Das Gesetz wird die Zahl der Zuwanderer deutlich verringern. Als Zuwanderer werden nur noch Menschen kommen, die in Deutschland eine Perspektive haben und Chancen als qualifizierte Arbeitskräfte geboten bekommen… Mit einer Vielzahl von Maßnahmen wird der Aufenthalt ausreisepflichtiger Ausländer effektiver und schneller beendet…" (Faltblatt der Bundesregierung, August 2002).

Das Fischen mit der „Green-Card" nach den „besten Köpfen" wird leider vom deutschen Mob nicht so recht verstanden, der sich weigert, zwischen „nützlichen" und „unnützen" Ausländern zu unterscheiden. Schließlich steht auch die „Nützlichkeit" nicht jedem und jeder so deutlich ins Gesicht geschrieben, wie es die Demokraten vielleicht gern hätten. Deshalb kommt es am laufenden Band zu Vorfällen wie diesem: „Nach einem brutalen Überfall auf einen 28-jährigen indischen Wissenschaftler am Pfingstmorgen in Leipzig ist ein 26-jähriger Rechtsextremist festgenommen worden. Der Inder war erst wenige Stunden zu einem Forschungsaufenthalt in der Stadt gewesen, als vermutlich rechte Schläger über ihn herfielen. Von einer Telefonzelle aus hatte er beobachtet, wie mehrere junge Männer mit einem Hund einen Afrikaner verfolgten. Anschließend schlugen die Täter auf den Wissenschaftler ein und zertraten seine Brille. Der Hund biss den 28-jährigen in den

Arm…. Die Leipziger Universität sprach von einem schweren Schaden für ihr internationales Ansehen" (Nürnberger Nachrichten, 16.6.2000)

Auch im Hinblick auf die Misshandlung von ausländischen „besten Köpfen" nimmt inzwischen Ostdeutschland eine Spitzenstellung ein. Und dabei kann es schon mal vorkommen, dass ein Ehrengast, ein Gastdozent, ein Journalist oder gar ein heiliger Investor im Freizeitdress mit einem Asylbewerber verwechselt wird. Beispiele sind zahlreich. Hinterher wird selbstverständlich gemauert.

Auch die Ausländerbehörden, scharf gemacht durch die demokratische Politik jeglicher Couleur und längst an hartes, möglichst restriktives Zufassen gewöhnt, sind weder willens noch überhaupt in der Lage, ein sonderliches Fingerspitzengefühl bei der Selektion ihrer Opfer zu entwickeln. Die Schikanen hinsichtlich Aufenthalts- und Arbeitsgenehmigung werden den „nützlichen besten Köpfen" und ihren Angehörigen immer wieder ebenso gemacht wie den nicht ganz so nützlichen ausländischen „Köpfen". Und selbst den anerkannt „nützlichen" wird bei Gelegenheit mit aller Deutlichkeit beigebracht, wie schnell man sie wieder abservieren kann.

Mit dem Versuch der Selektion in „nützliche" und „unnütze" Ausländer, in „beste Köpfe" und menschlichen Ausschuss von Nicht-Personen wird aber der demokratische Ausgrenzungs-Imperialismus seiner unlösbaren inneren Widersprüche nicht Herr, sie spitzen sich im Gegenteil zu. So sind es peinlicherweise gerade die mittels „Green Card" geworbenen „besten Köpfe", deren Profil haargenau den Merkmalen der terroristischen „Schläfer" entspricht, wie sie von den Terrorismus-Experten erarbeitet worden sind. Nicht als mittellose und kranke Flüchtlinge kommen die gefürchteten „Schläfer" in den Raum hinter den Mauern des Zentrums, sondern als ausgebildete Spezialisten oder „talentierte junge Studenten". Gerade dadurch sind sie ja „Schläfer" des Terrors, der kapitalistischen Nemesis.

Und andererseits hält sich die demokratische Mittelklasse nicht an die von ihr ideologisch favorisierten Selektionskriterien, soweit es um ihre eigenen schäbigen Interessen geht. Die offiziell zur Menschenjagd und zur Abschiebung frei gegebenen Illegalen sind es gerade, die vielen demokratischen Leistungsträgern andererseits als sklavenähnliche Objekte ihrer persönlichen Ökonomie dienen, was wiederum nur durch den verlängerten illegalen Aufenthalt dieser Unpersonen möglich ist: „Jedenfalls ist es ein offenes Geheimnis, dass es beispielsweise in Genf fast unmöglich ist, ein Kindermädchen oder eine Pflegerin mit gültiger Arbeitsbewilligung zu bekommen. In vielen Familien der ‚bonne société' und des Mittelstands hüten Peruanerinnen und Ecuadorianerinnen die Kinder" (Neue Zürcher Zeitung, 27.8.2001). Das ist in allen Ländern des demokratischen Zentrums so: Gerade weil sie so hilflos und rechtlos sind, gelten die „Sans-Papiers" als begehrte Sklavenkräfte. Auch in den USA sind schon Amtsträger und politische AspirantInnen darüber gestolpert, dass zufällig ihre Indienstnahme von illegalen Billigkräften aufgedeckt wurde; unter demokratischen „Leistungsträgern" aller Bereiche ein Kavaliersdelikt, nur erwischen lassen darf man sich nicht. Das gilt auch für andere Bereiche wie etwa die Landwirtschaft.

Die demokratische Idee der Selektion nach ökonomischen Nützlichkeitskriterien, an sich schon übel genug, ist praktisch völlig haltlos und nichts als ein zwielichtiges legitimatorisches Konstrukt. In Wahrheit sind alle Migranten gleichermaßen Objekt der Ausgrenzung und gleichzeitig der Ausbeutung in den Randzonen kapitalistischer Reproduktion; es gibt keine definitorische Grenze von „Nützlichen" und „Unnützen", alle werden sie sowohl gehasst und gefürchtet, und aller sucht man sich im Einzelfall auch möglichst unter Ausnutzung ihrer Lage zu bedienen. Kein stolzer „Green-Card-Besitzer", der nicht als potentieller „Schläfer" den Verdacht und entsprechende Maßnahmen auf sich ziehen könnte; und kein potentieller „Schübling", der nicht zufällig genauso gut als illegaler Arbeitssklave auf eine niederträchtige Art „willkommen" wäre.

Die Migranten und Flüchtlinge sollen in gewisser Weise (nämlich als Billigkräfte und Leibeigene) da sein und in anderer Weise wieder nicht da sein, ihre gespenstische rechtliche Existenz-Nichtexistenz spaltet sie auf in verschiedene negative Funktionen für die Konkurrenzbedürfnisse des demokratischen Zentrums, die weder in der einen noch in der anderen Weise mit ihrer „Anerkennung" verbunden sind. Die wenigen „besten Köpfe" migrantischer Spezialisten können dabei der realen Kapitalakkumulation als ganzer so wenig auf die Sprünge helfen wie die Elendsarbeit der Illegalen im Bereich persönlicher Dienste und in marginalen Sektoren der Marktproduktion; aber man nimmt das mit, was man aus einigen wenigen der hereinströmenden „Überflüssigen" herauspressen kann. Teilweise und marginale Vernutzung dieser Art geht durchaus einher mit der großen abstoßenden Tendenz des Ausgrenzungs-Imperialismus.

Die Globalisierung der „Anständigen"

Es gibt keine „Globalisierung der Anständigen", die sich von den Untaten des rassistischen Mobs und seiner Ausländerhetze fein säuberlich entmischen ließe; ganz abgesehen davon, dass die Globalisierung des Kapitals zum Ursachenkomplex der Migration gehört. Deshalb fällt auch der vielbeschworene „Aufstand der Anständigen" gegen diesen Mob mehr als mau aus. Nicht nur deckt sich der institutionelle demokratische Ausgrenzungs-Imperialismus mit den Untaten des Pöbels; und auch die in diesen Kontext widersprüchlich eingelagerte kapitalistische Ausnutzung eines Teils der Migranten ist nicht der einzige demokratische Beweggrund. Die „Ausländer" bilden vielmehr auch noch in ganz anderer Hinsicht eine Ressource für das Kapitalverhältnis und dessen Instanzen: nämlich als Kanonenfutter der Krisenverarbeitung. Je mehr die globale kapitalistische Reproduktion zu einer Minderheitsveranstaltung auch in den Zentren zu werden droht, desto größer wird das kapitalistische Bedürfnis, der diffusen Volkswut ein Opfer zum Fraß vorzuwerfen. Die demokratischen Eliten entwickeln mit fortschreitender Krise die klammheimliche Überlegung, gerade durch die relative (wenn auch nicht zugegebene) Freigabe des Pogroms gegen die „anderen" irgendwie „Ruhe und Ordnung" für sich retten zu können.

Es ist ein nie explizit formulierter, aber faktisch sich durchsetzender Deal der Weltmarkt-Demokratien mit ihrem rassistischen Mob und ihren Killerkids: Wenn schon Straßenkrawall, gewaltsamer „Kampf" usw., dann immer noch lieber gegen die „Ausländer" oder ausgewählte Problem-Gettos als gegen Parlamente, Arbeitsämter oder Banken. Und wenn schon Plünderung, dann lieber der kleine Koreaner, Grieche oder Türke an der Ecke als Karstadt oder Wal-Mart. Irgendwie muss ja das Ventil geöffnet werden, falls gar nichts mehr zu gehen droht, und so können Apparate und Management vielleicht Zeit gewinnen. Noch die ärgsten Zumutungen und beginnende Elendsverhältnisse können den eigenen westlich-weißen Verlierermassen von Globalisierung und Krisenkapitalismus womöglich schmackhaft gemacht werden, wenn sie dafür ein paar „Fidschis" oder „Moros" oder „Kanaken" anzünden dürfen, ohne dass ihnen recht viel mehr passiert als der nachfolgende Anblick einer frommen demokratischen Menschenkette. Dieses Vorgehen muss nicht einmal eine bewusst ausgearbeitete Strategie sein, obwohl selbst das kaum auszuschließen ist; es genügt, dass das ideelle Gesamt-Reptiliengehirn von politischer Klasse und demokratischen Apparaten in irgendeinem Winkel seiner Monstrosität diesen impliziten Gedanken ausbrütet, um ihn auf osmotische Weise in reales politisch-bürokratisches Verhalten zu übersetzen.

Ein Aspekt ist dabei auch das demoskopische „Wählerverhalten". Da die formale Legitimation des Apparates außerhalb des Ausnahmezustands über das nichtswürdige Spektakel der sogenannten „Wahlen" führt, die inhaltlich längst gar nichts mehr bedeuten, hängt Erhalt oder Eroberung der äußeren Macht und damit der staatlichen Futterkrippen, der bevorzugenden Verteilungsfähigkeit, der Befriedigung des politischen Ehrgeizes usw. davon ab, sich möglichst geschmeidig an die jeweilige medial geschürte Massenstimmung anzupassen. Und da die nach Stimmen fischende politische Klasse genau weiß, dass sie es beim Wahlvolk nicht mit zurechnungsfähigen freien Menschen, sondern mit gemeinen Konkurrenzsubjekten eines totalitären Zwangssystems zu tun hat, das noch dazu aus dem Ruder zu laufen droht, kennt sie natürlich auch genau den konstant großen oder sogar steigenden Anteil rassistischer, antisemitischer, ausländerfeindlicher und autoritärer Komponenten der Massenstimmung, die mit bösartiger Feinfühligkeit „bedient" sein will.

Es mag sein, dass ein Teil der demokratischen Intelligentsia, der ethnischen Prediger, der Medienpolitiker, der wirtschaftsliberalen Ideologen, des Managements usw. diesen Zusammenhang wirklich nicht will, zumindest nicht wahrhaben, und mangels realistischer Selbsteinschätzung sich lieber etwas vormacht, ja sogar an die eigenen Phrasen glaubt. Aber der soziale Tiefgang der Affinität von Marktwirtschafts-Demokratie und rassistischem Mob ist ein objektives Faktum, das sich gerade dort verdichtet, wohin alle drängen: in der berüchtigten „Mitte", der alten ebenso wie der neuen. Das Phänomen ist kein Geheimnis, es füllt schon die Bibliotheken soziologischer und politologischer Seminare. Und die Beweise sind erdrückend.

Während die demokratischen Parteien noch zum „Aufstand der Anständigen" gegen rechtsradikale Parteien, Neonazis und Rassisten aufrufen, bestreiten sie in der gesamten westlichen Welt ihre eigenen Wahlkämpfe mit wohldosierten Zugeständnissen an Ausländerhass und Rassismus, etwa in Großbritannien: „Tories und Labour-Regierung machen Stimmung gegen Flüchtlinge, die Presse erfindet eine Asylkrise – ein bisschen Fremdenfeindlichkeit soll Stimmung bringen... Wie fast überall in Europa (!) versuchen auch britische Politiker vor Wahlen, sich mit markigen Forderungen nach Recht und Ordnung zu überbieten. Sekundiert wird ihnen dabei von konservativen Zeitungen, die eine ‚Asylkrise' ausgerufen haben" (Sontheimer 2000).

Am deutlichsten ist dieses Zusammenspiel in Deutschland entwickelt. Der sogenannte Asylkompromiss, das heißt die parteiübergreifend von der „Gemeinsamkeit der Demokraten" getragene völlige Aushöhlung der Asylgesetze, war eine direkte Antwort auf die Untaten des rassistischen Mobs – de facto die Verbrüderung mit ihm, denn die Logik der gesamten Asyl- und Ausländerdebatte und der entsprechenden Gesetzesveränderungen seit Anfang der 90er Jahre lautete ganz eindeutig: Je brutaler die Schlägertrupps gegen Migranten vorgehen und je ausländerfeindlicher die Stimmung an den Stammtischen wird, desto mehr werden die Gesetze verschärft. Nicht etwa die Gesetze gegen Volksverhetzung und rassistische Gewalt- und Mordtaten, sondern die Gesetze gegen Ausländer; immer mit dem Blick auf das diffus rechte, ethno-rassistische Stimmenpotential. Dieselbe, sich beständig beschleunigende, Entwicklung ist in Deutschland auch heute (2016) festzustellen. Während sich am rechts-außen Rand eine neue Partei „Alternative für Deutschland" (AFD) bildete und sich in Dresden eine rechte Bewegung „Patriotische Europäer gegen die Islamisierung des Abendlandes" (PEGIDA) organisierte, der immer wieder 10- oder gar 20-tausend Menschen, überwiegend aus der sozialen Mitte, nachlaufen, bedienen wie gewohnt bayerische Spitzenpolitiker aus der „Christlich-Sozialen-Union" (CSU) mit ihren Forderungen nach immer härteren Aussperrungsmaßnahmen gegen Ausländer und Migranten die rassistischen Stammtische.

Das absurde Argument, dies sei nötig, um das Schlimmste zu verhindern und die Neonazis gerade aus den Parlamenten herauszuhalten, ist nur der unfreiwillige Beweis dafür, dass die demokratisch-marktwirtschaftlichen Konkurrenzgesellschaften nicht nur überhaupt mit innerer Notwendigkeit Rassismus und Ausländerfeindlichkeit ausbrüten, sondern diese Mordideologien in der Krise auch bis zur parlamentarischen Repräsentanz und schließlich bis an den Rand der Mehrheitsfähigkeit anschwellen lassen. Es ist das beste Argument gegen die gesamte herrschende Ordnung, die doch gerade von den Demokraten als Modell gegen den Rassismus verkauft wird, während sie in Wirklichkeit dessen Mutterschoß ist.

Und natürlich taugt diese seltsame „Verteidigung" gegen den Rassismus, indem man dessen Motive „versteht" und selber beschwichtigend aufgreift, in erster Linie dazu, ihm Spielräume zu eröffnen; sie würde ihn erst satisfaktions- und „salonfähig" machen, wenn er es nicht in Wahrheit sowieso und von Haus aus schon wäre. Und klammheimlich ist genau das auch der Zweck der

Übung: den Mob, auch den mittelständischen, an der Leine zu halten, indem man es nicht mit ihm verdirbt, und mittels dieses Mobs ein Krisenventil offen zu halten.

Es ist allerdings keineswegs allein das demoskopische Wahlkalkül, das die „Gemeinsamkeit der Demokraten" mit dem Mob und dessen Ausdrucksformen kompatibel macht. Auch ideell und programmatisch gibt es eine gemeinsame Schnittmenge, deren Ursprung im rassistischen Gehalt der Aufklärungsphilosophie liegt, aus der ja alle politischen und ideologischen Richtungen und Denkschulen der Modernisierungsgeschichte hervorgegangen sind. Sämtliche demokratischen Parteien, auch die sozialistischen und grünen, sind auf vielfältige Weise sowohl mit dem Ideengut als auch mit den politischen Repräsentanzen der Rechten in irgendeiner Weise verwoben und verquickt. Auch in ihrem eigenen Denken soll die „Globalisierung der Anständigen" mit einem angeblich „normalen" Nationalbewusstsein und „patriotischen Interessen" koexistieren, womit sie natürlich nur die zerreißenden Widersprüche der kapitalistischen Globalisierung zukleistern wollen.

Vom rechten Rand her greifen vielfältige Organisationsformen von Rassismus und Antisemitismus, Ethno-Selbstverständnis und religiöser Militanz in die offizielle demokratische Politik und Kultur über. Rein äußerlich politisch geächtet sind nur offene Neonazi-Sekten wie die deutsche NPD, während der halbherzige Boykottversuch der EU gegen die damalige Haider-Mitregierung in Österreich kläglich zusammengebrochen ist und die medial aufgerüsteten Rechtspopulisten à la Berlusconi überall mit am Tisch saßen und sitzen; man schaue sich heute zum Beispiel die Niederlande (PVV), Frankreich (Le Pen), Dänemark (DV), Polen (PiS) oder Ungarn (Fidesz, Jobbik) an. Über die konservativen und christdemokratischen Parteien, bei deren Provinzfürsten und in deren Untergruppierungen alle Schattierungen nationalistischer Idiotie, ethnischen Wahns und autoritären Klerikalismus blühen, ist das gesamte demokratische Spektrum mit dem rassistischen Rechtspopulismus verzahnt.

Es ist kein Zufall, dass heute die Verzahnung von rechtem Fundamentalismus und offizieller demokratischer Politik in keinem Land so vielfältig ist und so weit geht wie im Flaggschiff von Aufklärung, westlicher Freiheit, Demokratie und Kapitalismus, nämlich in den USA. Die republikanische Partei stützt sich weitgehend auf und ist durchsetzt von denselben Kräften, die sich auch in den rassistischen Milizen oder in den fundamentalistischen protestantischen Sekten sammeln. Der starke Rechtsaußen-Flügel der Republikaner lässt an einschlägigen Kontakten nichts aus, einschließlich des Ku-Klux-Klan und offenem Antisemitismus. Während zum Beispiel die ultrakonservativen US-Regierungen unter Reagan und Bush jeweils Israels Rechte und Hardliner unterstützten und im Polizei- und Kulturkrieg gegen die islamische Welt voll auf die israelischen Ultras setzte, hindert sie nicht im Geringsten, dass sie zuhause an ihrer Basis mit den übelsten antisemitischen Hetzern und weißen Rassisten verbandelt sind. Auch hier beweist der rassistische ideologische Wahn, dass er mit in sich widersprüchlichen Bezügen lebt und sich in seinem destruktiven Geschäft nicht stören lässt. Was im Übrigen nur abermals zeigt, wie wenig sich Israel darauf verlassen kann, dass die letzte Weltmacht seine Existenz garantiert.

Die Verzahnung und Verquickung der demokratischen Politik mit Rassismus und Ethno-Nationalismus setzt sich auf der Ebene der Verwaltungs-, Polizei- und Justizapparate fort. In allen westlichen Demokratien gilt das Grundgesetz, dass Rechtsradikalismus im weitesten Sinne mit Samthandschuhen angefasst und in vieler

Hinsicht toleriert wird, während sich die volle Härte und Gehässigkeit, der militante Verfolgungswille immer buchstäblich „wie aus der Pistole geschossen" und ohne jede Relativierung stets gegen Linksradikale und militante Antifaschisten richtet. Hinsichtlich der Ausländerhetze hat sich sogar eine Art Arbeitsteilung von Schlägerbanden und Behörden entwickelt: Nicht selten werden die Überfälle geradezu als Grund genannt, den Opfern weiteres Bleiberecht zu entziehen. Und das Verhältnis zu den Anführern und Agitatoren der Ausländerhetze ist in der Praxis bestens, geradezu persönlich, wie ein Aussteiger aus der rechtsextremen Szene in Mittelfranken bestätigte: „Damals, im Kreis Erlangen-Höchstadt, waren wir ganz wunderbar integriert ... mit zahlreichen Bürgermeistern waren wir sogar per Du" (zit. Nach: Woratschka 1999).

Während die demokratische Polizei etwa gegen linke Globalisierungskritiker in Genua mit brutaler Härte bis zu schweren Verletzungen und Schusswaffengebrauch vorging, fallen die Einsätze gegen rassistische Gewalttäter fast immer vergleichsweise lustlos aus. Das zeigte sich in der BRD schon beim Rostocker Pogrom 1992. Damals kam die Polizeigewalt, die vor dem rasenden deutschnationalen Mob zurückgewichen war, erst bei späteren linken Gegendemonstrationen auf Touren: „Nachdem eine Woche zuvor der Polizeiapparat gegen die Meute nicht zum Einsatz gebracht worden war, zeigte er mit der Absperrung einer Autobahn und mit am Horizont kreisenden Hubschraubern nun eindrucksvoll, wozu er im Stande ist, wenn es gilt, gegen Linke vorzugehen" (Bendemann 2002). Ähnlich sah es bei der juristischen Aufarbeitung des Pogroms aus. Bei einem Großteil des Polizei- und Justizapparates entspricht dieses unterschiedliche Vorgehen ganz klar einer positiv rechtsautoritären und selber rassistischen Gesinnung, ebenso wie bei den Verwaltungen und Provinzhonoratioren, für die rassistische Schlägerbanditen in der Regel als

„unsere bodenständigen Jungs“ firmieren. Und der Teil der Apparate, der sich für neutral hält, weil er rein rechtspositivistisch vorzugehen meint, gibt sich einer Selbsttäuschung hin. Der Rechtspositivismus an sich impliziert schon die strukturelle Affinität zum rechten, rassistisch-ethnonationalistischen Gewaltpotential, insofern die Rechtsform nichts anderes als die formale Einkleidung des kapitalistischen Todestrieb-Subjekts darstellt.

Wenn es den scheinneutralen demokratischen Rechtspositivisten in den Apparaten so vorkommt, dass sie die Rechten keineswegs bevorzugen, dann erliegen sie derselben Täuschung wie (nachgewiesenermaßen) die Lehrerinnen und Lehrer hinsichtlich der Bevorzugung von männlichen Kindern: Selbst wenn sie sich ausdrückliche bemühen, im Unterricht auch Mädchen zu fördern, bleibt die strukturell im System, auch im Schulsystem, angelegte männliche Dominanz erhalten und werden de facto die Mädchen weniger von der Lehrperson beachtet, wie Tests eindeutig ergeben haben. Nicht anders ergeht es den vermeintlich „rein sachlichen“ Beamten, Richtern und Staatsanwälten hinsichtlich des notorischen Zögerns und der Milderung gegenüber Rechtsradikalen, vor allem Jugendlichen.

Der Tatbestand der Jugendlichkeit als Verharmlosungsgrund („dumme Jungenstreiche“) gehört zu den beliebtesten demokratischen Vorwänden, gegen die rassistisch-rechtsradikale Szene jegliche Härte vermissen zu lassen. Selbst über notorische Gewalttäter und Totschläger wird von Behörden und Medien in einer Sprache berichtet, als handle es sich um Kinder, die ein wenig über die Stränge geschlagen haben. Überfälle rechter Schläger auf linke Jugendliche werden regelmäßig so dargestellt, als hätte es bedauerliche Auseinandersetzungen „unter Extremisten“ gegeben, wobei im Zweifelsfall eher gegen die Linken ermittelt wird. Die Faustregel für das Vorgehen gegen linksradikale Jugendliche lautet: Stigmatisierung, Relegation, Ausgrenzung; die Faustregel für die Behandlung rechtsradikaler Jugendlicher dagegen: allgemeine Sorge, sie nicht auszugrenzen, verbesserte Freizeitangebote usw.

Zu den Vordenkern dieser integrationistischen Milde gehören an vorderster Stelle Politiker und Pädagogen der staatstragenden „realistischen" demokratischen Linken, der marktwirtschaftlich „gewendeten" Sozialisten, der Sozialdemokraten und Grünen. Während militantes Vorgehen linksradikaler Jugendlicher, welcher Art auch immer, nur schroffste Distanzierung hervorruft, finden sich etwa in der Partei „die LINKE", der zu großen Teilen „in der Demokratie angekommenen" ehemaligen Staatspartei der DDR, hinsichtlich der rassistischen ostdeutschen Killerkids nicht wenige verständnisvolle nationale Linkspopulisten, die sich mit den Schlägern an einen Tisch setzen, sie „ernst nehmen" und ihre nationalpädagogische Ader entdecken (vielleicht auch die verwandten braunen Flecken in der eigenen Seele).

Und es war natürlich ein linksdemokratischer Akademiker der rot-grünen Reformuniversität Bremen, der Sozialpädagogik-Professor Franz Josef Krafeld, der bereits Ende der 80er Jahre speziell für den Umgang mit rechtsradikalen, rassistischen Jugendlichen das Stichwort von der „akzeptierenden Jugendarbeit" erfand – gerade rechtzeitig und wie bestellt für die beginnende Ära des geschmeidigen staatlichen Zurückweichens vor dem rassistischen Mob. Solche verständnisinnigen Gedanken, die weltanschaulich und militant delinquenten Jugendlichen „dort abzuholen, wo sie stehen", waren den linksdemokratischen Sozialpädagogen nicht im Traum gekommen, als der Staat mit gnadenloser Härte gegen noch so junge RAF-Sympathisanten vorgegangen war. Mit vollem Recht machten nach bittersten Erfahrungen 1998 norddeutsche

Antifa-Gruppen gegen die objektive Komplizenschaft dieses „pädagogischen Konzepts" Front: „Durch die akzeptierende Jugendarbeit erleben die Rechten, dass sie nicht trotz, sondern wegen ihrer Auffassungen ernst genommen und gefördert werden. Man entwirft sogar eigene Konzepte für sie, die ausdrücklich ihre Auffassungen akzeptieren und würdigen, indem sie zum Anlass genommen werden, ihnen Räume, SozialarbeiterInnen, Gelder etc. zur Verfügung zu stellen" (zit. Nach: Simon 2000).

Das Bild ist insgesamt so eindeutig, dass die Affinität der Demokraten zum rassistischen Mob nicht bloß einem taktischen oder nützlichkeitsdenkenden äußeren Kalküls entspringen kann, als wäre ihnen selber diese Regung im innersten fremd und sie würden sie nur als unvermeidliches Faktum der gesellschaftlichen Realität irgendwie hinnehmen und instrumentell damit umgehen. Gerade die letzte Bereitschaft, das rassistische Pogrom als „kleineres Übel" im Vergleich zur ernsthaften sozialen Revolte gegen die kapitalistischen Institutionen eher mit Nachsicht zu behandeln, verweist auf den rassistischen Gehalt der demokratischen Subjektivität überhaupt, wie er als Moment des bürgerlichen Todestriebs bis hin zur Welt- und Selbstvernichtung in der totalitären Form der Konkurrenzgesellschaft lauert. Nicht umsonst verfiel schon der aufklärerische Geistesheros Kant in den Zungenschlag des Mobs, wenn er sich über die „Negers" und deren Untermenschentum zu verbreiten geruhte.

Von der sozialen Mitte, den demokratischen Leistungseliten und ihrer aufgeklärten Anständigkeit gilt eben grundsätzlich, was Robert Musil beiläufig in seinem „Mann ohne Eigenschaften" feststellte: „Abgesehen von ihrem sehr entwickelten Familiensinn, ist die innere Vernunft ihres Lebens die des Geldes, und das ist eine Vernunft mit sehr gesunden Zähnen und schlichtem Magen." Das gilt modifiziert auch in Zeiten der Individualisierung und der Postmoderne. Aufklärung und Humanitätsideale sind nichts als die ideologische Form des kapitalistischen Fress- und Verdauungsprozesses samt der Sorge um die eigene Brut. Wenn aber die Logik des Geldes als „innere Vernunft" der Demokratie abzustürzen droht, wenn der bürgerliche Darm sich entzündet, dann verliert das auf seinen Geld-Darm reduzierte Aufklärungssubjekt die sorgfältig gepflegte Contenance und die „gesunden Zähne" enthüllen sich als die Reißzähne eines blutdürstigen, wahnsinnigen Monstrums. Dann erweist sich, dass die bürgerlichen „Anständigen", die alte wie die neue „Mitte", die Metzgermeister und Studienräte, die New-Economy-Pseudo-Bohemiens und Ich-AGs selber der eigentliche Mob sind, die stinkende demokratische Gosse, von der in Wahrheit alle Brutalität ausgeht. Viehischer als ein aufgeklärtes, an westlichen Werten geschultes, wohltemperiertes, moralisch aufgerüstetes, auf Selbstverwertung getrimmtes, in Selbstdarstellung geübtes mittelständisches Interessen-Subjekt kann kein mordgieriger besoffener Skinhead sein.

Es ist sicher aller Ehren wert, dass gegen die Duftspur des medialen und politischen Mainstreams, dessen Zweideutigkeit im Verhältnis zum rassistischen Mob die wahre Natur des bürgerlichen Subjekts ahnen lässt, immer wieder einzelne Journalisten den Zusammenhängen der „Ausländerfeindlichkeit" nachgehen und ungeschminkt über das Zusammenspiel von Behörden, Politik und Gewalttätern berichten; ebenso wie zahlreiche soziologische und sozialpsychologische Untersuchungen den „Extremismus der Mitte" herausgearbeitet haben. Die liberale Presse gibt diesen Stimmen Raum, aber Voraussetzung ist, dass die kapitalistische Ontologie unangetastet bleibt. Gerade dadurch wird aber die Kritik entwertet. Eine bloße Summe von „betroffen" und anklagend beschriebenen Phänomenen ergibt noch keinen Begriff der Kritik.

Solange die Kritiker nicht ihrerseits den Bruch mit der „Gemeinsamkeit der Demokraten" vollziehen und „Demokratie und Marktwirtschaft", den Systemzusammenhang der Konkurrenzsubjekte, als den Mutterschoß von Rassismus und Ausgrenzungsimperialismus benennen, bleibt ihre Kritik, die sich an eben dieser „Gemeinsamkeit der Demokraten" festklammert, zur Harmlosigkeit und Wirkungslosigkeit verurteilt.

Das gilt auch für jenen linken Antirassismus, der sich im praktischen Kampf gegen den Mob und seine Unterstützer große Verdienste erworben hat. Zwar setzen sich die Praktiker und Militanten der antirassistischen Bewegungen von der „Gemeinsamkeit der Demokraten" im Sinne des offiziellen Verständnisses ab, aber sie legitimieren sich meist mit einer seichten und unreflektierten Antifa-Ideologie, in der die ganze unaufgearbeitete Geschichte des Arbeiterbewegungs-Marxismus und seiner Befangenheit in der kapitalistischen Formhülle mitgeschleppt wird. So werden auch im antirassistischen Kampf bloß die unüberwundenen bürgerlichen Kategorien angerufen, die ja gerade im Rassismus und Antisemitismus bis zur Kenntlichkeit Gestalt annehmen. Es ist dasselbe Problem wie beim Zusammenhang von Menschenrechts-Ideologie und Weltordnungskriegen außerhalb des kapitalistischen Zentrums: solange die Kritik sich der kapitalistischen Definitionsmacht unterwirft, indem sie das Verhältnis von Rassismus und Demokratie nicht durchschaut, sondern nur das demokratische ideal gegen die demokratische Wirklichkeit ins Feld führt, zieht sie auch gegen den Rassismus unter der Fahne des Feindes ins Feld und wird deshalb regelmäßig geschlagen.

Das Imperium und seine Theoretiker

Es ist ganz offensichtlich, worin die Logik des demokratischen Ausgrenzungsimperialismus besteht: Angesichts des innerhalb kapitalistischer Ökonomik sozial unbewältigbar gewordenen globalen Krisenprozesses soll die Welt grundsätzlich in zwei Zonen oder Subwelten aufgespalten werden. Nämlich einerseits in eine globale Zone „relativer Normalität" mit demokratischem Procedere, bürgerlicher Rechtsstaatlichkeit und kapitalistischer Reproduzierbarkeit der Bevölkerungsmasse, in der das marktwirtschaftlich produzierte Elend minoritär gehalten werden und als sozialer Rand beherrschbar bleiben kann. Der Zumutungscharakter des Kapitalismus soll auf diesem Niveau als verinnerlichte Lebensspur einigermaßen im Status der Befriedung verharren. Diese Zone ist vorläufig weitgehend identisch mit den westlichen Zentren, Japan und den „Enklaven der Reproduzierbarkeit" oder weltmarktfähigen „Produktivitätsinseln" in jenen großen Weltregionen, die als Ganzes bereits aus der kapitalistischen Lebensfähigkeit herausgefallen sind. Und andererseits breitet sich eben deshalb eine globale Zone aus, in der die Marktwirtschaft bereits in den „Naturzustand" der kapitalistischen Konkurrenz zurückgefallen und daher das Elend der Mehrheitszustand ist, also nicht mehr in den Formen bürgerlichen Rechts beherrschbar.

Da die Demarkationslinie zwischen diesen beiden Zonen immer schärfer durch buchstäbliche Mauern, Wälle, elektrische Zäune, Todesstreifen usw. gezogen wird, scheint nicht nur der Vergleich mit den historischen Grenzbefestigungen von Limes und chinesischer Mauer nahezuliegen, sondern auch mit den dazugehörigen Imperien. Der Imperialismus-Begriff geht ja selber auf die Herrschaftsideen der alten agrarischen Zivilisationen und ihrer repressiven Macht zurück (lat. „imperium" = Befehlsgewalt).

Das Reich und die neuen Barbaren (Jean Christophe Rufin)

In diesem Textpunkt und im darauf folgenden wird es etwas theoretisch. Und obwohl radikal-kritische Theorie Grundvoraussetzung für emanzipatorisches Handeln, also äußerst wichtig ist, kannst Du diese Punkte eher dann lesen, wenn Du zumindest ein wenig an Theorie interessiert bist. Es wird darin gezeigt, wie schwachsinnig die heutige Linke argumentiert, warum sie also weltweit bisher notwendigerweise versagt. Im Gegensatz zur immer aktueller werdenden Marxschen radikalen Kapitalismuskritik ist der Marxismus längst mausetot; die Entwicklung ist einfach über ihn hinweggegangen; die Linke weigert sich störrisch-verbockt und überheblich-ignorant ihre eigene Geschichte radikal-kritisch anzuschauen und den „anderen" Marx, den, der treffsicher über den Kapitalismus hinausweist, überhaupt nur wahrzunehmen. Wenn Du aber mit marxistischer Theorie, die selbst nur ein Zersetzungsprodukt der zerfallenden warenproduzierenden Moderne ist, nicht allzu viel am Hut hast – genau wie auch der Autor und Moderator selbst – lies (zunächst) in diesem Buch einfach auf Seite 167 weiter. Kannst Dir ja die hier verteilten schallenden Ohrfeigen für die aufgeblasenen linken (Möchtegern)-Theoretiker bei entsprechender Laune etwas später zu Gemüte führen.

Anfang der 90er Jahre, als zusammen mit dem Untergang des Staatskapitalismus und dem Ende der bipolaren weltpolitischen Konstellation diese neue, andere Zweiteilung deutlicher als zuvor ans Licht trat, gab deshalb der französische Mediziner und Politologe Jean- Christophe Rufin (Mitglied von „Ärzte ohne Grenzen") seiner einschlägigen Untersuchung den Titel „Das Reich und die neuen Barbaren" (Rufin 1991).

Er zieht eine direkte Analogie zur Antike, indem er die heutige Situation der westlichen nordamerikanischen und europäischen Zivilisation mit derjenigen Roms nach dem Untergang Karthagos gleichsetzt: Hier wie dort ging der äußere Gegner verloren, mit entsprechenden ideologischen Konsequenzen. Für Rom war es laut Rufin der Geschichtsschreiber Polybios (ca. 200 – 120 v.u.Z.), der die imperiale Sendung legitimatorisch begründete: „Als Polybios seine Geschichte schreibt, gestaltet er Roms Vergangenheit um, erschafft sie neu, gibt ihr in der Rückschau einen geradlinigen

Verlauf. Er überzeugt die Römer davon, dass ihr Sieg kein Zufall ist: er ist das Prägemal eines besonderen Schicksals. Rom hat von Anfang an den Auftrag, ein Werk des Friedens, der Gerechtigkeit und der Weisheit zu vollbringen... Die übrige Welt, alles, was außerhalb des Reiches ist, befindet sich in beklagenswerter Lage: jenen Barbaren gebricht es an Zivilisation, Rom hat die Pflicht, sie ihnen zu bringen oder aber sie zu bekämpfen, falls sie auf ihrem Archaismus beharren und es zu bedrohen suchen. Das beklemmende Bild eines Roms, das sich ganz allein einem Vakuum gegenübersieht, ersetzt Polybios durch die begeisternde Idee einer imperialen Verantwortung, einer universellen Mission. Und damit erfindet er sich eine neue „Doppelmasse": das reich im Gegensatz zu den Barbaren... Und jetzt vollzieht sich eine neuerliche polybische Revolution. Der Nord-Süd-Gegensatz erweckt diese Ideologie der Ungleichheit, der Asymmetrie zu neuem Leben. Kein Zweifel, dass zur Bannung der vom sowjetischen Rückzug hervorgerufenen Angstgefühle dem Süden nunmehr die Rolle der neuen Barbaren zufällt, welche einem Norden gegenüberstehen, der als wiedervereinigt, als imperial, als Wahrer der universellen Werte der freiheitlichen und demokratischen Zivilisation vorausgesetzt wird" (Rufin 1991, 19 ff).

Ganz so neu ist allerdings diese Konstellation nicht. Ideologisch war sie bereits seit Woodrow Wilson vorbereitet worden, und politisch-militärisch hatte sich das kapitalistische Imperium der Pax Americana schon gleich nach dem Zweiten Weltkrieg als sogenannte „freie Welt" sowohl gegenüber dem „totalitären System" des Ostblocks als auch gegenüber den „unterentwickelten Ländern" des globalen Südens selbst definiert. In diese Definition war bereits jene missionarische Ideologie eingeschlossen, deren Ziel eben in der ökonomisch-politischen Vereinheitlichung des Weltsystems bestand. Die Grundelemente dessen, was Rufin erst für die 90er Jahre als Analogie zum Imperium Romanum nach den

Karthager-Kriegen sehen will, waren bereits vorher ausgebildet worden

In der Geschichte des Kalten Krieges hatte die missionarische westliche Ideologie freilich unter dem Eindruck der fordistischen Mobilisierung und des damit verbundenen „Wirtschaftswunders" nach dem Zweiten Weltkrieg auch noch das Versprechen von Prosperität und „Entwicklung" für den gesamten planetarischen Raum enthalten. Ein solches Versprechen hat sich objektiv als gegenstandslos erwiesen. Entsprechend fadenscheinig und unglaubwürdig stellen sich die Reste dieser Verheißung in der zynischen konservativ-neoliberalen oder neu-sozialdemokratischen Verfallsform heute dar. In der Weltkrise der Dritten industriellen Revolution nimmt niemand mehr ernsthaft an, dass noch einmal ein kapitalistisches „Wirtschaftswunder" möglich wäre; war schon damals die Mehrheit der Weltbevölkerung real ausgeschlossen und nur ideell-perspektivisch für eine imaginäre Zukunft integriert, so handelt es sich jetzt nur noch um die Suche nach einem beschönigenden Vokabular für die perfide Dialektik von totaler Ausgrenzung und gleichzeitigem totalen Unterwerfungsanspruch. Geben doch die Ökonomen inzwischen sogar offen zu, dass selbst für die Zentren nie mehr „Vollbeschäftigung" und nie mehr etwas Anderes als eine neue Pauperisierung wachsender Bevölkerungsteile zu erwarten sein wird. Was vom Gehalt der missionarischen Ideologie übrig bleibt, ist somit in der Verpackung demokratischer Phrasen immer wieder nur der blanke Herrschaftsanspruch des Kapitalismus auf eine ökonomisch von ihm nicht mehr reproduzierbare Welt.

Aus heutiger Sicht kann auf diese Weise der einstige eiserne Vorhang gewissermaßen als erste Version des neuen Limes zwischen „Reich" und den „neuen Barbaren" verstanden werden; ausgeplaudert in den gegenwärtigen westlichen Stammtischparolen, man hätte „die Mauer" doch besser stehen lassen sollen oder es müsste eine neue Mauer gebaut werden (was ja auch längst wirklich geschieht, nur ein paar Längengrade weiter östlich). Denn jetzt stellt sich heraus, dass sich in der Epoche des Kalten Krieges beide Seiten einer Selbsttäuschung hingegeben hatten: Was für den staatskapitalistischen Ostblock wie die Absicherung einer eigenständigen „nachholenden Entwicklung" und für das westliche Imperium wie die böswillige Versperrung von aussichtsreichen Märkten ausgesehen hatte, erweist sich im Nachhinein als die vorläufige Demarkationslinie zwischen den „Zeitzonen" eines gemeinsamen Krisenprozesses, in dem das moderne warenproduzierende System an seine absolute Grenze stößt.

Geht man in der Analyse hinter das Datum des Epochenbruchs von 1989 zurück, so steht die Argumentation von Rufin plötzlich auf dem Kopf: Der Eiserne Vorhang wäre dann das Paradox gewesen, dass sich zunächst nicht das „Reich" gegen die „Barbaren", sondern umgekehrt die „Barbaren" gegen das „Reich" durch einen Limes abgeschottet hätten, bis sich dann erst in den 90er Jahren die Realität dazu bequemte, zur Analogie zu stimmen. Offenbar ist die Erklärungspotenz dieser Analogie begrenzt. Sie gibt ein Bild nur für ein bestimmtes Stadium einer Gesamtentwicklung, die sowohl dahinter zurück als auch darüber hinaus reicht. Nur für die Konstellation eines bestimmten Übergangsstadiums ist Rufins Analogie wenigstens dazu tauglich, die aktuelle Phänomenologie in vieler Hinsicht durchaus richtig darzustellen: „Der heutige neue Limes zwischen Nord und Süd markiert den sachten Anspruch einer Moral der Ungleichheit, einer Art von weltweiter Apartheid. Im Gedanken des Limes ist, mehr oder weniger deutlich, die Absicht eingeschlossen, die Zivilisation des Nordens zu definieren und zu schützen. Doch dies geschieht durch die gewaltsame Preisgabe des Südens, der mit Barbarei gleichgesetzt wird. Dieses Im-Stich-Lassen ist bereits heute in zahlreichen Bereichen spürbar.

Demographisch: an die Stelle des Strebens, die Weltbevölkerung in ihrer Zahl zu begrenzen, tritt eine minimale Hoffnung, die Massen des Südens zu zügeln, wobei man auf malthusianische Katastrophen baut, die sie regulieren werden. Ökonomisch: das universelle Ideal der Entwicklung wird abgelöst durch eine selektive Politik, die darin besteht, Hilfe nur noch den Pufferstaaten zu gewähren, die sich längs des Limes befinden und seine Stabilität gewährleisten sollen" (Rufin 1991, 26).

Rufin fragt leider nicht nach den strukturellen Ursachen dieser veränderten Wahrnehmung, sondern er bleibt weitgehend bei der Wahrnehmung als Wahrnehmung stehen, als einem „Konstrukt" also, das vermeintlich auch anders sein könnte. So erkennt er auch nicht, was eigentlich schräg ist an seiner scheinbar so griffigen Analogiebildung. Implizit geht er von einem Außen- und Innenverhältnis aus, das schon seit Jahrhunderten nicht mehr gegeben ist. Denn darin besteht der große Unterschied: Das Imperium Romanum erwuchs nicht auf dem Boden einer planetarischen Vergesellschaftung über die Wertform, d.h. über ein universelles warenproduzierendes System. Der Vergesellschaftungsgrad war sowohl in seiner Dichte als auch in seiner äußeren Reichweite wesentlich geringer als in der Moderne und gar an der Schwelle des 21. Jahrhunderts.

Deshalb ist das Verhältnis zwischen dem „Reich" und den „Barbaren" für die Antike durchaus als ein wirkliches Innen- und Außenverhältnis zu begreifen. Selbst innerhalb des römischen Reiches waren die direkten Vermittlungszusammenhänge eher äußerlich und aufgesetzt (Tributverhältnisse, Besteuerung der Provinzen und nur relativ dünne Handelsnetze gegenüber einer dominierenden, keineswegs vergesellschafteten Agrarwirtschaft), wenn auch ein gewisser kultureller Rahmen hergestellt worden war. Aber das eigentliche „Innen" war nur punktuell, nämlich das Zentrum Rom selber. Vollends die Gebiete jenseits der Außengrenze, die in der Spätzeit als Limes markiert war, standen in keinerlei innerem Vermittlungszusammenhang mehr mit dem Imperium; es handelte sich sogar größtenteils um ein aus der Sicht Roms „unerforschtes" Territorium, dessen Gesellschaftsformen und kulturellen Muster umso unabhängiger von Rom waren, je weiter jenseits des Limes sie sich aus der Perspektive des Imperiums im äußeren Raum verloren.

Die legitimatorische Ideologie einer „zivilisatorischen Mission", deren ökonomischer Kern im exzessiven Sklavenfang bestand, bezog sich auf ein tatsächliches Außenverhältnis, das hinsichtlich der Modernisierungsgeschichte höchstens mit der frühesten Kolonisation im 15. und 16. Jahrhundert zu vergleichen ist. In beiden Fällen kann eine historische Ideologiekritik den räuberischen und mörderischen Hintergrund der vorgeschützten „zivilisatorischen Mission" ebenso erhellen wie die aus der pejorativen Bestimmung des Fremden („Barbaren") deutlich werdende Ignoranz und Distanzlosigkeit, die den erhobenen zivilisatorischen Anspruch unfreiwillig dementiert. Marx hat diese historische Ideologiekritik vorbereitet, indem er den Begriff „Barbarei" aus einer Kennzeichnung der „unterentwickelten" Welt in eine Konsequenz der modernen kapitalistischen Produktionsweise selber umdeutete. Und in der Tat haben wir es heute mit einer „sekundären Barbarei" zu tun, die aus dem Krisen- und Zerfallsprozess des globalen warenproduzierenden Systems selbst erwächst.

Eben dies ist der Grund, warum die Analogisierung von Rufin letzten Endes nicht zutrifft. Der neue Limes ist eine Grenzziehung innerhalb des „Reiches" selber, das als totalitäres Weltsystem kein „Außen" mehr hat. Es handelt sich nicht um einen Schutzwall gegen äußere Kräfte, Völkerschaften oder sogenannte Kulturen, nicht um eine Sicherung gegen das Eindringen des Unbekannten, sondern um den Versuch einer Ausgrenzung von Momenten des eigenen Inneren, der die Produkte der eigenen gesellschaftlichen Logik veräußerlichen und eindämmen soll. Auch ihren Bewusstseinsformen nach sind die „neuen Barbaren" weder fremdartige „Stämme" mit seltsamen Sitten noch in archaischen Verhältnissen befangene und auf niedrigeren gesellschaftlichen Entwicklungsstufen stehen gebliebene Bevölkerungen, sondern nur allzu bekannte ureigene Erscheinungsformen des „postmodernen" Weltkapitalismus selbst: so bekannt, dass ähnliche Bewusstseinslagen und Verhaltensweisen (neue Gewaltformen, psychische Entgrenzungen, individuelle Verzweiflungsakte usw.) eben auch in den Zentren des „Reiches" selber auftauchen, wo sie noch beherrschbar scheinen.

Sowohl die Barbarisierungsprozesse in der Peripherie als auch die Abschottungs- und Ausgrenzungspolitik des „Reiches" sind Bestandteile eines übergreifenden Krisenverhältnisses in der einen Weltgesellschaft, die ans Ende ihrer Entwicklungsfähigkeit gekommen ist. Rufin bemerkt durchaus, dass „etwas nicht stimmt". Aber weil auch er an den alten Begriffsapparat der warenproduzierenden Moderne gebunden bleibt, kann er die darin nicht mehr aufgehende Wirklichkeit, will er sie nicht schlicht verdrängen wie die westlichen Hardcore-Ideologen, nur phänomenologisch erfassen: Die kategoriale Begriffswelt von „ökonomischer Entwicklung, Marktwirtschaft, Politik, Demokratie, Menschenrechten" usw. tritt dann in schreienden Gegensatz zur immerhin wahrgenommenen empirischen Erscheinungswelt. Darin scheint überhaupt ein Grundübel auch der wohlmeinenden westlichen Kritiker zu bestehen, die sich einfach nicht von der demokratischen Ideologie des warenproduzierenden Systems lösen wollen, um zu neuen Ideen der menschlichen Emanzipation vorzustoßen.

So kommt Rufin zwar nahe an eine neue Kritik heran, indem er wenn auch vage die negativ universalistische „ökonomische Umhüllung" der Welt in Frage stellt: „Wir sind es gewohnt, in diesem allgegenwärtigen Ökonomismus zu leben: er erscheint als natürlich" (Rufin, a.a.O., 129). Und Rufin erkennt auch, dass die bisherigen Gegensätze überhaupt und gerade während der bipolaren Nachkriegsgesellschaft in diese letzten Endes kategorial identische „ökonomische Umhüllung" eingeschlossen waren: „Der westliche Produktivismus hat sich auf die ganze Welt ausgedehnt. Der Marxismus (in seinen verschiedenen Formen) war weit davon entfernt, sich ihm entgegenzustellen, er hat vielmehr dazu beigetragen, ihn zu propagieren, indem er weltweit dieselben Ziele predigte, lediglich mit dem Unterschied, dass er sie auf einem anderen Weg erreichen wollte" (Rufin, ebd).

Natürlich bleibt auch der – offensichtlich der grün-alternativen Bewegung der 80er Jahre entlehnte – kritische Begriff des „westlichen Produktivismus" noch unzureichend. Rufin geht sogar einen Schritt weiter, indem er immer noch in vage kritischer Perspektive feststellt, das „begehrteste" Datum im Bann dieses Produktivismus sei quer durch alle ideologischen Lager der abstrakte „Produktionsindex, das heißt die ‚Wertschaffung' … " (a.a.O., 128). Und er kommt immerhin zu der ebenso überraschenden wie erhellenden Feststellung: „Unter diesem Blickwinkel ist Marx der Konkurrent von Adam Smith und nicht sein Verneiner" (ebd).

Man sollte meinen, es sei nur noch ein Schritt, daraus die logische Konsequenz einer grundlegenden kategorialen Neukritik der Moderne zu ziehen, Marx statt in der verkürzten Dimension eines bloßen Konkurrenten von Smith endlich als dessen Verneiner ernst zu nehmen (nämlich als radikalen Kritiker des modernen Fetischismus warenproduzierender Selbstzweck-Systeme im Bann der „Verwertung des Werts") und somit den Zusammenhang zwischen einem abstrakten, den menschlichen Bedürfnissen äußerlichen „Produktivismus" und jener „Wertschöpfung" herzustellen, die als negatives statt positives Kriterium zu entdecken und zu überwinden wäre. Kurzum: Es ginge dann darum, die eine Welt der Menschheit zu retten und als positive überhaupt erst zu schaffen, indem die „auf dem Wert beruhende Produktionsweise" (Marx), also der moderne Selbstzweck der sogenannten Ökonomie, im planetarischen Maßstab abgeschafft wird.

Aber zu dieser Konsequenz will Rufin keineswegs gelangen. Praktisch führt er seine Kritik nur anhand des trügerischen Charakters der statistischen Angaben von „Sozialprodukt" und anderen abstrakten Kennziffern der kapitalistischen Ökonomie aus. So kann er zeigen, dass sich hinter den zeitweiligen „Erfolgszahlen" von Ländern wie Brasilien, den asiatischen „Tigerstaaten" und anderen Musterschülern des Markt-Totalitarismus in Wirklichkeit schwere sozialökonomische Ungleichgewichte verbergen (z.B. die Kreation kapitalistisch unrentabler Produktionssteigerungen, einseitige Exportabhängigkeit usw.), die früher oder später die statistischen Scheinerfolge dementieren müssen. Der Absturz der asiatischen Wunderländer wenige Jahre später hat diese Analyse eindrucksvoll bestätigt. Unklar bleibt jedoch bei Rufin, was daraus folgt. Indem er bei einer vagen, unausgeführten, vor dem kategorialen Hindernis zurückscheuenden Kritik stehen bleibt, fällt er sogleich hinter seinen eigenen kritischen Ansatz zurück. So verlässt er die „gefährliche" Ebene des gemeinsamen Bezugssystems von ökonomischem Terror schlechthin, abstrakter Arbeit und Wert, wie es über den Weltmarkt mit universeller Härte praktisch hergestellt wird, um ganz unvermittelt genau umgekehrt zu den diversen sub-systemischen, kulturellen usw. Unterschieden zurückzukehren.

Damit begibt er sich jedoch in gefährliche Nähe zu den postmodernen kulturalistischen Umdeutungen der kapitalistischen Ökonomie, die den Verliererländern und Zusammenbruchs-Regionen der Peripherie „falsche", markt-inkompatible kulturelle Muster als selbstverschuldetes Manko vorwerfen. Implizit lässt Rufin so selber die kategorialen Kriterien der negativen, abstrakt-universalistischen „ökonomischen Umhüllung" durch die Hintertür wieder einkehren. Einerseits erkennt er, allerdings phänomenologisch beschränkt, durchaus das Problem, kapitalistische Kriterien von „Entwicklung" überhaupt anzulegen: „Im Süden ist Entwicklung nicht immer wünschenswert: sie kann gefährlich oder nutzlos sein" (a.a.O., 142). Andererseits legt er, sobald die Ebene des Begrifflichen, der kategorialen Kriterien ins Blickfeld rückt, implizit doch wieder die Messlatte des kapitalistischen Realökonomismus an: „Heute muss man erkennen, dass der Süden noch ganz andere Mittel ersonnen hat als der Marxismus, um die unsichtbare Hand zu blockieren, ja abzuhacken" (a.a.O., 65). Das klingt nicht gerade wie eine „Verneinung" jenes Adam Smith, der bekanntlich die „unsichtbare Hand" der blinden Marktmechanismen als segensreich gefeiert hat.

In der Tat: Wenn es nicht die globale „unsichtbare Hand" der kapitalistischen Wertverwertung ist, von der die offene Barbarei in den Krisen- und Zusammenbruchs-Regionen letztlich erst hervorgebracht worden ist, sondern genau umgekehrt jene Barbarei es ist, von der die unsichtbare Hand abgehackt wird – dann muss diese Barbarei autonomer letzter Grund, das alteingesessene Merkmal „des Südens" selbst sein. Und damit rückt die vermeintliche Kritik Rufins in ein seltsames Zwielicht, das sie in ihr eigenes Gegenteil verwandelt, nämlich in blinde Affirmation der „westlichen Werte". Dieser Widerspruch zieht sich durch Rufins gesamte Argumentation. Einerseits stellt er fest: „Die Verarmung des Südens ist neu, jüngeren Datums, und sie wurde durch geduldige

Anstrengungen herbeigeführt. Das gegenwärtige Elend ist das Produkt von dreißig Jahren Entwicklung" (a.a.O., 74). Andererseits unterstellt er den südlichen Krisengebieten eine traditionelle, vormoderne Neigung zu einer „Wirtschaft des Beuteraubs, gegründet auf Erpressung, Diebstahl, Übergriffe auf zivile Konvois" (a.a.O., 124) Diese letztere Perspektive ist wieder klar die des neo-eurozentrischen Kulturalismus.

Und die Argumentation ist natürlich in sich unsinnig, wenn Rufin behauptet, „dass es sich, besonders in Afrika, traditionsgemäß um Gesellschaften handelt, in denen der Austausch und die Inbesitznahme von Reichtümern die produktiven Tätigkeiten bei weitem übertreffen. Unsere ökonomischen Kriterien für Entwicklung wären im Grunde ziemlich unpassend für diese Gesellschaften, die auf dem Beuteraub und der Zirkulation von Gütern beruhen. Was wir Korruption nennen, wäre lediglich einer der Aspekte dieser Wirtschaft ohne Produktion (!)" (a.a.O., 140). Was Marx über die antiken Seeräuber sagte, muss hier wiederholt werden: Bevor es etwas zu rauben gibt, muss es produziert worden sein. Abgesehen von einfachster Wildbeuterei sind selbst in den frühesten Gesellschaften die Masse der Güter „Produkte". Rufins phänomenologische Folklore einer südlichen Ökonomie des „Beuteraubs ohne Produktion" ist real nichts weiter als die globale Plünderungsökonomie des Kapitalismus selbst: Die Produktion nach kapitalistischen Kriterien hat sich zurückgezogen und findet auf schrumpfendem Niveau anderswo statt, während die regionale Plünderungsökonomie teils die ruinierte Substanz ausschlachtet, teils über Sekundärkreisläufe mit den kapitalproduktiven Zentren indirekt verbunden ist. Die Korruption ist in diesem Sinne keine eingeborene Erscheinung, sondern (abgesehen von dem kolonialen negativen „Erbe") die Folge davon, dass die eigenständige produktive Basis mangels „Rentabilität" durch das globale Kapitalverhältnis zerstört wurde und die materielle Abhängigkeit von externer Produktion zunimmt.

Noch deutlicher wird die schräge Tendenz Rufins, wenn es um die Interpretation der zahllosen neuen „Bürgerkriege" in der One World des Kapitals geht. Aus der Perspektive einer radikalen Kritik der weltumspannenden negativen Wertform bilden die pseudo-archaischen, pseudo-religiösen kulturellen Legitimationsmuster der neuen Gewalt nur die Maske einer Verwilderung der universellen Konkurrenz bis in die Mikro-Regionen und bis in die Poren des Alltags hinein; aus der Perspektive der kulturalistischen Affirmation sind es dagegen die tief verwurzelten, „eigentlich" vormodernen und pejorativ bestimmten kulturellen Identitäten, die diese Gewalt angeblich gegen den ach so friedlichen Marktmechanismus hervorbringen.

Rufin stellt fest, dass die Konflikte innerhalb des Südens, die in der Nachkriegsgeschichte als Momente des Kalten Krieges galten, nach dessen Ende „trotzdem nicht aufhören" (a.a.O., 115). Und wieder erhebt sich die Frage, was daraus folgt. Für radikale Kritik besteht die Konsequenz der Interpretation darin, dass der Kalte Krieg nur eine tiefer liegende Krise des gemeinsamen Bezugssystems, nämlich des globalen Verwertungs- und geldförmigen Vermittlungs-Zusammenhangs verdeckt hat, die jetzt allmählich ans Licht tritt. Rufin zieht auf der Linie der kulturalistischen Rechtfertigungskunst die genau entgegengesetzte Schlussfolgerung: „Die Ost-West-Konfrontation in der Dritten Welt hat sehr viel ältere, für uns auch rätselhafte Rivalitäten überdeckt" (a.a.O., 119).

Sowohl sozialökonomisch (Ökonomie des angeblich vormodernen „Beuteraubs") als auch politisch (uralte „rätselhafte Rivalitäten") reduziert Rufin also im Widerspruch zu Teilen seiner eigenen Argumentation „den Süden" auf eine völlig „eigenständige", unter der Oberfläche der Moderne liegende und jetzt zum Vorschein kommende negative Qualität der „Barbarei", die scheinbar ganz außerhalb der westlichen Universalbegriffe von Marktwirtschaft, Demokratie, Menschenrechten usw. liegt: ein buchstäblich „schwarzer" Grund des irrationalen Dämonischen im Gegensatz zur „Rationalität" des Nordens. Und diese dämonische Eigenheit, sein angeblich „eigentliches" Wesen, so Rufin, bringe „der Süden" nun durch „Einstellungen zum Ausdruck..., die der produktivistischen und kommerziellen Zivilisation widersprechen" (a.a.O., 146), nur noch notdürftig eingekleidet und synkretistisch verschmolzen mit Bruchstücken der westlichen Ideologien (egal ob Marxismus oder Liberalismus). Die heraufdämmernde Herrschaft dieser gewaltsamen und barbarischen „Einstellungen" sei nun erst „... die Entkolonialisierung, jawohl, die erste Entkolonialisierung" (a.a.O., 112).

Für diese neue Identitätsbildung des Südens, die er als „sehr konkrete Predigt des Hasses" (a.a.O., 107) bestimmt, zieht Rufin sogar Frantz Fanon heran, den algerischen Theoretiker der vergangenen antikolonialen Revolution, indem er dessen emotionale Äußerung der notwendig gewaltsamen Ablösung von der gewaltsam aufgedrungenen kolonisierten Identität seinerseits von ihrem historischen Gegenstand abtrennt und zur schlechthinnigen und vorgängigen Identität „des Südens" erklärt: „Die ideologische Bewegung des heutigen Südens hat sich nicht ‚auf etwas zu', sondern ‚gegen etwas' entwickelt. Das Fehlen von Rationalität, das eine scheinbare Inkohärenz ergibt, ist in Wirklichkeit ein Wille zum Bruch mit der Rationalität. Fanons Aufschrei, der Sartre so gefiel, ist die neue und letzte Parole: „... ‚Wenn ein Kolonisierter einen Diskurs über die westliche Kultur hört, dann zieht er seine Machete' ..." (a.a.O., 105).

Fanons Äußerung ist überhaupt nicht zu trennen von der Konstellation der Kolonisierung und des Aufstandes gegen diese, der sich selber noch innerhalb der modern-westlichen Kategorien bewegte. Das Moment der Gewaltsamkeit und Irrationalität dabei gehört genau dieser Konstellation an und verweist nicht auf eine „darunter" liegende „eigentliche", südlich- „ontologische" Qualität der Kolonisierten. Der Wille zum Bruch mit der Rationalität ist nicht bloß ein Resultat, sondern ein integraler Bestandteil dieser Rationalität selbst, die damit die ihr eigene Irrationalität enthüllt. Und das ist die tiefe Unvernunft der westlichen gesellschaftlichen Kategorien selbst. Die Fanonsche Machete ist das Symbol für den tragischen antikolonialen Aufstand; tragisch einzig deswegen, weil dieser selber noch im Namen der westlichen Werte auftreten musste. Die Machete symbolisiert nicht die tiefer liegende und kulturell fundierte Gewaltsamkeit des Südens, sondern die Gewaltsamkeit der westlichen Zivilisation selbst, in deren Bann noch der elementare Durst nach Befreiung nicht anders als im „Ziehen der Machete" sich äußern kann. Dieser Aufschrei verweist nur auf eines, nämlich auf die völlige Verlogenheit, die das „Ziehen der Machete" zu einem Akt der Vernunft, Menschlichkeit und Güte macht.

Weil er von der Kritik des in seinen Kriterien negativ einheitlichen Weltsystems abgleitet zur kulturalistischen Negativ-Definition des (irrational-barbarischen) Südens, den er dem (rational-aufgeklärten) Norden entgegenstellt, kommt Rufin auch empirisch zu einer doppelten krassen Fehleinschätzung. Zum einen beschränkt er das Aufplatzen der „ökonomischen Umhüllung" ganz auf den planetarischen Süden, für dessen angeblich andersgeartetes kulturelles „Wesen" diese ökonomische Messlatte eben nicht geeignet sei, während er den ehemaligen sowjetischen Machtbereich, weil „dem Norden" zugehörig, ohne weiteres der reibungslosen

Integration in das neue „Imperium" von Marktwirtschaft und Demokratie für fähig hält: „Die Öffnung zur Marktwirtschaft, der Ausstieg aus dem Kommunismus, die Integration der Produktions- und Austauschmethoden und Tendenzen führen in Osteuropa zu einer raschen Angleichung der Systeme an den Westen. Wenn diese Umwandlung abgeschlossen ist, dann wird man allerdings durchaus berechtigt diese Wirtschaften im Verhältnis zu den westlichen in eine ‚Umhüllung' kleiden und sie einschätzen können…" (a.a.O., 133). Und in diesem Sinne fährt Rufin fort: „Zwei Weltreiche zeichnen sich ab. Einerseits der Norden, dessen Wirtschaftssystem in sich geschlossen ist (oder sich auf dem Weg zur Geschlossenheit befindet), er bietet die Voraussetzungen für eine wirkliche Entwicklung, das heißt eine Evolution analog der der fortgeschrittensten Länder. In dieser homogenen Welt ist die ökonomische Umhüllung möglich. Eine Einordnung Frankreichs im Vergleich zu Ungarn vorzunehmen, macht Sinn: selbst wenn beide Staaten noch durch vielerlei getrennt sind, trifft zu, dass beide sich in derselben Richtung bewegen. Der Süden hingegen ist eine ganz andersgeartete Welt…" (a.a.O., 142).

Anfang der 90er Jahre mochte diese Einschätzung angesichts der allgemeinen Euphorie über die vermeintlich „neuen Märkte im Osten" noch eine gewisse Plausibilität besessen haben. Die vergangenen Jahrzehnte haben jedoch den völlig illusorischen Charakter dieser westlichen Siegeseuphorie ans Tageslicht gebracht. Wie sich zeigt, befindet sich der größte Teil Osteuropas und Westasiens jenseits der Demarkationslinie des neuen Limes. Die Grenze des Imperiums verläuft mitten durch den Norden selbst; oder man müsste in Rufins Terminologie sagen, dass sich immer größere Teile des Nordens selber in „Süden" verwandeln. Die empirische Entwicklung verweist auf eine sich voranfressende Krise des gemeinsamen Weltsystems, nicht auf eine „andersgeartete Welt" des eingrenzbaren Südens.

Zum Anderen unterstellt Rufin den nördlichen kapitalistischen Zentren apriori eine gelingende Integration auf der Basis des kapitalistischen Zivilisationsmodells. Abgesehen von der größeren oder geringeren kapitalistischen Anpassungs- und Entwicklungsfähigkeit der Länder des ehemaligen Ostblocks soll also wenigsten der westliche imperiale Kernbereich des Nordens zur Konstitution eines einheitlichen und positiven „demokratisch-menschenrechtlichen" Raums unter der „ökonomischen Umhüllung" in der Lage sein: „Der Norden schreitet zur ... neuen ökonomischen und politischen Integrationen, kurz, er tut das, was Toynbee als den revolutionären Übergang von der Vielzahl zur Einheit bezeichnet. Der Süden hingegen wird von unzähligen Rissen durchzogen; immer kleinere Gemeinwesen, die als tribal, religiös, revolutionär oder alles mögliche Andere zu identifizieren sind, treten in den bewaffneten Konflikt mit Zentralgewalten ein..." (a.a.O., 125).

Die Geschichte der 90er Jahre und des begonnenen 21. Jahrhunderts hat jedoch gezeigt, dass auch das imperiale Zentrum selbst von immer mehr „Rissen" aller Art durchzogen wird. In Form von Banden und Sekten, von separatistischen Bewegungen, von ethnischen Besetzungen der Krisenkonkurrenz und Ausbrüchen fremdenfeindlicher Gewalt, von lokalen Klüngeln einer verzweigten Polit-Mafia quer durch das Parteiensystem, von Gettoisierungsprozessen usw. erscheint der sekundäre „Tribalismus" auch in New York und Mailand, in London und Berlin, in Paris und Brüssel.

Die „Standortkampagnen" im Kontext der Globalisierung leisten der lokalen und regionalen Bornierung Vorschub, der damit verbundene Individualisierungs-Prozess zertrümmert jeden sozialen Zusammenhang. Und die Masse der kapitalistisch nicht mehr reproduzierbaren Menschen wächst auch in den Zentren von Jahr zu Jahr an; die sozialen Sicherungssysteme, die öffentlichen

Dienste, die medizinische Versorgung erodieren unter dem Diktat der Kapitalverwertung. Unter dem Dach der offiziellen Integrationen von Märkten, Währungen und politischen Institutionen hat längst auch in den Zentren selbst ein umfassender Prozess der gesellschaftlichen Desintegration auf allen Ebenen begonnen. Wie das Scheitern der konkurrenzkapitalistischen Rekonstitution des ehemaligen staatskapitalistischen Ostblocks verweist auch die zunehmende Desintegration im Westen selbst wiederum auf die Krise der gemeinsamen globalen Geschäftsgrundlage, auf die historischen Grenzen des modernen warenproduzierenden Systems und seiner planetarischen „ökonomischen Umhüllung".

Rufin äußert den ehrenwerten Willen, die eine Welt der Menschheit zu erhalten, sie nicht in eine imperiale Zone der „Zivilisation" und eine externalisierte Zone der Barbarei aufspalten zu lassen. Weil er jedoch die Kritik an der allgemeinen gesellschaftlichen Form, wie sie jene „ökonomische Umhüllung" konstituiert, nicht durchhalten und vollenden kann, diese Kritik deshalb in sich widersprüchlich und kraftlos bleibt, muss er sich schließlich mit einem seichten Moralismus begnügen, der dann doch wieder auf die Propaganda der „westlichen Werte" und ihres negativen, abstrakten Universalismus zurückfällt. Rufin fragt nicht, in welchem inneren Zusammenhang denn jene (angeblich bloß für den Süden unmöglich gewordene) „ökonomische Umhüllung" und die auch von ihm selbst unkritisch hochgehaltenen Ideale von Demokratie, Menschenrechten usw. eigentlich stehen. Weder erkennt er den an sich negativen logischen Gehalt dieser heuchlerischen Ideale, noch stellt er sich dem Problem, wie diese „westlichen Werte" sich denn losgelöst von ihrer ökonomischen Grundlage überhaupt darstellen sollen.

Obwohl er selber die Schädlichkeit und faktische Unmöglichkeit der westlichen „Mythologie der Entwicklung" (a.a.O., 147) für den

Süden nachgewiesen hat, kann er so seinen frommen Wunsch nach der Einen Welt ohne Limes doch wieder nur mit einer nostalgischen Beschwörung eben jener „Mythologie" legitimieren: „Die Ideologie der Entwicklung erhielt ein Band zwischen den beiden Welten aufrecht: sie postulierte ihre Wesensgemeinschaft und die Möglichkeit, dass die zurückgebliebene Welt die fortgeschrittenere einholen könne. Die Ideologie des Limes zerbricht diese Einheit. Sie scheidet die geschichtliche Welt auf der einen Seite, in der universelle Kategorien gelten, von der Welt der neuen Barbaren auf der anderen, in der kultureller Relativismus herrscht: ethnische Teilungen, Hass zwischen den Volksgruppen und ein gewalttätiger Partikularismus" (a.a.O., 251).

Aber diese Teilung ist zum Scheitern verurteilt, weil es eben die „universellen Kategorien" des Kapitalismus selber sind, die qua universeller Krisenkonkurrenz ihr scheinbares Gegenteil von kulturellem Relativismus der neuen Barbaren, von ethnischen Teilungen, Hass zwischen Volksgruppen, gewalttätigen Partikularismus usw. hervorbringen. Eben deshalb finden sich die vermeintlich jenseits des Limes gehaltenen Erscheinungen der neuen Barbarei auch allesamt innerhalb des Imperiums selbst wieder. In Wahrheit ist jene ökonomische „Mythologie" ein Zwangsgesetz für die gesamte vom Kapitalverhältnis beherrschte Welt; und sie ist schädlich und unmöglich geworden für alle, auch für den Westen selbst. Weil Rufin dies aufgrund der Unzulänglichkeit und Verkürzung seiner Analyse nicht sieht, bleibt das Fazit seiner Kritik an der neuen imperialen Idee hilflos und unwahr: „Die Ideologie des Limes gestattet es dem Norden, der sich wiedervereinigt und als Wahrer der Werte von Demokratie und Recht sieht, zu vergessen, dass der Weg bis zu seinen Idealen noch lang ist" (a.a.O., 265)

Dieser Weg ist in Wahrheit eine historische Sackgasse, an deren Ende jene universelle Barbarei steht, die das tatsächliche Wesen dieser „Ideale" enthüllt. Rufin weiß nicht so recht, ob er nun ein Polybios des NATO-Imperiums oder ein Kritiker sein soll; aber im Zweifelsfall kehrt er dann stets den Polybios heraus. So verwandelt er sich auf wundersame Weise aus einem Kritiker in einen verschämten Ideologen des kapitalistischen Weltordnungskriegs, denn wie sollte sonst die Einheit der Welt auf der Basis westlich-universeller Werte gegen eine ausschließlich im Süden lokalisierte Barbarei wiederhergestellt werden? Dabei wendet sich Rufin zwar gegen jene selbsternannten „antitotalitären" Ideologen, die das Konfliktpotential weiterhin aus der Perspektive des zu Ende gegangenen Kalten Krieges betrachten und es in „prowestliche" Positionen einerseits und „prototalitäre" (irgendwie dem Staats-kommunismus artverwandte) Positionen andererseits zerlegen wollen: „Die – zumindest von André Glucksmann – zum Endzweck der Philosophie erhobene Fähigkeit, das Gute vom Bösen zu scheiden, hat diese Zerlegung zu einem legitimen, sogar zu einem klugen Akt gemacht. Für die ehemaligen Marxisten kann es keine andere Gefahr, ja keine andere Wirklichkeit geben als den noch immer angebeteten Gegenstand der eigenen Reue" (a.a.O., 114).

Dieser Spott über den Anachronismus „unserer antitotalitären Spürhunde" (ebd) vom Schlage eines Glucksmann kann jedoch nicht verbergen, dass die Logik von Rufins Argumentation ganz ähnlich ist: Wie Glucksmann geißelt auch er die „Trägheit" und „Gleichgültigkeit" des Westens, der sich hinter seinem Sicherheitskordon einigeln möchte, statt der Welt angesichts wachsender Barbarei die Segnungen der westlichen Werte zu bringen (oder Bomben werfend aufzuhalsen). Es ist exakt dieselbe Argumentation, wie sie Glucksmann selbst gegen Enzensberger vorbringt, nur eben von Seiten Rufins bereits 1991 mit Gespür für die neue kulturalistische Feinddefinition formuliert, die von den Glucksmanns in ihrer verbohrten Fixierung auf den altbösen marxistischen Totalitarismus verfehlt wird.

Rufin mausert sich so am Ende seiner Argumentation geradezu (wenn auch nicht ohne „Bauchschmerzen") zu einem westlichen Legitimations-Ideologen des neuen Typs à la Fukuyama oder Huntington. Zumindest die eine der beiden Alternativen, die er gegen die „Ideologie des Limes" zu formulieren sucht und am Beispiel von zwei relativ unbekannten historischen Figuren symbolisch als „Haltung" darstellt, geht genau in diese Richtung. Diese erste, offenkundig von Rufin selber favorisierte Alternative illustriert er an der Haltung von Jean-Baptiste Kleber, einem bonapartistischen General, der ein „Mann von Idealen" (a.a.O., 257). Gewesen sei nach der Devise: „Wer aufgestiegen ist, muss dafür kämpfen, die anderen zu sich hinaufzuziehen... Der Gedanke eines Limes, einer Nord-Süd-Grenze, einer durch Trennmauern gegliederten Welt wäre für einen Mann wie Kleber unerträglich... Wider alle von der Realpolitik gebotene Vorsicht würde er fortfahren, China mit Vorwürfen zuzusetzen, seine Dissidenten unterstützen, für seine Demokratisierung kämpfen. Er würde Castro mit Anschuldigungen verfolgen... Aber er würde seine Angriffe nicht auf die alten, atemlos keuchenden Marxisten beschränken: er würde auch die neuen Totalitarismen belagern, zumal den der Religiösen. Dem Iran helfen, ihn wieder aufnehmen in den Kreis der Nationen, jawohl. Doch mit der Forderung, dass er der Unterdrückung seines Volkes ein Ende setzt. Zusammenarbeiten mit Schwarzafrika, gewiss, aber nicht zum ausschließlichen Wohl der Clanchefs, die das lokale politische Leben abriegeln... Aber Kleber ist eben ein Universalist: er akzeptiert den Gedanken eines Imperialismus der Demokratie" (a.a.O., 257 ff).

Diese Rede atmet nun schon ganz und gar den Ungeist nicht nur der Glucksmanns, sondern auch der Huntingtons. Es ist die moralistische Positur derer, die im Ton der Entrüstung das kapitalistische Imperium anklagen, dass es das, was es ohnehin tut, nicht energisch und nicht überzeugt genug tut. Im falschen Namen einer Kritik der „Selbstsucht" und „Gleichgültigkeit" wird ausgerechnet mehr gewaltsame Einmischung, mehr Sendungsbewusstsein, mehr Weltpolizei verlangt. Die Menschen der Zusammenbruchs-Regionen erscheinen nicht als Opfer und gleichzeitig als selbstbezügliche Subjekte des totalitären westlichen Ökonomismus, sondern als „Mündel der Demokratie", denen zivilisatorische Sitten wie ein Glasperlen-Geschenk mit Kanonenbooten zu bringen seien.

Nachdem man diese Menschenmassen ökonomisch entmündigt hat und ihre Reproduktion vom Weltmarkt zerstört worden ist, kommt man zu dem hochmoralischen Schluss, man dürfe sie demokratisch-menschenrechtlich „nicht im Stich lassen"; und deshalb müsse man sie ein wenig bombardieren. Das Muster einer typischen „Double-bind"-Struktur wird sichtbar: das Postulat der „Mündigkeit" als äußeres Zwangsverhältnis. Wir werden euch in das Menschenrecht hineinbomben, bis nichts mehr von euch übrig ist. Es ist dies nicht die Moral der emanzipatorischen Kritik, sondern die Moral der ideologischen Scharfmacherei. Solche Moralisten braucht das Pentagon.

Rufin behält noch so viel Unbehagen an dieser Konsequenz, dass er zweifelnd und eher distanziert eine andere mögliche Alternative vor Augen führt, nämlich „den Aufstand", die er am Beispiel ausgerechnet des zaristischen Offiziers von Ungern symbolisiert. Keineswegs zufällig ist es im Sinne des 19. Und 20 Jahrhunderts kein Revolutionär, sondern im Gegenteil ein Reaktionär und Konterrevolutionär, der diese Alternative verkörpert: „Bleibt eine letzte Position: den Pakt umkehren, behaupten, dass allein die Unsicherheit, die Destabilisierung des Nordens Gerechtigkeit herbeiführen kann. Das Beispiel dafür liefert das Schicksal des Roman von Ungern. Nach der Revolution der Bolschewiki kämpfte dieser

Offizier des Zaren zuerst in der von Admiral Koltschak geführten Weißen Armee in Sibirien. Nach dessen Niederlage weigerte sich von Ungern, ins Exil zu gehen oder sich zu ergeben. Mit einer Handvoll anderer Russen zieht er in die Mongolei, reitet durch die Steppen und stachelt die nomadisierenden Krieger, auf die er trifft, zum Aufstand an" (a.a.O., 262).

Die seltsame Umkehrung von Revolution und Konterrevolution, die sich in dieser Symbolik vollzieht, nimmt ihren Sinn aus der Identität der bolschewistischen Revolution mit der „Modernisierung", also der „Inwertsetzung" oder staatskapitalistischen Durchsetzung des modernen warenproduzierenden Systems in Russland; aus dieser Perspektive sind das bolschewistische Russland und der Westen in der Tat Zwillinge oder bloß historisch unterschiedliche Momente derselben Logik, wie sie sich in der gemeinsamen „ökonomischen Umhüllung" des Weltmarkts manifestiert.

Aber inwiefern soll ausgerechnet ein von Ungern das Symbol des „Aufstands" gegen diese Logik sein? Rufin springt in der Erklärung dieses „Aufstands" völlig unvermittelt zu Marx, ohne diese Verbindung plausibel machen zu können: „Wer ist heute von Ungern? Alle, die in der Wiedervereinigung des Nordens das Ende jeder ernsthaften Opposition gegen den kapitalistischen Produktivismus sehen. Die meinen, dass die Kritik von Marx begründet war und dass heute ein kalter Ökonomismus herrscht, die seelenlose Maschinerie der Demokratie, eine Gesellschaft, die sich auf ihr eigenes Spektakel zurückzieht und den Bürgern lediglich das medienvermittelte Trugbild einer falschen Wahl bietet. Alle, die meinen, dass der Norden in Ermangelung einer wahren gesellschaftlichen Alternative zu einer gigantischen und schmutzigen Tyrannei geworden ist. Für sie alle sind die Zukunft des Menschen, das Abenteuer, die Freiheit, das Ideal nur noch auf Seiten der Barbaren zu finden, das heißt, wie von Ungern glaubte, irgendwo in den Steppen" (a.a.O., 263).

Es gereicht Rufin zur Ehre, dass er trotz seiner ideologischen Neigung zu den unwahren „westlichen Werten" es zuletzt offen ausspricht: Der wunderbare Westen mitsamt seiner wunderbaren Freiheit ist mit den besten Gründen als eine einzige „gigantische und schmutzige Tyrannei" zu erkennen. Es sind offenbar seine praktischen Erfahrungen in den globalen Krisenregionen, die Rufin immer wieder in Widerspruch zu seiner eigenen ideologischen Identität geraten lassen. Aber weil er eben dieses Missverhältnis nicht begrifflich fassen kann oder will, und weil seine durch die Apologetik durchscheinende und teils sogar offen durchbrechende Kritik zu kurz greift und in sich widersprüchlich bleibt, muss er in seinen Formulierungen unfreiwillig das Bekenntnis zur Aussichtslosigkeit ablegen. Denn wenn zusammen mit der Konstitution des Imperiums wirklich „das Ende jeder ernsthaften Opposition" gegen die kapitalistische Logik gekommen ist, dann kann die Opposition gemäß der Haltung von Ungerns nur eine „unernsthafte", das heißt ihrerseits unwahre sein.

Schon der reale, historische von Ungern vertrat gegen die bolschewistische Modernisierungs-Revolution, die nur ein Schub innerhalb des modernen warenproduzierenden Systems war, keine emanzipatorische Alternative, sondern in der Tat eine barbarische, rückwärtsgewandte. Ist die bürgerliche Moderne in sich unwahr und eine einzige Zumutung, so ist es die ebenso bürgerliche, bloß reaktionäre Gegenmoderne erst recht. Ein Zurück hinter die Moderne in den Feudalismus würde das Übel des ökonomischen Terrors durch ein gemütlicheres, aber auch primitiveres Übel austauschen, nicht aber dem Übel der „Herrschaft des Menschen über den Menschen" (Marx) überhaupt ein Ende setzen. Ganz abgesehen davon ist diese Rückkehr sowieso gar nicht möglich.

Auch von Ungern als zaristische Charge war selber schon ein Modernisierungsprodukt und seine phantasmatische Scheinalternative wie alle bloß reaktionäre Ideologie längst selber schon auf dem Boden der Moderne angesiedelt.

Das gilt noch viel mehr für die heutigen ethnizistischen und pseudo-religiösen Ideologien der Barbarisierung. Es sind eben Ideologien, und sei es in einer ganz abgeschliffenen und synkretistischen Gestalt, das heißt Zersetzungsprodukte der zerfallenden warenproduzierenden Moderne. „Irgendwo in den Steppen" findet sich nichts Autochthones, kein Ideal für die Zukunft der Menschheit, sondern nur das verwilderte, auf halbem Weg steckengebliebene, sekundär barbarisierte Konkurrenz-Subjekt der kapitalistischen Moderne. Die emenzipatorische Alternative ist nicht die phantasmatische Regression, wie sie der christliche, der islamische, jüdische, hinduistische usw. Fundamentalismus, die diversen Selbstmordsekten, der Ethnobanditen, die Clans und Warlords der Plünderungsökonomie repräsentieren.

Die Alternative muss jenseits des bloß systemimmanenten Gegensatzes von offizieller Weltgesellschaft des ökonomischen Terrors und der demokratischen Verlogenheit einerseits und von deren Barbarisierungs- und Verwilderungsprodukten andererseits gesucht werden. Sie kann nicht in der Regression bestehen, sondern nur darin, dass eine Zukunft jenseits des modernen warenproduzierenden Systems gewonnen wird, in einem Durchbruch nach vorn und nicht nach rückwärts in eine bloß imaginäre Vergangenheit. Diese Alternative ist noch nicht formuliert, weil das gesamte bisherige Denken der Kritik, selbst der radikalen, immer noch bis zum Überdruss und paradoxerweise trotzdem unverdrossen in den Kategorien des modernen warenproduzierenden Systems sitzen bleibt.

Empire – die Krisenwelt als Disneyland der „Multitude" (Michael Hardt/Antonio Negri)

Am Dilemma der kategorialen Befangenheit von Gesellschaftskritik in der kapitalistischen Ontologie ändert sich am allerwenigsten etwas, wenn die altbackenen Ideen des Arbeiterbewegungs-Marxismus in postmoderne Flitter- und Flippergewänder gekleidet werden. Zehn Jahre nach „Das Reich und die neuen Barbaren" haben Michael Hardt und Antonio Negri ihr Opus „Empire" vorgelegt, das „die neue Weltordnung" und deren künftige Überwindung im Rahmen einer groß angelegten Geschichtstheorie der Moderne (und der menschlichen Entwicklung überhaupt) beschreiben soll (Hardt/Negri 2002/2000). Obwohl sich die Autoren (der eine Literaturwissenschaftler; der andere Philosoph) über weite Strecken auf Rufins Spuren bewegen, bis hin zum Bezug auf Polybios, wird er von ihnen weder zitiert noch auch nur im Literaturverzeichnis erwähnt. Im Sinne einer Neuformulierung emanzipatorischer Gesellschaftstheorie ginge es allerdings darum, nicht klammheimlich Anleihen bei Rufin zu machen, sondern die immanente Kritik seiner Argumentation zu leisten, um den entscheidenden Schritt darüber hinaus zu tun. Hardt/Negri gelingt dies schon deshalb nicht, weil sie ebenso wenig wie Rufin einen zureichenden Begriff der grundlegenden kapitalistischen Gesellschaftsformen und ihrer Konsequenzen entwickeln können. Literaturwissenschaft und Philosophie reichen dafür offenbar allein als Denkbasis nicht allzu weit. Denn die totale Warenform der gesellschaftlichen Reproduktion (das Problem der „ökonomischen Umhüllung" bei Rufin) ist für sie so selbstverständlich, dass sie nicht einmal als kritischer Begriff erwähnt wird, wie zu Recht in einer Rezension bereits angemerkt worden ist: „Bevor vom Inhalt des Buchs die Rede ist, sollte erst einmal erwähnt werden, wovon die Autoren nicht sprechen: weder Wert noch Ware werden jemals als kritische Kategorien eingeführt. Deshalb sind von vornherein alle Analysen wenig wert in einem Buch, das beansprucht, in einem großen geschichtlichen Bogen alles Wesentliche über Aufstieg und Fall der kapitalistischen Gesellschaftsform zu sagen" (Jappe 2002, 122). In der Tat: den Kapitalismus kritisieren, ohne die Form des Werts und seiner Verwertung zu kritisieren, ist ungefähr dasselbe wie eine Kritik der Religion ohne den Gottesbegriff zu kritisieren.

Genau diese Absurdität bringen Hardt/Negri zustande: Für sie bleibt die Wertform (jene Fe-tischform, die das Produkt zur Ware macht) schlicht eine ontologische Gegebenheit; mehr noch: „Wertschöpfung" erscheint allen Ernstes als schlechterdings positive Angelegenheit, in der sich die Menschheit verwirklicht. „Wissen und Dasein" in der „biopolitischen Welt" würden „immer darin bestehen, Wert zu produzieren" (Hardt/Negri, a.a.O., 396). Kapitalismus sei dann einzig die Negativität, „dass die Werte, die sich aus der kollektiven Arbeitskooperation ergeben, ausgebeutet werden..." (a.a.O.,397). Das ist plattester steinalter Arbeiterbewegungs-Marxismus und ein tiefer Rückfall nicht nur hinter Marx, sondern sogar hinter jene Marxisten, die zwar die Fetischform des Werts und seiner Verwertung erst weit jenseits ihres „Arbeitersozialismus" für eine zu überwindende Sache hielten, aber immerhin wenigstens noch einen Begriff davon hatten, das es sich bei der Wertform (der totalitären Warenform der Reproduktion) nicht um eine schlechthinnige ontologische Menschheitsbedingung, sondern um eine historische und daher endliche Gesellschaftsformation handelt.

Kein Wunder, dass Hardt/Negri dementsprechend auch keine Kritik der Kategorie „Arbeit" entwickeln, sondern in dieser Hinsicht ebenfalls wieder auf den Spuren des vulgärsten alten Arbeiterbewegungs-Marxismus auf Schritt und Tritt die „Kraft der lebendigen Arbeit" (a.a.O., 365) definieren, als Autonomie der kooperierenden (und nur äußerlich „ausgebeuteten") Individuen statt als genuin kapitalistische Tätigkeitsform, als Born des Begehrens statt als kapitalistische Kontamination des Begehrens usw.

So geht es für sie abermals wie beim plattesten Arbeiterbewegungs-Marxismus schon immer „um die Befreiung der Arbeit" (a.a.O.,74) statt um die Abschaffung dieser einzig vom Kapitalverhältnis bestimmten, ökonomisch-reduktionistischen Tätigkeits-Kategorie. Schon der italienische Operaismus („Arbeiterismus"), von dem Negri herkommt und den er nie zu überwinden vermochte, hatte seine oberflächliche „Kritik der Arbeit" als Mogelpackung verkauft, indem er diese Kritik nicht als kategoriale an der gesellschaftlichen Tätigkeitsform selbst formulierte, sondern lediglich als sekundäre und phänomenologische am vermeintlich bloß äußerlichen kapitalistischen Produktionsregime, hinter dem weiterhin ganz altprotestantisch und erzbürgerlich das ewige Loblied der „lebendigen Arbeit" zu vernehmen war.

Da Hardt/Negri trotz reichlicher Anleihen bei den postmodernen Worthülsen traditionelle Vulgärmarxisten bleiben, können sie die alten Begriffe von Kapital, Arbeit und Klassenkampf nur neu anmalen, um die alte, längst versunkene Konfliktkonstellation vermeintlich „in der Postmoderne" wiederzubeleben. Unter der Hand gerät ihnen dabei die alte, nicht mehr greifende Form der Kritik zur blanken Affirmation. So schwadronieren sie akkumulationstheoretisch begriffslos wie jeder beliebige Trendforscher und Wirtschaftsfeuilletonist vom „Übergang zur Informationsökonomie" (a.a.O.,306) und feiern die „immaterielle" Arbeit und ihre Kooperationsformen im Kontext von Computerisierung, Internet, neuen Medien usw. immer wieder als „Möglichkeit der

Selbstverwertung" (!!) (a.a.O., 305); eine von Negri schon früher propagierte Idee. Wissenschaftlich dümmer geht es nicht.

Ausgerechnet der letzte Schrei kapitalistischer Management- und krisenverwalterischer Sozialtechnik (Outsourcing, Scheinselbstständigkeit, „Selbstunternehmertum" usw.) gelangt damit in den Rang einer befreienden Kraft: „Hier wird ganz deutlich, dass Negri den neuen Elendsunternehmern einreden will, ihre ‚selbstständige Arbeit' sei eine wirkliche Freiheit – die neoliberale Propaganda tut genau dasselbe" (Jappe 2002, 128). Die Nichtvereinbarkeit der neuen mikroelektronischen Produktivkräfte mit der Wertform des modernen Realökonomismus wird verwechselt mit einer befreienden Kraft dieser Fetischform selbst in ihrer Krisengestalt. Was schon die Illusion der alten Arbeiterbewegung gewesen war, nämlich den Verwertungsprozess des Werts „klassensoziologisch" autonom weiterführen zu wollen, also das „Kapital ohne Kapitalisten" vermeintlich für die eigenen Bedürfnisse und in eigener Regie als Kapital zu reproduzieren, ohne die Kapitaleigenschaft qua gesellschaftlicher Form anzutasten, wiederholen Hardt/Negri in postmodern gestylter Version, die um nichts besser ist. Sogar rein systemimmanent betrachtet erschien „Empire" gerade rechtzeitig zur vollständigen Blamage dieser Idee, nämlich just zu dem Zeitpunkt, als die „New Economy" des Internet-Kapitalismus ihren Geist aufgab, den sie nicht hatte.

Da sie sich zu den kategorialen Formen des modernen warenproduzierenden Systems völlig kritik- und begriffslos verhalten, müssen Hardt/Negri auch die neue Weltkrise grundsätzlich verfehlen. Für sie handelt es sich, insofern ganz in der Tradition der Sozialdemokratie und des Leninismus, nicht um objektive historische Grenzen dieses Systems, also auch nicht um eine Krise der entsprechenden gesellschaftlichen Formkategorien. Zwar reden sie andauernd von „Krise", jedoch in keinem präzisen Sinne einer akkumulationstheoretischen Analyse, sondern auf eine inhaltlich sehr wolkige und bloß absurde Weise bis hin zur einfachen Albernheit, indem sie etwa behaupten, „dass imperiale Herrschaft mittels ‚Zusammenbrechen' funktioniert… Die imperiale Gesellschaft bricht immer und überall zusammen, was aber nicht heißt, dass sie zwangsläufig dem völligen Ruin entgegengeht" (a.a.O., 213 f).

Dass das alles gar nichts zu bedeuten hat, wird deutlich, wenn Hardt/Negri gleichzeitig sogar die offen zu Tage liegende Empirie der tatsächlichen Krise verleugnen: „Nun, während wir dieses Buch schreiben und sich das 20. Jahrhundert dem Ende zuneigt, ist der Kapitalismus auf wundersame Weise gesund und die Akkumulation kräftig wie nie" (a.a.O., 281). Wie sie die angebliche neue Subjektivität der „sich selbst verwertenden" Produzenten aus puren Illusionen über eine noch dazu ontologisierte Wertsubstanz der „New Economy" deduzierten, so liegt auch dieser Behauptung über die „gesunde Akkumulationsfähigkeit" nichts als die Illusion zugrunde, das Kapital könne sich von den Gesetzen der abstrakten Arbeit und der Wertsubstanz überhaupt emanzipieren, um zu einer willkürlichen Definition von „Wertschöpfung" überzugehen, in der buchstäblich alles und jedes auf ganz beliebige Weise (allen Ernstes auch die „Arbeitslosigkeit" und sogar die menschlichen Affekte) irgendwie „Arbeit" und damit „wertschöpfend" sei. Der tatsächliche gesellschaftliche Hintergrund dieser argumentativ und analytisch völlig haltlosen ökonomischen Phantasmagorie ist nichts anderes als der globale Finanzblasen-Kapitalismus der 90er Jahre, in dem die „New Economy" nur eine sekundäre Blase bildete.

Hardt/Negri entpuppen sich so nicht nur als post- und popmodern verkleidete Uralt-Ideologen eines kruden und anachronistischen

Arbeiterbewegungs-Marxismus, sondern gleichzeitig auch als „linke" Vulgärtheoretiker des neuen Finanzkapitals, das peinlicherweise wie die „New Economy" pünktlich zum Erscheinen ihres Buches auch empirisch an seine Grenzen stieß. Einerseits sprechen sie diesem Finanzkapitalismus – das „verrückte Jahr" 1999 mit seinen vieltausendprozentigen fiktiven Wertsteigerungen an den Weltbörsen vor den verblendeten Augen – eine völlig beliebige Wertsetzungspotenz zu, nicht anders als die inzwischen allerdings kleinlaut gewordenen Analysten und Ex-Euphoriker des Investmentbankings. Andererseits leiten sie diesen Finanzkapitalismus nicht kritisch-akkumulationstheoretisch her, sondern suchen ihn abermals arbeitsreligiös, altleninistisch und mit gefährlicher Nähe zur politischen Ökonomie des Antisemitismus platt als „parasitär" zu denunzieren: „wie der Heilige Augustinus sagt: Die großen Herrscher sind lediglich vergrößerte Darstellungen kleiner Diebe. So realistisch Augustinus aber mit dieser pessimistischen Auffassung von Macht auch immer gewesen sein mag: Angesichts der heutigen Diebe an Währungs- und Finanzmacht (!) würde es ihm vermutlich die Sprache verschlagen" (a.a.O., 397). Wie der kleine Spekulant, nachdem er rechtmäßig abgezockt worden ist, moralisierend gegen die großen Spekulanten und „die Juden" hetzt, so wettern Hardt/Negri gegen die „großen Diebe" der Finanzmärkte, obwohl sie selber nichts als poplinke und postmoderne Ideologen des „fiktiven Kapitals" sind, das sie sogar zu einer „neuen Ontologie" der Postmoderne hochjubeln.

Statt den inneren Zusammenhang von historischen Grenzen der Realakkumulation, empirischen Krisenerscheinungen im Weltmaßstab und neuem Finanzblasen-Kapitalismus zu analysieren, ordnen sie sich ebenfalls in die Front der kulturalistischen Scheinerklärung von gesellschaftlichen Zersetzungsprozessen durch „Korruption" ein; eine Theorie, die dadurch nicht besser wird, dass sie sich vermeintlich gegen den Kapitalismus selber statt bloß gegen seine ungeratenen Kinder wendet.

Das Kapitalverhältnis wird so ganz platt auf „Korruption" reduziert, statt umgekehrt die Korruption aus der Krise dieses Verhältnisses zu erklären: „Im Empire herrscht überall Korruption. Sie ist Eckpfeiler und Schlüsselelement von Herrschaft. Sie findet sich in unterschiedlichen Formen auf der obersten Regierungsebene des Empire und in den Vasallen-Verwaltungen, bei den elitärsten und den verrottetsten Polizeikräften, in den Lobbies der herrschenden Klassen, in den mafiosen Strukturen aufstrebender Gesellschaftsgruppen, in den Kirchen und Sekten, bei denen, die Skandale verursachen, und denen, die sie verfolgen, in den großen Finanzzentren und in den alltäglichen ökonomischen Transaktionen. Durch Korruption legt die imperiale Macht einen Rauchschleier über die Welt..." (a.a.O., 396). Der Kapitalismus des „Empire" erscheint so „...unmittelbar als Korruption. Seine zunehmend abstrakte Funktionsweise (von der Akkumulation des Mehrwerts hin zur Finanz- und Währungsspekulation) erweist sich als machtvoller Marsch in Richtung generalisierter Korruption" (a.a.O., 397).

Die kulturalistische Umdeutung des harten sozialökonomischen Krisenprozesses führt bei Hardt/Negri zu Konsequenzen, die schon im alten italienischen Operaismus angelegt waren und die nun in einer nicht nur postmodern gestylten, sondern gleichzeitig auch begrifflich verlotterten Form wiederkehren. Die Grundlage dieser Konsequenzen ist gewissermaßen eine philosophische, allerdings eine dürftig philosophische, was Hardt/Negri mit großem geistesgeschichtlichen Aufwand und Imponiergehabe zu überspielen suchen, indem sie die gesamte Phalanx westlicher Geistesgrößen aufmarschieren lassen. Das derart mit „name dropping" angereicherte Substrat ihres Denkens ist allerdings nichts als ein ziemlich ordinärer und emphatischer Subjektivismus, eine Auflösung der gesellschaftlichen Entwicklung in schiere Willensverhältnisse.

Das ist natürlich nichts Neues, sondern die Tendenz eines bestimmten „Marxismus des subjektiven Faktors" ebenso wie einer durchgehenden Strömung des modernen bürgerlichen Denkens überhaupt, die sich schon immer der polaren Gegentendenz eines „Objektivismus" gegenüberstellt, ohne das gemeinsame Bezugsfeld dieser Polarität kritisieren und auflösen zu können. Stets gleitet dieses Bewusstsein auf jene von der traditionellen Linken wie in anderer Weise vom Antisemitismus eingenommene Position ab, die Leiden und Krisen nicht auf die systemischen Fetischformen zurückzuführen, sondern auf die rein willensmäßigen „Machenschaften" von „Gegensubjekten" (deren Herkunft unklar bleibt); ohne dass dadurch jedoch der in die kapitalistische Bewusstseinsform ebenso eingelagerte „Objektivismus" überwunden werden kann. Es handelt sich immer nur um zwei Momente oder Pole derselben falschen, affirmativen Immanenz.

Hardt/Negri wenden sich aus diesem unbegriffenen Zusammenhang heraus gegen den Anspruch von „Zyklentheorien" oder objektiven Entwicklungstheorien: „Doch finden wir die Argumentation... nicht angemessen, da eine Zyklentheorie die Tatsache, dass Geschichte das Ergebnis menschlichen Handelns ist, nicht ernst nimmt, da sie ein objektives Gesetz einführt, das über das Wollen und den Widerstand, die Niederlagen und Siege, das Glück und das Leiden der Menschen regiert. Oder das, noch schlimmer, das menschliche Handeln nach der Pfeife zyklischer Strukturen tanzen lässt" (a.a.O., 249).

Nun zerfällt aber ja das Wesen des modernen Fetischsystems, das heißt der totalitären und selbstzweckhaften, auf die sinnlose „Anhäufung" der Abstraktion Wert ausgelegten Warenproduktion, stets in die Polarität von Subjekt und Objekt, wie schon Marx wusste mit seiner bekannten Feststellung, dass die Menschen „ihre Geschichte zwar selbst machen, aber nicht aus freien Stücken". Es macht gerade die paradoxe Struktur eines Fetischverhältnisses aus, dass die Gesellschaft sich selbst ein blindes Lemming-Gesetz auferlegt, dass sie also durch (auf den gesellschaftlichen Zusammenhang unreflektierte) Willenshandlungen hindurch eine Pseudo-Naturgesetzlichkeit ihrer eigenen Reproduktion hervorbringt, die sie zu zerstörerischen und selbstzerstörerischen Konsequenzen treibt. Alles geschieht zwar unmittelbar aufgrund von Willenshandlungen, aber diese sind präformiert durch ein dem einzelnen Willen (auch dem institutionellen) vorgängiges Formgesetz, in der Moderne das der weltumspannenden Wertform oder Warenproduktion, wie es als blinde, bewusstlose Resultante aus historischen Formierungsprozessen hervorgegangen ist.

Radikale Kritik hieße, mit dem „esoterischen" Marx der Fetischkritik, diese Pseudo-Naturgesetzlichkeit der Gesellschaft abzuschütteln, um zu einem selbstbewussten, von keiner „unsichtbaren Fetisch-Hand" mehr gesteuerten Lebenszusammenhang zu gelangen, in dem die Gesellschaftsmitglieder ohne ein vorgängiges blindes Formprinzip und ohne ein ebenso verdinglichtes wie verselbstständigtes Medium direkt miteinander als gesellschaftliche Individuen ihre Angelegenheiten und den Einsatz ihrer gemeinsamen Ressourcen nach Maßgabe ihrer Bedürfnisse und ihrer Vernunft regeln. Alle Theoretiker, die nicht auf die Höhe dieses Problems gelangen, und Hardt/Negri gehören ganz eindeutig zu ihnen, müssen die soziale Emanzipation paradoxerweise in das Gefängnis dieser modernen Subjekt-Objekt-Polarität einbannen und damit natürlich scheitern.

Für dieses notwendige Scheitern gibt es dann immer zwei Möglichkeiten, die jeweils eine affirmative Halbwahrheit für sich reklamieren, nämlich eben einen Pol innerhalb dieses unüberwundenen „eisernen Gehäuses" der modernen Fetischgesellschaft, über die sie beide nicht hinausgreifen können. Die eine objektivistische Position beschwört die soziale Emanzipation als strammen Vollzug von „historischen Gesetzmäßigkeiten" statt den bewussten Bruch mit der realen Pseudo-Naturgesetzlichkeit des warenproduzierenden Systems. Da dieser Bruch mit der falschen „zweiten Natur" von Fetischgesellschaften außer Betracht bleibt, muss dann natürlich auch die vermeintlich „befreite" Gesellschaft ihrerseits wieder nach blinden Strukturgesetzen funktionieren statt über die bewusste gemeinsame Bestimmung der Gesellschaftsmitglieder (ein strukturalistisch reflektierter Vertreter dieser Position, die im traditionellen Marxismus eher implizit blieb, war Louis Althusser).

Die andere, subjektivistische Position tut umgekehrt schlicht so, als gäbe es die blinde „zweite Natur" von gesellschaftlichen Struktur- und Entwicklungsgesetzen im Bann des verselbstständigten Medium Wert/Geld gar nicht (oder „eigentlich" nicht), als wäre der Fetischismus der Moderne kein „realer Schein" (Marx), sondern ein vernachlässigenswertes Epiphänomen des Bewusstseins und heute ohnehin nicht mehr gültig; als wäre der gesellschaftliche Nexus kein apriorischer, real verdinglichter Formzusammenhang, sondern bestünde tatsächlich aus nichts als einer Summe von bewussten Willensentscheidungen und Willenshandlungen (Hardt/Negri bilden geradezu die Speerspitze dieser Position, die in der sogenannten Neuen Linken seit den 60er Jahren trotz Althusser stets vorherrschend war).

Ironischerweise und auch konsequenterweise müssen beide Positionen, nur aus dem jeweils entgegengesetzten Grund, das

Marxsche Konzept der Fetisch-Konstitution moderner warenproduzierender Gesellschaften verwerfen; eben weil dieses Konzept
die einseitige polare Auflösung in eine falsche, affirmative Immanenz entweder der blanken Subjektivität oder der blanken Objektivität nicht zulässt.

Das Empire ist somit für Hardt/Negri kein Krisenphänomen des an
sich selbst erstickenden Kapitalismus, kein Zerfallsprodukt der
warenproduzierenden Moderne und kein globales Notstandsre-
gime, sondern eine pure positive Willens-Konstitution von
„Machthabern", und zwar eben solchen der „generalisierten Korruption". Die Korruption erscheint hier nicht wie in der offiziellen
Ideologie als Hindernis der segensreichen „unsichtbaren Hand",
sondern als vermeintlich direktes Kommandoregime von korrupten Eliten, während es die „unsichtbare Hand" anscheinend gar
nicht mehr gibt.

Denn das Geld, die Inkarnation der Wertform und ihrer Fetisch-
gesetze, erscheint bei Hardt/Negri in völliger Verkennung der
herrschenden Weltrealität (und in gewisser Weise ähnlich wie bei
Ulrich Beck) jeder Verselbstständigung und Eigendynamik be-
raubt; es wird als einer „allgemeine(n) Kommandoökonomie (!)"
(a.a.O., 212) unterworfen dargestellt: „Das imperiale Kommando
besitzt drei globale und unumschränkte (!) Instrumente: die
Atombombe, das Geld und den Äther… Das Geld ist das zweite
globale Instrument unumschränkter Kontrolle… Während natio-
nalstaatliche Geldstrukturen Kennzeichen von Souveränität einbüßen, kann man im Hintergrund bereits die Schatten einer
neuen unilateralen monetären Reterritorialisierung heraufziehen
sehen, die sich um die politischen Zentren und die Finanzzentren
des Empire konzentriert, die global cities. Es … entsteht ein mo-
netäres Gebäude, das einzig den politischen Notwendigkeiten des
Empire entspricht…" (a.a.O., 353 f).

Nun, es ist wirklich nur ein Schatten, den Hardt/Negri zu einer allmächtigen Substanz aufblasen, zur schieren „unumschränkten Kontrollmacht" von „korrupten Subjekten". Logischerweise muss dann der reale Niedergang und Zerfallsprozess des Politischen im Zuge der Globalisierung umgedeutet werden zur Heraufkunft einer neuen politischen Macht, eben des Empire. Jeder Subjektivismus dieser Art, jede Ignoranz gegenüber der Fetisch-Konstitution und ihrer blinden „zweiten Natur", wird notwendigerweise zum Politizismus, zur Hypostasierung der „Macht".

Aus seiner Realität der globalen Notstandsverwaltung verwandelt sich das Empire so auf phantasmatische Weise in eine positive, selbsttragende politische Konstitution, ja sogar in jene neue postmoderne „Ontologie" von angeblich unmittelbarer finanzkapitalistischer „Kommandomacht", wie Hardt/Negri nicht müde werden zu betonen. Die derart positivierte und fast schon negativ glorifizierte selbstherrliche Macht des Imperiums erscheint geradezu als „monarchisch"": „Vor allem meint postmoderne imperiale Monarchie die Herrschaft über die Einheit des Weltmarkts" (a.a.O., 327). Hier verwandelt sich Theorie endgültig in Mythologie, und zwar in eine miserable. Der operaistische „Klassen"-Subjektivismus wird in seiner postmodernen Gestalt noch primitiver, als er es in seiner früheren Proletkult-Version ohnehin schon war. Objektivismus und Subjektivismus als vereinseitigte, hypostasierte Pole eines gemeinsamen, unbegriffenen und daher unkritisierten Fetischverhältnisses müssen notwendigerweise von der Nemesis ihres Gegenteils ereilt werden, also ineinander umschlagen.

Der sozialdemokratische wie der stalinistische Objektivismus eines Vollzugs „vom Menschen unabhängiger gesellschaftlicher Gesetzmäßigkeiten" (worauf man auch noch stolz war!), von „historischen Notwendigkeiten" etc. musste umschlagen in den Subjektivismus der Politik, in die Räson der Partei, die „immer recht" hat, in die Willkür der staatspolitischen Illusion und des bürokratischen Kommandos über die unüberwundene moderne Fetisch-Ökonomie, die zum Scheitern verurteilt war. Umgekehrt muss der neo-operaistische Subjektivismus der Politik, des Kommandos etc. noch in dem Moment, in dem er ausgesprochen wird, umschlagen in genau jene stumme Obkektivität von Strukturen, Entwicklungsstadien usw., die man als theoretische Vergewaltigung der subjektiven Freiheit von vermeintlich schieren „Willensverhältnissen" angeprangert hat, wie sich gleich zeigen wird.

Die angebliche positive Konstitution des Empire vollzieht sich für Hardt/Negri als epochaler Umwälzungsprozess der (in ihrem Eigengewicht völlig überschätzten) Postmoderne, als Ausdruck der neuen Produktivkraft von „Informationsökonomie", „immaterieller Arbeit" usw., ja eben sogar als Eintritt in eine „neue Ontologie". Was ist das anderes als eine „Zyklentheorie", die ein „objektives Gesetz" einführt, da diese angeblich neue postmoderne Ontologie als objektiver Hintergrund allen weiteren Denkens und Handelns gesetzt wird? Die Vergatterung der Subjekte durch Hardt/Negri auf dieses objektive, vorgefundene und definierte „Immanenzfeld", was bedeutet sie anderes, als „das menschliche Handeln nach der Pfeife zyklischer Strukturen tanzen zu lassen"?

Dieses peinliche Missgeschick passiert ihnen, weil sie ihre Subjekte und deren Handeln voraussetzungslos gedacht haben, als reinen an sich seienden Willen, ohne die historisch-gesellschaftliche Konstitution dieses Willens, die apriorische, fetischisierte Form der gesellschaftlichen Subjekte mit zu reflektieren, die bereits als Konkurrenzsubjekte gesetzt sind, bevor sie selber denken und handeln. Die Ignoranz gegenüber der bewusstlosen Form-Konstitution (als „Konstitution" erscheint stattdessen verkürzt nur die jeweils binnenhistorische bewusste Veränderung der Willens- und damit Machtverhältnisse) rächt sich, indem die verpönte blinde Objektivität sich durch die Hintertür in die eigene Argumentation der Subjekt-Emphatiker einschleicht.

Unfreiwillig objektivistisch werden Hardt/Negri dabei in doppelter Hinsicht: nämlich gewissermaßen meta-ontologisch, indem sie die Menschen auf die objektive, anscheinend naturgegebene und damit überhistorische Ontologie der „Wertschöpfung" verweisen, die das „Immanenzfeld" des gesellschaftlichen Menschseins schlechthin bilden soll; und andererseits binnen-ontologisch, indem sie die „Selbstverwertung" des endgültig realökonomistisch reduzierten Menschen, der zu seinem eigenen Humankapital degradiert wird, als objektiv-unausweichliches, historisch-aktuelles „Immanenzfeld" der Postmoderne definieren und gleichzeitig ausgerechnet diese äußerste Reduktion und Selbsterniedrigung von Idioten des Marktes in die Form der „Befreiung" umdefinieren.

Damit sind wir wieder ganz beim hegelianischen Entwicklungs-Objektivismus gelandet: Gut ist, was existiert, weil es notwendig und Moment einer Teleologie der Geschichte ist. Also ist auch die alberne Postmoderne gut und die albernen Selbstverwerter der „New Economy" gelten als bereits emanzipatorisch qua schierer historischer Existenz. Dumm nur, dass diese ideelle Gesamt-Albernheit mittlerweile nur noch als realer Gesamt-Bankrott existiert, kaum dass Hardt/Negri ihren Segen darüber ausgegossen haben.

Es handelt sich hier nicht mehr um kritische Theorie, sondern um affirmative Ideologie, deren kritischer Gestus nur darin besteht, dass die verschiedenen empirischen und „ontologischen" Erscheinungen, Momente und Kategorien der kapitalistischen „Immanenz" gegeneinander ausgespielt werden. Das korrupte Empire oder das Imperium der Korruption wird an den verlorenen kapitalistischen Tugenden gemessen: „Die transnationale Aristokratie scheint die Finanzspekulation der Tugend des Unternehmers vorzuziehen (!) und erscheint dadurch als parasitäre Oligarchie" (a.a.O., 327). Jeder Nazi und Antisemit würde es genauso sagen.

Dementsprechend kläglich fällt die Zusammenfassung der emanzipatorischen Vision von Hardt/Negri aus: „Die Produktionsweise der Menge wird der Ausbeutung die Arbeit entgegenstellen (sic!), dem Eigentum die Kooperation und der Korruption die Freiheit. Sie sorgt dafür, dass sich Körper (!) in der Arbeit selbst verwerten (!)… und verwandelt Dasein in Freiheit (!)" (a.a.O., 415), nämlich durch „Neukonfigurationen von Selbstverwertung, Kooperation und politischer Selbstorganisation" (ebd).

Es ist wirklich die alte arbeiterbewegte Leier: Kapitalismus (nun der postmoderne) ohne Kapitalisten, allein qua „Umbesetzung der Macht". Nachdem sie das Kapitalverhältnis auf „Korruption" reduziert und die globale Notstandsverwaltung als ein glorreiches Imperium eben dieser Korruption dargestellt haben, setzen sie dagegen die spießbürgerliche „ehrliche Arbeit" und die „gesunde Selbstverwertung" von kooperierenden „Körpern". Auch das ist wieder nazistisch-antisemitischer O-Ton.

Das von Rufin aufgeworfene Problem der planetarischen „ökonomischen Umhüllung" und die damit verbundene theoretische Intention, Marx nicht mehr als Konkurrenten, sondern als „Verneiner" von Adam Smith zu verstehen, wird von Hardt/Negri nicht gelöst, ja nicht einmal gestellt; im Gegenteil, sie verwandeln Marx gewissermaßen in einen mit Proletkult-Arbeitsethos und verstecktem Antisemitismus angereicherten Turbo-Smith. Aus der Kritik der politischen Ökonomie fallen sie vollends auf eine innerkapitalistische Rhetorik der Möglichkeiten und gleichzeitig auf die politische Illusion zurück.

Rufin hatte durchblicken lassen, dass er – wenn auch mit gewissen Bauchschmerzen – gegenüber der Ideologie des Limes zwecks Veräußerlichung der „Barbaren" die demokratisch-menschenrechtliche „Verantwortung" des Imperiums selbst vorziehen würde. Hardt/Negri dagegen wollen die Korruption des weltkapitalistischen Imperiums auf dessen eigenem Boden und in dessen eigenen Kategorien überwinden, jedoch „tugendhaft" reformuliert durch eine neue immanente, postmoderne Subjektivität „von unten". Im Unterschied zu Rufin sehen sie durchaus richtig, dass es kein räumliches und soziales „Außen" mehr gibt, dass alle Erscheinungen sich innerhalb des Empire selbst vollziehen. Aus dieser Sicht ist der Versuch, einen Limes zu errichten, völlig nutzlos. Aber weil diese Einsicht, dass kein reales „Außen" existiert, bei Hardt/Negri mit dem Zwang zu einer „positiven" Immanenz verknüpft ist, kann sie nicht emanzipatorisch-kritisch gewendet werden, sondern muss eine rein immanente Kraft zu mobilisieren suchen oder diese proklamieren.

Natürlich ist alles irgendwie „immanent", das heißt nicht außerhalb der bestehenden Welt, und demzufolge ist auch die radikale Kritik bestimmt durch ihren Gegenstand. Allerdings ist diese Feststellung bloß banal. Radikale Kritik ist eben negativ bestimmt durch ihren Gegenstand, nicht positiv; sie möchte darüber hinauskommen und kann deshalb keine positive immanente Kraft beschwören, sondern nur die Kraft der Negation, die sich selber zur sozialen Emanzipationsbewegung konstituieren muss statt apriori schon durch die Form des Bestehenden kategorial bestimmt zu sein.

Das ist eben die operaistische Crux bei Hardt/Negri, dass sie ein reines Willenssubjekt apriori setzen, dem die Formkategorien des Kapitals vermeintlich nicht vorausgesetzt, sondern bloß äußerlich und sekundär sind; entweder als funktionale „Mittel" der Macht oder als solche der Gegenmacht, wobei der Unterschied nicht in der gesellschaftlichen Form als solcher liegt, sondern allein in ihrem Willensinhalt. Hardt/Negri müssen also die Konstituiertheit oder Geformtheit der Subjekte als Subjekte der Verwertung des Werts und der Konkurrenz ausblenden, wobei der Verwertungsprozess als Substanz der Subjektivität von ihnen sowieso positiv als Potenz der menschlichen „Selbstverwirklichung" gefasst wird, während die immanente Handlungslogik dieser Subjektivität als universelle Konkurrenz praktisch gar nicht vorkommt (eine reife Leistung in einem angeblich bahnbrechenden Werk über den Kapitalismus!).

Wie Rufin müssen also Hardt/Negri mangels grundsätzlicher Kritikfähigkeit eine immanent vom Imperium der Krise gesetzte Alternative wählen, und es ist absehbar, welche dies sein wird: nämlich die Immanenz der Barbarei, die positiv umgedeutet wird. In der Argumentation von Rufin ist es jene Scheinalternative, wie sie die Figur von Ungerns verkörpert, nur nicht als Externalität „draußen in den Steppen", sondern als Internalität des Empire selbst. Die „Barbaren" sind immanent, aber das Immanente ist ja für Hardt/Negri per se schon das Positive, und so kann (mit Bezug auf einen falsch verstandenen Walter Benjamin) geschlussfolgert werden: „Die neuen Barbaren zerstören mit affirmativer Gewalt und bahnen neue Lebenswege durch ihre eigene materielle Existens" (a.a.O., 227). Diese neuen Barbaren sind laut Hardt/Negri nicht durch die Krise der globalen Kapitalverwertung produziert worden, sondern sie sind ganz wie in der konformistischen Ideologie von postmodernem Kulturalismus und Institutionen-Ökonomie umgekehrt die Ursache der Krise; jedoch nicht negativ, sondern positiv verstanden als „rebellische Subjektivität".

Die Kapitalverwertung an sich steht in dieser phantasmatischen Subjektideologie wie eine Eins, und sie ist ja auch nicht an sich das

Negative, sondern bloß die korrupte Herrschaft über sie ist es; dementsprechend gibt es auch keine „Überflüssigen", sondern „das Empire bietet Arbeit für alle" (a.a.O., 346), nur eben „ausgebeutete" und von Korruption beherrschte Arbeit. Da es der postmoderne Kapitalismus angeblich fertiggebracht hat, sowieso alles in Arbeit und Wertschöpfung zu verwandeln, ohne dass dies begründet werden muss, kann es allerdings auch keine reale Krise oder gar absolute innere Grenze der Kapitalverwertung mehr geben. Dass noch der Mensch, der irgendwo auf einer Toilette onaniert, dabei auch irgendwie „Kapital verwertet", wäre zwar ein Wunschtraum des „automatischen Subjekts", wenn es denn träumen könnte, aber es ist eine logische und praktische Unmöglichkeit. Bei Hardt/Negri wird es zur Wirklichkeit des Werts als eines puren Willensverhältnisses.

Die Kritik erschöpft sich daher in dem Schein, immanentes Subjekt gegen immanentes Subjekt aufmarschieren zu lassen; die negative Barbarei des korrupten Imperiums soll kuriert werden durch die positive Barbarei seiner sozialen und ideologischen Zersetzungsprodukte. Dabei verwickeln sich die Subjekt-Emphatiker allerdings schon wieder in neue Widersprüche. Denn ihr neues ontologisches Subjekt von „Informationsökonomie" und „immaterieller Arbeit" etc. ist bislang nicht sonderlich aufgefallen durch irgendwelche Aufstände gegen das Empire; es repräsentiert eher die Barbarei und Korruption des Systems selbst als die Gegenbarbarei seiner Auflösungsprodukte.

Sobald Hardt/Negri auf die berüchtigten „Kämpfe" der operaistisch gebastelten Subjektivität zu sprechen kommen, müssen sie von ihren sich selbst verwertenden New-Economy-Subjekten weggehen und plötzlich auf die Migrationsbewegungen und Massenfluchten der Weltkrise, auf die Krisen- und Ethnobanditen, auf die blinden Verlaufsformen der bisherigen Zusammenbruchs-Prozesse zurückgreifen. Deren Subjektivität aber ist gerade nicht diejenige der fortgeschrittensten Produktivkräfte in den Zentren, sondern im Gegenteil die pseudo-archaische in den und aus den bisherigen peripheren Zusammenbruchs-Regionen.

Aber auf eine Ungereimtheit mehr oder weniger kommt es Hardt/Negri bei ihrer Produktion von neo-operaistischem Kitsch nicht an. „Subjekt" ist im Grunde sowieso alles, und so ist zuletzt eben alles eins. Da sie den objektivierten, zu einem Systemzusammenhang verselbstständigten Fetischcharakter der Kapitalverwertung vollständig weggestrichen haben, müssen die Subjekte nicht nur rein willensmäßig die Krise „machen", sondern können sogar die Logik des Systems beliebig umdeuten. Dabei gibt es allerdings doch einen Unterschied in der Dignität dieser reinen Willenssubjekte. Die Subjekte der „Macht", die Herrschenden (unbekannt, warum es sie gibt und woher sie gekommen sind – die logische und historische Konstitution des Systems bleibt in das mystische Dunkel der Subjektmetaphysik gehüllt), üben zwar diese Macht real aus, bleiben dabei aber irgendwie „uneigentlich" und unselbstständig. Diese Machtsubjekte sind bloß Getriebene; getrieben freilich nicht vom subjektlosen Imperativ der Verwertung des Werts als eines irrationalen Selbstzwecks, präformiert nicht durch die systemischen Zwangsgesetze des „automatischen Subjekts" und der universellen Konkurrenz, sondern allein durch das Gegensubjekt des Proletariats oder der „Menge" (Multitude), wie Hardt/Negri den alten Subjektbegriff des Systemkritisch begriffslosen Klassen-Soziologismus nomenklatorisch aufmotzen. Dieses Proletariat alias Multitude bildet (anklingend an eine ähnliche begriffliche Hypostasierung bei Georg Lukacs) das eigentliche und autonome Subjekt der Geschichte, während die Herrschenden beständig nur auf die autonomen und schöpferischen Aktionen dieses „wahren" Subjekts lauern und reagieren.

Die kapitalistische Entwicklung der Produktivkräfte findet also dieser krausen Logik zufolge nicht etwa in erster Linie durch die Vermittlung der Konkurrenz auf den Weltmärkten statt, sondern einzig und allein als Reaktion auf die sozialen „Kämpfe" von Proletariat/Multitude. Dieses grundfalsche, den gesamten Vermittlungszusammenhang der gesellschaftlichen Form durchstreichende Essential des alten Opreraismus wird von Hardt/Negri bis zur Absurdität überdehnt. Da die vermittelnden Formen und fetischistisch objektivierten Bewegungsgesetze des gemeinsamen Bezugssystems derart ausgeblendet oder sogar ontologisch positiviert wurden, ist Gesellschaft buchstäblich reduziert auf den direkten, unvermittelten Zusammenprall der reinen Willenssubjekte, wobei aber die Subjektivität der Multitude das übergreifende Moment und die eigentliche Triebkraft der Entwicklung bilden soll.

Die alte Arbeiterbewegung, die nur innerhalb der systemischen Formgesetze operierte und sich Emanzipation nur auf dem ontologisierten Boden der modernen Fetischform vorstellen konnte, war durch diese historische Beschränktheit zwar tatsächlich zu einem inneren Entwicklungsmotor der kapitalistischen Gesellschaft geworden, aber eben dadurch auch eingeschlossen in das universelle System der Konkurrenz und auf eine bestimmte Entwicklungsepoche begrenzt. Indem Hardt/Negri diese Rolle nicht nur als gegeben voraussetzen, sondern aus dem Gesamtzusammenhang der kapitalistischen Konkurrenzverhältnisse und ihrer „Zwangsgesetze" (Marx) herauslösen, um den schlecht immanent bleibenden alten „Klassenkampf des Proletariats" zur einzigen Triebkraft überhaupt hochzujubeln, lügen sie die historische Beschränktheit und systemische Heteronomie der Arbeiterbewegung in die autonome Willensmacht der Geschichte schlechthin um.

Überhaupt alles, was gesellschaftlich geschieht, ist so angeblich immer und überall direkt oder indirekt durch die „schöpferische Willensmacht" von Proletariat/Multitude verursacht. Hardt/Negri schrecken nicht einmal vor der Behauptung zurück, die US-Hegemonie nach dem Zweiten Weltkrieg sei „tatsächlich durch die antagonistische Macht des Proletariats in den USA aufrechterhalten" (a.a.O., 280) worden, wie immer dieses Mysterium einer Omnipotenz des in den USA schon früher als in Europa in den allgemeinen Konkurrenzverhältnissen abgetauchten „Klassenkampfs" vor sich gegangen sein soll. Man fragt sich, warum und wozu sich Proletariat/Multitude eigentlich noch „befreien" sollen, wenn sie doch sowieso als autonomes Subjekt der Geschichte immer schon alles „machen".

Diese begriffslose Mythologie des proletarischen Willenssubjekts, von dessen gesellschaftlicher Formhülle einfach abgesehen wird, setzt sich nun im Hinblick auf die Globalisierungsprozesse und die vermeintlich positive Konstitution des Empire nahtlos fort. Hardt/Negri müssen dabei offen kontrafaktisch werden, wie es Mythologen und Mystagogen eben eigen ist, und eine völlig konträre globale Realität gnadenlos ihrem Mythos der „Kämpfe" anverwandeln.

Die glorreichen Selbstverwerter der New Economy, um diese wieder mal kurz ins Spiel zu bringen, kämpfen zwar eigentlich nicht, sondern sie bankrottieren nur; aber wenn sowieso alles „Arbeit" ist, dann ist vielleicht auch alles an sich schon sozialer „Kampf", und warum schließlich nicht auch das Bankrottieren? Dem Bankrotteur ist nichts zu schwer, er (oder sie, die postmoderne Bankrotteurin) konstituiert qua Bankrott nach der seltsamen Logik von Hardt/Negri sowohl „Arbeit" und „Kapitalverwertung" als auch „Kampf", alles in einem. Das „Feld der Immanenz" hat es anscheinend in sich.

Das stimmt in gewisser Weise sogar, wenn man die universelle Konkurrenz eben als permanenten sozialen „Kampf" begreift; nur enthält diese Sorte „Kampf" keinen Funken Autonomie und emanzipatorischer Potenz, was aber der operaistische seelenvolle Gemütskitsch der proletarischen „Klassensubjektivität" als eine ihr per se schon innewohnende Sehnsucht des befreienden Möglichen andichten muss.

„Kämpfen" also die postmodernen Selbstverwerter nur virtuell in der realökonomistischen Selbstbehauptungs-Farce lachhaft substanzloser Unternehmensprojekte oder qua Selbstausbeutung eines neuen Elendsunternehmertums, obwohl sie doch laut Hardt/Negri die neue ontologische Basis eines neuen an sich seienden Subjekts der „Kämpfe" bilden sollen, so scheint es dann, weil das alles eben gar nicht stimmt, plötzlich so, als würde die Multitude der Peripherie von Chiapas bis Tschetschenien eine Art „Stellvertreterkämpfe" für die sozialkämpferisch doch etwas vertrottelten New-Economy-Subjekte führen.

Leider kann diese periphere Multitude jedenfalls als tatsächliche Masse von Elenden in der Regel nicht einmal telefonieren, sondern ist mit den Subjekten der neuen Produktivkräfte einzig und allein negativ über die planetarische „ökonomische Umhüllung" und deren Zwangsgesetz der Konkurrenz zusammengeschlossen. Oder sind etwa die mit Satellitentelefon ausgestatteten Clanchefs und Warlords gemeint, oder vielleicht die im Internet firmierenden Piraten und Häuptlinge der Kidnapping-Industrie?

Egal, auf jeden Fall ist, so Hardt/Negri in monotoner Redundanz, allüberall die autonome schöpferische Energie der Multitude am Werk. Die ungeheuren globalen Elendswanderungen zu Beginn des 21. Jahrhunderts werden auf diese Weise folgerichtig umgedeutet zu an sich seienden (objektiven) „Befreiungsbewegungen": „Die Bewegungen der Menge eröffnen neue Räume und etablieren neue Aufenthaltsorte. Autonome Bewegung bestimmt den Ort, der der Menge eigen ist… Die Menge lässt eine neue Geografie entstehen, in der der produktive Strom von Körpern neue Flüsse und Häfen ausbildet. Die Städte dieser Welt werden große Depots kooperierender Menschen und Lokomotiven der Zirkulation sein, temporäre Aufenthaltsorte und Netzwerke zur massenhaften Distribution lebendiger Humanität. Mittels Zirkulation macht sich die Menge den Raum wieder zu eigen und konstituiert sich als handelndes Subjekt" (a.a.O., 404). Zwar seien diese Bewegungen „oftmals mit schrecklichem Leid erkauft" (ebd), aber dennoch sei diese „neue nomadische Singularität" (a.a.O., 371) von autonomer Kraft und emanzipatorischem Potential erfüllt.

Und natürlich sind es wiederum die Lazarusse der Autonomie und ihre „Kämpfe", und nicht etwa die innere Logik der kapitalistischen Konkurrenz und ihrer Dynamik, von denen die „Globalisierung „eigentlich" hervorgebracht wird: „Sie selbst setzen die Globalisierungsprozesse in Gang und erhalten sie aufrecht. Die imperiale Macht flüstert die Namen der Kämpfe, um sie in Passivität zu bannen…" (a.a.O., 72).

Es gehört schon eine ziemliche Kaltblütigkeit der intellektuellen Außenbetrachtung dazu, die massenhafte Elendsmigration der „Überflüssigen" nicht nur in eine Kapitalverwertung der besonderen Art umzudefinieren, sondern daraus gleichzeitig eine emanzipatorische Potenz zapfen zu wollen, die sie an sich gar nicht hat. Unter den Bedingungen der universellen planetarischen Konkurrenz ist Migration nichts anderes als ein Bestandteil dieser Konkurrenz oder deren Fortsetzung mit anderen Mitteln; an sich ist also Migration nicht emanzipatorischer als Daheimbleiben, und das „nomadische" Subjekt der Verwertung ist der Kritik und Empörung nicht näher als das sesshafte. Solange einzig der Gedanke daran, das eigene Leben nach kapitalistischen Kriterien verwursten zu lassen und „Arbeit" zu bekommen, Menschen dazu treibt, dafür ihre Angehörigen zu verlassen und sogar Leib und Leben zu riskieren, solange sind sie einer emanzipatorischen Tat nicht näher als die postmodernen westlichen Selbstverwerter, sondern bilden nur deren absolute Elendsvariante und sonst gar nichts.

Obwohl die globale Empirie Bände darüber spricht, dass die Epoche des „Klassenkampfs" und der „Klassensubjektivität" längst überschritten ist und die Tatsachen von neuer Krisenqualität und Globalisierung die historische, systemimmanente Beschränktheit dieser Begriffe und der ihnen zugrundeliegenden Realität enthüllt haben, wollen Hardt/Negri die neue Weltrealität krampfhaft in diese anachronistische Logik einbannen und sie als deren lineare Fortsetzung darstellen. Diese anachronistische Argumentation kann aber nur zu grotesken Interpretationen führen. Ist es schon ein starkes Stück, die Nicht-Kämpfe der Selbstverwerter wie der Elendsmigranten in eine Art von virtueller Emanzipation und in soziale Gegenwehr umzudeuten, so stürzen Hardt/Negri endgültig ab, sobald sie sich Ereignissen zuwenden, die tatsächlich „Kämpfe" sind, sogar mit Bomben- und Schusswaffengebrauch, aber eben alles andere als sozialemanzipatorische Kämpfe.

Allen Ernstes reihen Hardt/Negri die Barbarisierungs- und Zersetzungsprodukte der universellen Konkurrenz, also deren ethnische und pseudo-religiöse Verwilderungsformen, umstandslos in die Logik und Begrifflichkeit ihres „klassenkämpferischen „Anachronismus ein und deuten sie als positive Entfesselung von Gegenmacht: „Das Neue an den heutigen Fundamentalismen jedoch ist, dass sie sich in Wahrheit gegen diejenigen Mächte zur Wehr setzen, die sich in der neuen imperialen Weltordnung herausbilden. Unter diesem Gesichtspunkt war die iranische Revolution eine machtvolle Zurückweisung des Weltmarkts (!); und insofern

könnte man sie als die erste postmoderne Revolution betrachten"
(a.a.O., 162).

Wenn jetzt schon Khomeini eine antikapitalistische Lichtgestalt
ist, warum dann nicht Osama bin Laden in die Walhalla der Frei-
heitskämpfer aufnehmen und ihm einen Ehrenplatz neben Che
Guevara zuweisen? Unfreiwillig beweisen Hardt/Negri, wie die
Fortsetzung des in Wirklichkeit auf die Systemkriterien be-
schränkten Klassenkampf-Mythos unter den postmodernen Bedingungen zum völligen Verlust der Urteilsfähigkeit führen muss.

Aber dieser Verlust ist identisch mit der zunehmenden Reproduk-
tionsunfähigkeit des zugrundeliegenden modernen Fetischverhältnisses selbst, und so haben die Klassenkampf-Nostalgiker sogar unwissentlich recht; allerdings nur in dem Sinne, dass der
„Klassenkampf" und überhaupt der von universellen Konkurrenzverhältnissen bedingte soziale Kampf in der zerbrechenden modernen Subjektform nur noch in barbarischer, jede emanzipatorische Regung dementierender Verwilderungsgestalt widererschei-
nen kann.

Das beweisen Hardt/Negri unfreiwillig, wenn sie zu den
„Kämpfe(n), die in den letzten Jahren des 20. Jahrhunderts die
größte Radikalität und Stärke zeigten" (a.a.O., 67), in denen „die
Menge sich der Ausbeutung verweigert" (ebd) und die „eine neue
Art proletarischer Solidarität und Militanz ankündigen" (ebd) an
prominenter Stelle ausgerechnet „die Intifada gegen die israelische Staatsgewalt" (ebd) rechnen.

Wenn das „Klassenkampf" ist, und er ist es in gewisser Weise als
eine Version von ultima ratio der Konkurrenz, dann ist heute allerdings Klassenkampf samt Modernisierung, „Entwicklung" usw.
identisch mit totalem Selbstverlust. Wenn „proletarische Solidarität" heute darin besteht, sich selbst zusammen mit zufälligen

Passanten in die Luft zu sprengen und Kleinkinder mit Hilfe von Zielfernrohren abzuknallen, dann war auch das wechselseitige Abschlachten der Lohnarbeiter im Ersten Weltkrieg ein Ausdruck ihrer „proletarischen Solidarität", ja im Vergleich mit den barbarischen Taten der Intifada sogar noch von einer besonders edlen Qualität. Und warum nicht auch die jugendlichen Banden von Neonazis in der BRD und in ganz Europa, die antisemitisch verwahrloste „Black Power" in den USA und überhaupt die Untaten sämtlicher Ethno-Krieger des globalen Krisenkapitalismus auf der Habenseite der „proletarischen Emanzipationsbewegung" verbuchen? Alles ist „schöpferische Arbeit" der Multitude, alles ist Kapital- und Selbstverwertung, alles ist Emanzipationskampf. Da kann man sich nur noch mit Grausen wenden.

Keineswegs zufällig glänzt in der groß angelegten, mit höchst unbescheidenem Anspruch auftretenden Untersuchung von Hardt/Negri der Begriff des Antisemitismus ebenso durch völlige Abwesenheit wie derjenige der Konkurrenz. Eine Geschichte und Analyse der kapitalistischen Produktionsweise rein aus dem positiven Begriff des „wertschöpfenden" Willenssubjekts, ohne systematischen Rekurs auf Konkurrenz und Antisemitismus, gleicht einer Geschichte des Christentums rein aus dem Begriff der Nächstenliebe, ohne jede Erwähnung von Kreuzzügen, Religionskriegen und Hexenverbrennung. Damit verfehlen Hardt/Negri natürlich nicht nur die Geschichte, sondern auch die Gegenwart des globalen Krisenkapitalismus. Und sie verfallen selber einem verkürzten Verständnis, das sich in vielen Punkten unreflektiert mit der Logik des Antisemitismus überschneidet oder sogar deckt.

Wie schon Rufin, so verharren auch Hardt/Negri in der falschen Immanenz kapitalistischer Ontologie, das heißt auf dem kategorialen Boden des modernen warenproduzierenden Systems und damit in der „ökonomischen Umhüllung" der Welt, die dennoch für die planetarische Mehrheit praktisch unmöglich wird.

Die versuchte Einigelung eines schrumpfenden Imperiums von Kapitalverwertung bildet die spontane Tendenz der systemisch-imperialen Reaktion auf diesen Zersetzungsprozess. Der Limes verläuft dabei nicht allein an den schwankenden, unscharfen äußeren Grenzen, sondern er wird zur universellen Erscheinung auch im Inneren des Imperiums selbst und überhaupt innerhalb jeder Krisengesellschaft im Kontext der Globalisierungsprozesse: Mauer und Stacheldraht verlaufen an der Südgrenze der USA wie an der Ostgrenze der EU, aber auch zwischen Israel und den Palästinensern, zwischen „Ethnien" und „Stämmen", überall zwischen den Slums und den Villenvierteln; und die äußerste Konsequenz dieser Logik wäre es, dass jedes abstrakte Individuum, das irgendwie noch das seltsame „Glück" genießt, sich kapitalistisch verwursten lassen zu dürfen, eine fahrbare Mauer und einen tragbaren Stacheldrahtverhau mit sich herumschleppt.

Die Abwehr und hoffnungslose Veräußerlichung der vom Weltsystem selbst hervorgebrachten neuen Krisenerscheinungen und Barbarisierungs-Prozesse, der Anomie, des Chaos und der ziellosen Gewalt, diese unkontrollierte Ausbreitung von immer neuen Metastasen des manifesten kapitalistischen Todestriebs macht den Ausgrenzungsimperialismus zum übergreifenden Moment der gesamtimperialen Konstitution des Notstands, dem gegenüber der punktuelle Sicherheitsimperialismus und der spezifische Ölimperialismus nur noch sekundäre Momente bilden, auch wenn diese zeitweilig in den Vordergrund treten können.

Sowohl Rufin wie auch Hardt/Negri verkennen den Charakter des „ideellen Gesamtimperialismus" völlig, indem sie ihn als positive politisch-ökonomische Konstitution eines in sich ruhenden und reproduktionsfähigen „Reiches" oder Empire verstehen wollen.

Die schlecht immanent bleibende, in den Kategorien des Systems verharrende Kritik kann dann schon keine mehr sein, sondern muss an sich selbst irrewerden. Unter diesen Bedingungen scheint nur noch jene Alternative übrig zu bleiben, wie sie Rufin formuliert hat: entweder die Option nach dem Muster Klebers oder die nach dem Muster von Ungern, also entweder moralisierender demokratischer Menschenrechtsimperialismus unter Ignoranz der Systemkrise oder positive Umdeutung der Barbarisierungs-Produkte zu „rebellischer Subjektivität", ebenfalls unter Ignoranz der Systemkrise. In beiden Fällen muss eine Erscheinungsform der zerfallenden modernen Subjektivität positiv und illusionär angerufen werden: im einen Fall das ideologische Subjekt von Menschenrecht und Demokratie mit seiner perfiden Orwellschen Sprache, im anderen Fall das ideologische Subjekt der offenen Barbarei, die zur Verjüngungskur der Menschheit umgelogen wird.

Die Alternative zwischen Bush und bin Laden, zwischen „ideellem Gesamtimperialismus" und pseudo-archaischer regressiver Gewalt ist aber nicht annehmbar, wenn der Gedanke der gesellschaftlichen Befreiung nicht völlig preisgegeben werden soll. Die emanzipatorische Kritik in allen ihren bisherigen, kategorial immanent bleibenden Varianten war es gewohnt, die vom Entwicklungsprozess des Systems angebotenen Alternativen aufzunehmen und den jeweils „fortschrittlichen" Pol positiv zu besetzen. Das ist nur ein anderer Ausdruck dafür, dass diese nunmehr allesamt historisch gewordenen Varianten der Gesellschaftskritik noch an den Aufstiegs- und Durchsetzungsprozess des modernen warenproduzierenden Systems und seiner geschlechtlichen Abspaltungslogik gebunden waren.

Jetzt ist diese Besetzung einer immanenten Alternative unmöglich geworden, weil sie nur noch die Wahl zwischen verschiedenen Varianten ein und derselben Gewaltbarbarei markiert. Im Zersetzungs- und Verwesungsprozess der modernen Subjektivität enthüllt die strukturell „männliche" Abspaltungslogik des Systems immer wieder nur ihren repressiven Gewaltkern, und zwar auf beiden Seiten der erscheinenden Polarität von „Konflikten", die beiderseits gleichermaßen perspektivlos geworden sind. Es gibt keinen kapitalistischen Fortschritt mehr und deshalb auch nicht einmal mehr ein kleineres Übel, sondern nur noch gleich große und gleichermaßen inakzeptable Übel.

Gehen wir an die Wurzel des Übels

Denn wir haben es im Weltmaßstab nicht mehr mit Formierungs- sondern nur noch mit Zersetzungsprozessen zu tun. Und so gibt es auch keine Alternative in der weltgesellschaftlichen Formierung mehr, bei der sich die Potenz des Kapitalismus zur Barbarei isolieren und auf ein bestimmtes Paradigma einer bestimmten Macht oder eines bestimmten Imperiums eingrenzen ließe, das dann niederzuringen wäre. Es handelt sich also nicht mehr um einen Krebs im Frühstadium, der noch weggeschnitten werden kann, sondern der globale Körper der kapitalistischen Weltgesellschaft ist schon durch und durch von den Metastasen der barbarischen Zersetzung durchseucht und vergiftet. Die Barbarei kann jetzt einzig und allein zusammen mit dem Kapitalismus als solchem bekämpft werden, also durch die Überwindung des modernen warenproduzierenden Weltsystems, seiner kategorialen Bestimmungen und der dazugehörigen ideologischen Muster. Niemals mehr kann ein „guter" Kapitalismus gegen einen „bösen" Kapitalismus ins Feld geführt werden, erst recht nicht ideologisch überhöht die „Zivilisation" (die der Kapitalismus im positiven

Sinne nie war) gegen eine als nicht-kapitalistisch halluzinierte Barbarei, die in Wirklichkeit die Erscheinungs- und Krisenform der kapitalistischen Vergesellschaftung selbst ist. Das galt schon für die Nazis in einer noch isolierbaren Gestalt, und das gilt jetzt für das verwesende und weltverpestende planetarische System im Ganzen. Was an sich schon logisch eine Absurdität ist, nämlich den Kapitalismus immer erst einmal „retten" zu wollen, bevor man ihn abschaffen kann, ist jetzt auch historisch-empirisch absurd geworden.

Was kennzeichnet also die Bestie Kapitalismus, was sind ihre Bestandteile die ihr diese bestialische Form geben und täglich mit wachsender Gewalt die Menschheit zerstören?

Schauen wir uns genau an, welcher Formzusammenhang in diesem System besteht, also welche Kategorien den Kapitalismus, sein Fetisch-Wesen überhaupt ausmachen und folglich radikal abgeschafft werden müssen, wenn sich die Menschheit nicht barbarisch selbst vernichten soll?

Die kapitalistische Form besteht aus: „Arbeit", Wert/Mehrwert, Geld, Kapital, Markt/Konkurrenz, Staat/Souveränität, Politik, Recht, Nation, Demokratie.

Während die zunächst genannten (bis Konkurrenz) die kapitalistische ökonomische Form (Basis) bilden, sind die folgenden daraus abgeleitet, darauf bezogen (Überbau). Keine der Kategorien gab es bereits vor der kapitalistischen, aufklärerischen Moderne; lediglich die Form Demokratie wurde bereits in der Sklavenhaltergesellschaft des alten Griechenland erfunden, als zum „Volk" weniger als fünf Prozent der Menschen gezählt wurden.

Alle diese Kategorien gemeinsam bilden den kapitalistischen Formzusammenhang – das System Kapitalismus. Wollen wir den Kapitalismus abschaffen, um die barbarische Selbstvernichtung der Menschheit (auf diesem Weg befindet sie sich derzeit) nicht weiter zu treiben, sondern zu verhindern, müssen wir also logischerweise all das rigoros abschaffen, was ihn ausmacht, somit ausnahmslos diese Kategorien! Obwohl die Aufgabe gigantisch ist, können wir es gut schaffen, denn alle materiellen Voraussetzungen dafür sind bereits vorhanden. Was noch fehlt, ist das entsprechende Bewusstsein. Nach Marx wird das gesellschaftliche Bewusstsein vom gesellschaftlichen Sein bestimmt. Leider immer etwas nachtrabend, denn das Sein braucht jeweils eine gewisse Zeitspanne, um bis ins gesellschaftliche Bewusstsein durchzudringen, sich dort breitzumachen, sich einzunisten. Das bedeutet, dass das (stets etwas zurückliegende) Bewusstsein auf die jeweils aktuellen Erscheinungen mit bereits veralteten Maßnahmen und Methoden reagiert; gegenwärtig mit solchen aus der Nachkriegszeit. Wir haben die im Folgenden beschriebenen kapitalistischen Kategorien selbst, gewissermaßen als naturgegebene, so verinnerlicht, dass wir uns ein Leben ohne sie nicht einmal mehr vorstellen können und meinen, dass es mit dem Kapitalismus positiv immer so weiter gehen wird. So hetzt unser Bewusstsein beständig nur innerhalb der kapitalistischen Formen, die es als naturgegebene ansieht, über die man gar nicht zu reden braucht, hin und her, um mal hier oder dort ein wenig daran zu schrauben. Und es hat heute keine Ahnung mehr davon, dass diese kapitalistischen Kategorien, die es in den vorkapitalistischen Gesellschaften noch gar nicht gab, in den letzten etwa 400 Jahren trotz großer Gegenwehr in unsere Vorfahren so hineingeprügelt, -gefoltert und -pädagogisiert wurden, dass wir uns ihnen heute „freiwillig", nämlich bei Strafe des Todes, selbst unterwerfen. Das lässt sich ändern, wenn wir diese Kategorien endlich aus ihrer Anonymität herausholen und sichtbar machen; sie ihrer Verkleidungen berauben. Halten wir uns selbst den Spiegel vor und schämen uns dafür, dass wir uns dermaßen würdelos selbst „verhausschweinen" (Kurz), also Fetischen unterwerfen.

Schauen wir uns auf den nächsten Seiten kurz an, was die genannten Kategorien ausmacht und somit konsequent zu zerfetzen gilt:

Der kapitalistische Formzusammenhang

Arbeit:

Sie ist die Tätigkeit der Unmündigen. Nicht nur faktisch, sondern auch begrifflich lässt sich die Identität von Arbeit und Unmündigkeit nachweisen. Noch vor wenigen Jahrhunderten war der Zusammenhang zwischen Arbeit und sozialem Zwang den Menschen durchaus bewusst. In den meisten europäischen Sprachen bezieht sich der Begriff „Arbeit" ursprünglich nur auf die Tätigkeit des unmündigen Menschen, des Abhängigen, des Knechts oder des Sklaven. Im germanischen Sprachraum bezeichnet das Wort die Schufterei eines verwaisten und daher in Leibeigenschaft geratenen Kindes. „Laborare" bedeutete im Lateinischen so viel wie „Schwanken unter einer schweren Last" und meint allgemein gefasst das Leiden und die Schinderei des Sklaven. Die romanischen Wörter „travail", „trabajo" etc. leiten sich von dem lateinischen „tripalium" ab, einer Art Joch, das zur Folter und Bestrafung von Sklaven und anderen Unfreien eingesetzt wurde. In der deutschen Redeweise vom „Joch der Arbeit" klingt noch eine Ahnung davon nach.

„Arbeit" ist also auch dem Wortstamm nach kein Synonym für selbstbestimmte menschliche Tätigkeit, sondern verweist auf ein unglückliches soziales Schicksal. Es ist die Tätigkeit derjenigen, die ihre Freiheit verloren haben. Die Ausdehnung der Arbeit auf alle

Gesellschaftsmitglieder ist daher nichts als die Verallgemeinerung von knechtischer Abhängigkeit und die moderne Anbetung der Arbeit bloß die quasi-religiöse Überhöhung dieses Zustands.

Die Geschichte der Moderne (Kapitalismus) ist die Durchsetzungsgeschichte der Arbeit, die auf dem ganzen Planeten eine breite Spur der Verwüstung und des Grauens gezogen hat. Denn nicht immer war die Zumutung, den größten Teil der Lebensenergie für einen fremdbestimmten Selbstzweck zu vergeuden, derart verinnerlicht wie heute. Es bedurfte mehrerer Jahrhunderte der offenen Gewalt im großen Maßstab, um die Menschen in den bedingungslosen Dienst des Arbeitsgötzen buchstäblich hineinzufoltern.

Am Anfang stand nicht die angeblich „wohlfahrtssteigernde" Ausdehnung der Marktbeziehungen, sondern die Erfindung der Feuerwaffen (Kanonen, Gewehre), der daraus herrührende unersättliche Geldhunger der absolutistischen Staatsapparate, um die frühmodernen Militärmaschinen zu finanzieren. Nur durch das Interesse dieser Apparate, die erstmals in der Geschichte die ganze Gesellschaft in einen bürokratischen Würgegriff nahmen, beschleunigte sich die Entwicklung des städtischen Kaufmanns- und Finanzkapitals über die traditionellen Handelsbeziehungen hinaus. Erst auf diese Weise wurde das Geld zu einem zentralen gesellschaftlichen Motiv und das Abstraktum Arbeit zu einer zentralen gesellschaftlichen Anforderung ohne Rücksicht auf die Bedürfnisse. Der Zweck jeglicher Produktion wurde es, nicht etwa die Bedürfnisse der Menschen nach Gebrauchsgütern zu befriedigen, also Gebrauchswerte zu schaffen, sondern durch die Vernutzung menschlicher Arbeitskraft (Arbeit) den Produkten einen Tauschwert (ausgedrückt durch **Geld/Preis**) einzuhauchen, der jeweils höher sein muss, als für die Produktion selbst aufgewendet wird (**Mehrwert**). Dieses „Wunder" kann nur durch die Veräußerung der menschlichen Arbeitskraft geschehen. Denn diese Arbeitskraft kann den Dingen einen höheren **„Wert"** einfügen, als sie selbst besitzt, indem sie länger vernutzt wird, als zu ihrer eigenen Reproduktion erforderlich wäre. Das Ziel der Produktion besteht seither einzig darin, aus Geld mehr Geld zu „machen", unabhängig davon, welche Produktform das Geld temporär annimmt. Die solchermaßen geleistete Arbeit, also die außerhalb jedes Zwecks von konkreter Bedürfnisbefriedigung verausgabte menschliche Arbeitskraft, bezeichnete Marx treffend als „abstrakte Arbeit". Es kommt nicht darauf an, was von den Menschen produziert wird, sondern einzig, dass sie produzieren, also ihre Arbeitskraft verwursten lassen.

So war die Betätigung der Musketen und Kanonen gewissermaßen die Frühform der „abstrakten Arbeit". Vor diesem Ausdruck stutzen noch heute die meisten Menschen, obwohl nicht schwer zu begreifen ist, was er sagen will. „Abstrakte Arbeit" ist eine fremdbestimmte Tätigkeit, die gegen Geld verrichtet wird und bei der das Geldinteresse entscheidend, also der Inhalt relativ gleichgültig geworden ist. Dem, der seine Arbeitskraft verausgabt, ist es relativ egal, was er produziert; Hauptsache, er „verdient" damit Geld. Und ebenso ist dem, der die Arbeitskraft vernutzt (bezahlt), egal was da produziert wird; Hauptsache, er kann dafür auf dem Markt mehr Geld erzielen, als er für die Produktion (Werkzeuge, Werkstoffe, Arbeitskraft) bezahlte (Mehr-Geld/Mehr-Wert).

Nicht freiwillig gingen die meisten Menschen zur Produktion für anonyme Märkte und damit zur allgemeinen Geldwirtschaft über, sondern weil der absolutistische Geldhunger die Steuern monetarisiert und gleichzeitig exorbitant erhöht hatte. Nicht für sich mussten sie „Geld verdienen", sondern für den militarisierten frühmodernen Feuerwaffen-Staat, seine Logistik und seine Bürokratie. So und nicht anders ist der absurde Selbstzweck der Kapitalverwertung und damit die Arbeit in die Welt gekommen.

Bald genügten monetäre Steuern und Abgaben nicht mehr. Die absolutistischen Bürokraten und finanzkapitalistischen Verwalter machten sich daran, die Menschen direkt als Material einer gesellschaftlichen Maschine für die Verwandlung von Arbeit in Geld zwangsweise zu organisieren. Die traditionelle Lebens- und Existenzweise der Bevölkerung wurde zerstört; nicht weil diese Bevölkerung sich freiwillig und selbstbestimmt „weiterentwickelt" hätte, sondern weil sie als Menschenmaterial der angeworfenen Verwertungsmaschine herhalten sollte. Die Menschen wurden mit Waffengewalt von ihren Feldern vertrieben, um der Schafzucht für die Wollmanufakturen Platz zu machen. Alte Rechte wie das freie Jagen, Fischen oder Holzsammeln in den Wäldern wurden abgeschafft. Und wenn die verarmten Massen dann bettelnd und stehlend durch die Lande zogen, wurden sie in Arbeitshäuser und Manufakturen eingesperrt, um sie mit Arbeitsfoltermaschinen zu malträtieren und ihnen ein Sklavenbewusstsein von gefügigen Arbeitstieren einzuprügeln (Pünktlichkeit, Fleiß, Disziplin, Genügsamkeit, Neid, Missgunst, Duckmäusertum, Gehorsam). Heute ist dieses Sklavenbewusstsein weltweit allgemein, aber insbesondere von den in den Grenzen Deutschlands lebenden Menschen verinnerlicht (deutsche Werte! Welche Falschheit!).

Aber auch diese schubweise Verwandlung ihrer Untertanen in das Material des geldmachenden Arbeitsgötzen reichte den absolutistischen Monsterstaaten noch lange nicht. Sie dehnten ihren Anspruch auch auf andere Kontinente aus. Die innere Kolonisierung Europas ging einher mit der äußeren, zuerst in den beiden Amerika und in Teilen Afrikas. Hier ließen die Einpeitscher der Arbeit endgültig alle Hemmungen fallen. In bis dahin beispiellosen

Raub-, Zerstörungs- und Ausrottungsfeldzügen fielen sie über die neu „entdeckten" Welten her – galten doch die dortigen Opfer noch nicht einmal als Menschen. Die menschenfressenden europäischen Mächte der heraufdämmernden Arbeitsgesellschaft definierten die unterjochten fremden Kulturen als „Wilde" und – Menschenfresser.

Damit war die Legitimation geschaffen, sie auszulöschen oder millionenfach zu versklaven. Buchstäbliche Sklaverei in der kolonialen Plantagen- und Rohstoffwirtschaft, die in ihren Dimensionen noch die antike Sklavenhaltung übertraf, gehört zu den Gründungsverbrechen des warenproduzierenden Systems. Hier wurde zum ersten Mal die „Vernichtung durch Arbeit" im großen Stil betrieben. Das war die zweite Grundlegung der Arbeitsgesellschaft. An den „Wilden" konnte der weiße Mann, der schon gezeichnet war von der Selbstdisziplinierung, seinen verdrängten Selbsthass und Minderwertigkeitskomplex austoben. Ähnlich wie „die Frau" galten sie ihm als naturnahe und primitive Halbwesen zwischen Tier und Mensch. Immanuel Kant mutmaßte messerscharf, dass Paviane sprechen könnten, wenn sie nur wollten; sie täten es nur deshalb nicht, weil sie sonst befürchten müssten, zur Arbeit herangezogen zu werden.

Dieses groteske Räsonnement wirft ein verräterisches Licht auf die Aufklärung. Das repressive Arbeitsethos der Moderne, das sich in seiner ursprünglichen protestantischen Version auf die Gnade Gottes und seit der Aufklärung auf das Naturgesetz berief, wurde als „zivilisatorische Mission" maskiert. Denn Kultur in diesem Sinne ist freiwillige Unterwerfung unter die Arbeit; und Arbeit ist männlich, weiß und „abendländisch". Das Gegenteil, die nicht-menschliche, unförmige und kulturlose Natur ist weiblich, farbig und „exotisch", also dem Zwang auszusetzen. Mit einem Wort, der „Universalismus" der Arbeitsgesellschaft ist schon von der Wurzel her durch und durch rassistisch. Das universelle Abstraktum Arbeit kann sich immer nur selbst definieren durch Abgrenzung von allem, was nicht in ihm aufgeht.

Es waren nicht die friedlichen Kaufleute der alten Handelswege, aus denen das moderne Bürgertum hervorgegangen ist, das schließlich den Absolutismus beerbte. Es waren vielmehr die Condottieri der frühmodernen Söldnerhaufen, die Arbeits- und Zuchthausverwalter, Pächter der Steuereintreibung, Sklavenaufseher und andere Halsabschneider, die den sozialen Mutterboden für das moderne „Unternehmertum" bildeten. Die bürgerlichen Revolutionen des 18. und 19. Jahrhunderts hatten nichts mit sozialer Emanzipation zu tun; sie schichteten nur die Machtverhältnisse innerhalb des entstandenen Zwangssystems um, lösten die Institutionen der Arbeitsgesellschaft von den veralteten dynastischen Interessen ab und trieben ihre Versachlichung voran. Es war die glorreiche Französische Revolution, die mit besonderem Pathos eine Pflicht zur Arbeit verkündete und in einem „Gesetz zur Beseitigung des Bettelwesens" neue Arbeitshäuser einführte.

Das war das genaue Gegenteil dessen, was die sozialrebellischen Bewegungen erstrebten, die am Rande der bürgerlichen Revolutionen aufflammten, ohne darin aufzugehen. Schon viel früher hatte es ganz eigenständige Formen des Widerstands und der Verweigerungen gegeben, mit denen die offizielle Geschichtsschreibung der Arbeits- und Modernisierungsgesellschaft nichts anfangen kann. Die Produzenten der alten Agrargesellschaften, die sich auch mit den feudalen Herrschaftsverhältnissen niemals völlig reibungslos abgefunden hatten, wollten sich erst recht nicht damit abfinden, zur „Arbeiterklasse" eines ihnen äußerlichen Systemzusammenhangs gemacht zu werden. Von den Bauernkriegen des 15. und 16. Jahrhunderts bis zu den Erhebungen der später als „Maschinenstürmer" denunzierten Bewegungen in England und dem Aufstand der schlesischen Weber 1844 zieht sich eine einzige Kette von erbitterten Widerstandskämpfen gegen die Arbeit. Die Durchsetzung der Arbeitsgesellschaft und ein bald offener, bald latenter Bürgerkrieg waren über Jahrhunderte hinweg ein und dasselbe. Mit anderen Worten: die Durchsetzung der Arbeitsgesellschaft erfolgte von Anfang an gewaltsam mit Mord und Totschlag unter Strömen von Blut (Marx), was nichts anderes bedeutet, als dass die Arbeitsgesellschaft ihrem Wesen nach eine zutiefst grausame Zwangsgesellschaftlichkeit ist. Daran ändert nichts, dass der Zwang über mehrere Jahrhunderte so wirksam in die Individuen hineingeprügelt, hineingefoltert und hineinpädagogisiert wurde, dass der äußere Zwang in die bürokratischen Apparate zurückgenommen werden konnte und sich die Menschen diesem Zwangsarbeitssystem selbstunterwerfen, sich regelrecht sozusagen verhausschweinen.

>Die „Arbeit" ist ihrem Wesen nach die unfreie, unmenschliche, ungesellschaftliche, vom Privateigentum (an den Produktionsmitteln/G.K.) bedingte und das Privateigentum schaffende Tätigkeit. Die Aufhebung des Privateigentums wird also zu einer Wirklichkeit, wenn sie als Aufhebung der „Arbeit" gefasst wird< (Marx, Über Friedrich Lists Buch „Das nationale System der politischen Ökonomie", 1845).

Die alten agrarischen Gesellschaften waren alles andere als paradiesisch. Aber der ungeheure Zwang der hereinbrechenden Arbeitsgesellschaft wurde von der Mehrheit nur als Verschlechterung und als „Zeit der Verzweiflung" erlebt. Tatsächlich hatten die Menschen trotz aller Enge der Verhältnisse noch etwas zu verlieren. Was im falschen Bewusstsein der modernen Welt als Finsternis und Plage eines erfundenen Mittelalters erscheint, waren in

Wirklichkeit die Schrecken ihrer eigenen Geschichte (die Durchsetzungsgeschichte der Arbeitsgesellschaft). In den Vor- und nichtkapitalistischen Kulturen innerhalb und außerhalb Europas war die tägliche ebenso wie die jährliche Zeit der Produktionstätigkeit weitaus geringer als selbst heute noch für die modernen „Beschäftigten" in Fabrik und Büro. Und diese Produktion war bei weitem nicht derart verdichtet wie in der Arbeitsgesellschaft, sondern durchsetzt von einer ausgeprägten Kultur der Muße und der relativen „Langsamkeit". Von Naturkatastrophen abgesehen waren die materiellen Grundbedürfnisse für die meisten weitaus besser gesichert als in den Horror-Slums der heutigen Krisenwelt. Auch die Herrschaft ging nicht derart bis auf die Haut wie in der durchbürokratisierten Arbeitsgesellschaft.

Deshalb konnte der Widerstand gegen die Arbeit nur militärisch gebrochen werden. Bis heute heucheln sich die Ideologen der Arbeitsgesellschaft darüber hinweg, dass die Kultur der vormodernen Produzenten nicht „entwickelt", sondern in ihrem Blut erstickt wurde. Die heutigen abgeklärten Arbeits-Demokraten lasten all diese Ungeheuerlichkeiten am liebsten den „vordemokratischen Zuständen" einer Vergangenheit an, mit der sie nichts mehr zu tun hätten. Sie wollen nicht wahrhaben, dass die terroristische Urgeschichte der Moderne verräterisch das Wesen auch der heutigen Arbeitsgesellschaft enthüllt. Die bürokratische Arbeitsverwaltung und staatliche Menschenerfassung in den industriellen Demokratien konnten ihre absolutistischen und kolonialen Ursprünge niemals verleugnen. In der Form der Versachlichung zu einem unpersönlichen Systemzusammenhang ist die repressive Menschenverwaltung im Namen des Arbeitsgötzen sogar noch angewachsen und hat alle Lebensbereiche durchdrungen. Wer heute nach Arbeit, guter Arbeit, Arbeitsplätzen... ruft, ruft (fast immer unbewusst) nach mehr Kapitalismus, was angesichts des heutigen gewaltsamen Zerfalls des Kapitalismus an seiner absoluten inneren Systemschranke einfach nur irre ist. Wie auf der sinkenden Titanic: die Passagiere wollen an Bord bleiben und die Kapelle soll weiterspielen (Kurz).

Wert/Mehrwert

Beide Begriffe sind Fetische. Während sich der Gebrauchswert eines Produkts sinnlich in seiner Nutzung erfahren lässt, ist das beim Wert und Mehrwert nicht gegeben. Beides sind lediglich imaginäre Begriffe; ihr Maß ist die (Arbeits-)Zeit und ihr Ausdruck das Geld. Marx hat sie in seinem Werk „Das Kapital" wissenschaftlich untersucht und für jeden nachvollziehbar determiniert. Schau Dir das bitte an. Wert/Mehrwert haben mit dem Gebrauchswert eines Produkts absolut nichts zu tun. Der Gebrauchswert eines Tisches ist überall etwa gleich; man sitzt daran, plaudert oder spielt. Essen, Trinken, Blumenvasen, Computer, Tischdecken... befinden sich auf ihm. Der Wert des Tisches ist allerdings vollkommen unklar. Hat ihn jemand per Hand hergestellt und dafür vielleicht drei Tage gebraucht, ist sein Wert relativ hoch, denn es ist viel menschliche Arbeitskraft in ihm. Wurde der Tisch maschinell hergestellt und dafür vielleicht eine Stunde benötigt, ist sein Wert relativ gering, je nachdem, wieviel menschliche Arbeitskraft gerade noch eingesetzt wurde. Je höher der Maschinenanteil, desto geringer der Wert eines Produkts.

Nur vernutzte menschliche Arbeitskraft (Arbeit ist Verausgabung von Hirn, Nerv, Muskel; sh. Marx) kann auf die Produkte einen Wert/Mehrwert (ausgedrückt in der Geldform) virtuell übertragen, also einen imaginären Tauschwert erzeugen. Die nützlichsten Sachen, wie Wissen, sind ohne Tauschwert (Marx). Das bedeutet zugleich, dass Automaten allein ohne beteiligte menschliche Arbeitskraft den von ihnen erzeugten Produkten keinen Wert/Mehrwert einpflanzen können; ihre Produkte enthalten also keinen Wert. Und genau das ist die Crux des Kapitalismus, die ihn an seine absolute innere Schranke geführt hat und ihn unter immer größeren Gewalteruptionen sterben lässt. Seine in der Dritten industriellen Revolution der Mikroelektronik nur noch in homöopathischen Dosen Mehrwert enthaltenden Produkte (weil menschliche Arbeitskraft fast nicht mehr eingesetzt wird) können so auch am Markt nur in immer weniger Geld eingetauscht werden. Eine vollautomatische gesellschaftliche Produktion (also ohne arbeitende Menschen) ist damit aber kapitalistisch unmöglich. Es könnten zwar alle Produkte für alle menschlichen Bedürfnisse in überreichem Maße hergestellt werden; da aber kein Mensch mehr arbeitet (und das auch nicht braucht), haben die Produkte keinen Wert/Mehrwert/Tauschwert mehr und es wird auch kein Geld mehr „verdient", weil niemand mehr produziert; womit und wozu sollten also diese automatisch hergestellten Produkte bezahlt werden, wenn so das Geld verschwindet? Man könnte natürlich den Menschen das erforderliche Geld für einen Kauf schenken. Wozu aber dann überhaupt noch diesen Umweg über den Geld-Fetisch? Dann könnten doch die Menschen vernünftigerweise die Produkte direkt ohne eine Dazwischenkunft von Geld konsumieren. Aus kapitalistischer Sicht ist das jedoch nicht einmal denkbar, da es doch einzig um den kapitalistischen Selbstzweck geht, aus Geld mehr Geld zu machen. Das Geld, da unabänderbar an die Verausgabung menschlicher Arbeitskraft gebunden, verschwindet aber mit der zunehmenden Produktivität zugleich aus den kapitalistisch-ökonomischen und damit sozialen Zusammenhängen. Eher werden Produktionskapazitäten stillgelegt, wenn sie nicht mehr geeignet sind, ausreichenden Mehrwert zu generieren, auch wenn dadurch überall auf dem Globus immer mehr Menschen ins Elend gestoßen werden. Auf diese Weise wurden bereits nahezu drei Viertel der Menschheit zu kapitalistisch Überflüssigen, ohne jedoch aus dem kapitalistischen Formzusammenhang entlassen zu sein. Kapitalismus wird mit steigender Geschwindigkeit immer drastischer zu einer absoluten Minderheiten-Veranstaltung, was objektiv zu exponentiell anwachsender Gewalt der Konkurrenz-Subjekte führt. Sie streiten und kämpfen selbst mit den barbarischsten Mitteln um die objektiv (egal, ob man es selbst weiß oder nicht) immer weniger werdenden Lebensmittel (im weitesten Sinne) und „Arbeitsplätze". Sie wollen „beschäftigt"(!) werden und brauchen, um ihre Hände rühren zu können, einen „Investor". Wie gesagt: Einfach nur irre!

Geld/Kapital

Geld, dieser Fetisch, wird verharmlosend und somit verschleiernd vermeintlich als Zahlungsmittel bezeichnet. Zahlungsmittel ist lediglich eine Erscheinungsweise von Geld. Geld ist der alleinige Zweck der ganzen Veranstaltung der Arbeitsgesellschaft, und zwar Mehr-Geld aus der Verwertung des Wertes. Geld ist so stets auf sich selbst zurückgekoppelt. Es ist der Hauptfetisch der kapitalistischen Gesellschaft, ihr Selbstzweck, ein Götze, dem sich alle unterwerfen (!). In dieser Gesellschaftsordnung gibt es heute keine Lebensäußerung mehr, die nicht an das Geld gekoppelt, vom Geld abhängig wäre. Geld wird zu **Kapital**, wenn es dazu vorgesehen ist und verwendet wird, menschliche Arbeitskraft zu vernutzen (verzeih mir diese knappe Darstellung; schau Dir alles hierzu bei Marx / Kapital im Detail an). Daher kann die bestehende Arbeitsgesellschaft nicht treffender denn als Kapitalismus bezeichnet werden, wie die immer eindringlicher werdenden gellenden Schreie nach „Arbeit", Beschäftigung und Arbeitsplätzen beweisen, denn darum dreht sich alles. So ist also Arbeit nichts als die Substanz von Kapital. Das heißt logisch, „Arbeit" und Kapital bilden nur die beiden Seiten der gleichen Medaille und es existiert kein Grund-Widerspruch zwischen ihnen. Beide Seiten bedingen einander. Keine „Arbeit" – kein Geld, also kein Kapital. Das Bewusstsein der Weltbevölkerung ist heute so versklavt-verdorben, dass es sich nicht einmal mehr ein Leben nur vorzustellen vermag, das nicht von Geld abhinge. So sollten wir besser von einem Un-Bewusstsein sprechen, einem Trance-Zustand oder von einer totalen Bewusstlosigkeit, wegen der völligen Blindheit gegenüber der eigenen gesellschaftlichen Verfasstheit. Die Menschen finden es vollkommen in Ordnung, dass sie, wenn sie kein Geld haben, sterben müssen. Das ist nichts anderes als Irrsinn. Wir sind Zombies in einer Zombieveranstaltung; und geben uns daran nicht etwa selbst die Schuld (als notwendigem immanenten Bestandteil/Substanz des Kapitals), sondern unseren Nachbarn, oder religiös Anderen, oder ethnisch Anderen, oder den „Ausländern", oder allgemein Fremden… eben „Wilden" und „Menschenfressern", also den Tötbaren. Und alle wollen weitermachen mit der Verwandlung menschlicher Energie in Geld als irrationalem Selbstzweck.

Perverser geht es nicht – Geld, stofflich nichts als ein Fetzen Papier, oder ein Stückchen Metall, als Zweck des Lebens! Religion at it's best. Gott ist Geld!

Markt/Konkurrenz

Der Markt ist die Sphäre der Realisierung des Mehrwerts. Erst hier entscheidet sich, ob ein Produkt zur Ware wird, ob es überhaupt einen Tauschwert (Wert/Mehrwert) besitzt, also wieder in Geld eingetauscht werden kann. Und zwar in mehr Geld, als zu seiner Herstellung erforderlich war. Hier wird entschieden, ob sich der Kapitaleinsatz „gelohnt" hat, ob sich also der Wert verwertet. Auf dem Markt wird folglich entschieden, ob ein Produkt als Ware überhaupt gültig ist, denn allein zu diesem Zweck wurde es hergestellt. Heute haben wir es mit einer vollständig kapitalistisch geformten Welt zu tun. Dem entspricht der Weltmarkt (Globalisierung). Das heißt, alle heutzutage für den Verkauf am Markt hergestellten Produkte müssen konkurrierend zu anderen Produkten auf dem Weltmarkt darum kämpfen, als Waren anerkannt zu werden, also einen Teil des Welt-Gesamt-Mehrwerts auf sich zu ziehen. Die Produkte, denen das aus welchen Gründen auch immer nicht gelingt (zumeist Preisgründe), sind keine Waren, demnach „ungültig"; sie werden vom Markt hinweggefegt, ihre Produktionskapazitäten stillgelegt, die Arbeits-Menschen entlassen und ebenfalls „ungültig". Und wer kapitalistisch „ungültig" geworden ist, ist überflüssig, also letzten Endes tötbar. Und genau deshalb ruft heute ein Teil der rechten Politik zum Gebrauch von Schusswaffen an den Landesgrenzen gegen anströmende Flüchtlingsmassen auf. Der Tendenz nach wohnt dem bereits die Möglichkeit zur Wiederholung von Auschwitz inne; natürlich in weitaus größerem Umfang.

Die Konkurrenz um die Sicherung der Gültigkeit der Produkte auf dem Weltmarkt wird beständig grausamer. Den Protagonisten ist nahezu jedes Mittel recht, ihre jeweiligen Interessen durchzusetzen. Insbesondere sind die betriebswirtschaftlichen Einheiten darum bemüht, ihre Produkte am Markt zu niedrigeren Preisen anbieten zu können, als die konkurrierenden Unternehmen. Das kann nur gelingen durch eine immer weitere Verwissenschaftlichung des gesamten Herstellungsprozesses, letztlich also seiner Automatisierung und damit „Befreiung" von menschlicher Arbeitskraft. Die Mikroelektronik gewährt hierfür alle Voraussetzungen.

Weitere Mittel werden in der Konkurrenz ganz nach Kalkül einge-setzt. Stichworte sind zum Beispiel Betrug, Spionage, Hinterzie-hung, Erpressung, Korruption. Letztere, obwohl hin und wieder in den Medien anklingend, ist ein kapitalistisch ganz normales und alltägliches Mittel von Konkurrenz; die gelegentliche Entrüstung darüber nichts als scheinheilige Heuchelei. Und man kann sogar als Faustformel ansetzen, dass Korruption generell direkt propor-tional zur wirtschaftlichen Größe der Marktteilnehmer ist. Hierzu bedarf es keines speziellen Beweises, es ergibt sich rein logisch aus dem Wesen von Konkurrenz. Der Weltmarkt ist sozusagen ein Kriegsschauplatz; entsprechend sind Sprache, Methoden und konkrete Handlungen der Protagonisten. Der Kauf menschlicher Arbeitskraft (Muskel, Nerv, Hirn) ist doch der Kern des Kapitalis-mus, also nimmt er ganz notwendigerweise bei Bedarf auch die Form von Korruption an.

Wer meint, das System statt Kapitalismus besser Marktwirtschaft nennen zu müssen, versteht gar nicht, dass er die Sache, in dem Versuch, sie zu verharmlosen, eigentlich nur verschlimmbessert. Denn Marktwirtschaft ist nichts als Kapitalismus.

Staat/Souveränität

Staaten wurden, wie bereits angedeutet, in mehr als zweihundert Jahre dauernden verheerenden Kriegen mit Strömen von Blut ge-bildet. Von Anfang an waren sie Zwangsgebilde zur Aussaugung und Verwaltung von Menschenmaterial im Inneren und Militär-gebilde zur Kriegsführung nach außen.

Vor über 400 Jahren wurde der unersättliche Geldhunger der Feu-erwaffenherrschaft zum bestimmenden Moment. Nach neueren Berechnungen stieg die steuerliche Belastung zwischen dem 15.

und dem 18. Jahrhundert um nicht weniger als 2200 Prozent. Dieses Aufzwingen der Geldform demoralisierte die Menschen dieser Zeit vollkommen. Steuereintreiber bildeten nach den Kriegsfinanziers und Condottieri einen weiteren Prototypen des freien Unternehmertums, indem sie den absolutistischen Herrschern gegen eine Pauschale das Recht zur Eintreibung des Geldes abkauften. Und wer nicht bezahlen konnte, dem wurde vom Gerichtsvollzieher notfalls die letzte Kuh oder das Handwerkzeug konfisziert, um daraus Geld zu machen. Aber auch die Verwandlung der Naturalleistungen in Geldsteuern und deren exorbitante Erhöhung konnte den Geldhunger der Kriegsmaschinen nicht befriedigen. Weil ihnen die Kriegsbeuten nicht ausreichten, gingen die Militärdespotien der sogenannten Modernisierung dazu über, eigene Produktionsunternehmen außerhalb der Gilden und Zünfte zu gründen, deren Zweck nicht mehr Bedürfnisbefriedigung, sondern einzig und allein Geldbeschaffung war. Diese staatlichen Manufakturen und Plantagen produzierten erstmals für einen großräumigen anonymen Markt, der schließlich zur Voraussetzung der freien Konkurrenz werden sollte. Und weil sich niemand freiwillig für die billige Lohnarbeit hergab, setzte man Sträflinge, gefangen gehaltene Geisteskranke und in der Peripherie auch Sklaven ein. Es wurden sogar eigens Delikte erfunden, um massenhaft Zwangsarbeiter zu bekommen. Die Herren Direktoren der neuen Zucht- und Arbeitshäuser (der Prototypen aller heutigen Fabriken, Werke, „Unternehmen", Büros...) für den im Zuge der gesellschaftlichen Zwangsmonetarisierung entstehenden freien Markt vervollständigten die illustre Gesellschaft von Prototypen des freien Unternehmertums.

Die Condottieri, die sich und ihre Privatarmeen an den meistbietenden Stadt- oder Landesherrn verkauften, waren nur eine Übergangserscheinung. Bald nahmen die zunächst nur als Auftraggeber in Erscheinung tretenden fürstlichen Administrationen die Sache selbst in die Hand. Was später zum Entwicklungsgesetz der modernen Ökonomie werden sollte, setzte sich zuerst auf der Ebene der mit Feuerwaffen Krieg führenden Mächte durch; die großen Fische fraßen die kleinen.

Einmal durch die selbst tragende Dynamik der „militärischen Revolution" in Gang gesetzt, prallten die frisch gebackenen frühmodernen Staatsgebilde in einer Expansionsbewegung aufeinander. In bis dahin beispiellosen Blutbädern maßen sie ihre erstmals großtechnologisch fundierten Kräfte, um die Vorherrschaft in Europa neu auszukämpfen. Zutreffend hat der liberalkonservative Schweizer Historiker Jacob Burckhard vom „Staatsbildungskrieg" der frühen Neuzeit gesprochen, denn damals entstanden die Grundstrukturen der heute noch gültigen Machtgebilde und dessen, was wir – als Kehrseite der monetarisierten Reproduktion – Politik nennen. Krieg, Staat und Politik sind Teile des kapitalistischen Formzusammenhangs, daher nicht voneinander trennbar, wie noch zu zeigen ist, sondern bedingen einander.

Ein Staat ist also ein Machtgebilde, ein Gebilde, um Macht zu haben bzw. sie ausüben zu können. Insofern ist ein Staat lediglich ein Zwangs- und Gewalt-System nach innen und außen. Er schließt zugleich ein und grenzt aus. Er ist eine falsche Allgemeinheit. Sein bürokratischer, polizeilicher, politischer und militärischer Apparat hat nach innen den Zweck, das Menschenmaterial so weit wie möglich in Arbeit zu zwingen, es ständig auch unter Gewaltanwendung zu verwalten und in Bewegung zu halten. Nach außen besteht sein Zweck darin, die Konkurrenz der Binnenökonomie gegen die anderer Staaten durchzusetzen, sie zu dominieren.

Das zentrale Moment moderner Staatlichkeit ist die Souveränität. Die marodierenden Landsknechte (riesiger Militärapparate) waren kein Zersetzungsprodukt der agrarischen Gesellschaft selber, sondern sie überzogen diese zunächst in der Form der Brandschatzung mit jenem neuen Grundrecht, das sich schließlich zur Souveränität verhärtete. Man teilte sich die Ländereien, in denen dann zu brandschatzen war, bzw. die Stärkeren nahmen den Schwächeren in mörderischen Kriegs-Schlachten Ländereien ab, und vergrößerten so ihr zu brandschatzendes Gebiet. Das Prinzip der Souveränität hat bereits der französische Rechtstheoretiker Jean Bodin (1529-1596) formuliert; es bezieht sich auf den diktatorischen und totalitären Charakter der modernen, über die Warenform vermittelten Gesellschaft. Es stellt den politischen Ausdruck des ökonomischen Terrors dar, und deshalb zieht sich dieses Prinzip durch alle modernen Staatsformen, die nichts anderes als dessen Entwicklungsstufen sind. Monarchischer Absolutismus der Frühmoderne, ständische Republiken des 18. und 19. Jahrhunderts, totalitäre Diktaturen und die Demokratie des 20. und 21. Jahrhunderts liegen auf ein und derselben Linie; es handelt sich um die Entfaltung derselben Substanz „Souveränität". Diese Substanz bildet nur die politische Erscheinungsform der realmetaphysischen „Wertsubstanz" (bei Marx: „abstrakte Arbeit" in lebendiger und „tote Arbeit" in geronnener Gestalt), deren ökonomische Erscheinungsform das auf sich selbst rückgekoppelte Geld ist. Wie die betriebswirtschaftliche Vernutzung menschlicher Energie und Konkurrenz den ökonomischen Zwangscharakter des Systems ausmachen, so die Souveränität den dazugehörigen juristischen und politischen Zwangscharakter; denn die beiden Wesen oder Seelen in der Brust des modernen Menschen, der homo oeconomicus ebenso wie der homo politicus, können nur als Vollzugsorgane des übergeordneten irrationalen Selbstzwecks agieren, wie er sich in den Pseudo-Naturgesetzen der kapitalistischen Verwertung darstellt.

Bei Bodin beinhaltet der Begriff der Souveränität „die absolute und dauernde Gewalt eines Staates, … Souveränität bedeutet höchste Befehlsgewalt, … Souveränität wird weder durch irgendeine Gewalt, noch durch menschliche Satzung, noch durch eine Frist begrenzt… Die Staatsgewalt ist dann absolut und souverän, wenn sie nur dem göttlichen Gebot und dem Naturrecht unterworfen ist… Das hervorragendste Merkmal der Souveränität besteht in der Machtvollkommenheit, Gesetze für alle und für jeden einzelnen zu erlassen" (Bodin 1976/1583, 19 ff, 42).

Schon in dieser frühesten Formulierung zeigt sich, dass Souveränität die repressive Menschenverwaltung „von oben" bedeutet, nicht nur durch absolutistische Fürsten oder Modernisierungs-Diktatoren, sondern auch und gerade durch demokratische Administrationen. Deren Legitimation durch sogenannte Wahlen ist insofern bedeutungslos, als dabei die repressiven und irrationalen Systemgesetze immer schon vorausgesetzt werden, somit als solche nie zur „Wahl" stehen. Es ist immer nur die „Wahl" zwischen verschiedenen Variationen der Exekution dieser Systemgesetze, sodass Bodins Definition des Bürgers heute noch gilt: „Ein Bürger ist nichts anderes als ein freier Untertan, der unter der souveränen Gewalt eines anderen steht" (Bodin, a.a.O., 15).

In der Demokratie ist der „andere", der die souveräne Gewalt trägt, selber nur ein Diener (Minister) des blinden Systemzwangs, der viel direkter in Erscheinung tritt als auf den früheren Entwicklungsstufen. Insofern stellt die Demokratie die entwickeltste kapitalistische Staatsform und damit die entwickeltste Form der Souveränität und damit die entwickeltste Form von Gewalt, Zwang und Terror dar.

Weit davon entfernt, deren repressiven und totalitären Charakter zu verlieren, kommt dieser in der weitestgehend versachlichten Gestalt von „Demokratie-und-Marktwirtschaft" erst zur vollen Geltung. Gerade durch diesen Charakter der Versachlichung aller Zwänge („Sachzwang"), wie er in ökonomischen Pseudo-Naturgesetzen und daraus folgenden technologischen und sozialtechnologischen Pseudo-Notwendigkeiten erscheint, wird die totalitäre Repression in eben dem Maße auf die Spitze getrieben, wie sich die seltsame „Freiheit" entfaltet, alle Angelegenheiten, Bedürfnisse und Empfindungen „autonom" nur noch im Rahmen dieser totalitären Zwänge des modernen warenproduzierenden Systems darstellen zu „dürfen".

Schon Bodin setzt in aller Gemütsruhe für den Charakter der Souveränität fest: „Die Bestimmung ‚glücklich' dagegen ist nicht erforderlich... Denn ein Staat kann gut regiert sein und gleichwohl von Armut heimgesucht ... sein. Wir sehen die Bestimmung ‚glücklich' für die Definition des Staates nicht als wesentlich an" (Bodin, a.a.O., 9f). Deutlicher könnte nicht gesagt werden, dass es hier um einen Zweck jenseits menschlicher Bedürfnisse geht, eben um den Selbstzweck der Verwertung des Werts, dessen politische Exekution im Begriff der Souveränität benannt ist. Zu Bodins Zeit handelte es sich noch um die Embryonalform der Verwertungsbewegung in Gestalt eines permanenten „Geldhungers" der frühneuzeitlichen Militärdespotien im Kontext ihrer „politischen Ökonomie der Feuerwaffen", also zwecks Kanonenproduktion, Logistik stehender Feuerwaffenheere etc.

Aus dieser militärdespotischen Wurzel der Moderne überhaupt, sowohl des kapitalistischen Staates als auch der kapitalistischen Ökonomie, entfalteten sich die wesentlichen Bestimmungen der Souveränität. Zum einen war dies das territoriale Prinzip der Menschenverwaltung und Auspressung der Bevölkerung für den (ursprünglich militärischen, feuerwaffen-ökonomischen) Verwertungszweck, im Unterschied zum dynastischen Prinzip oder dem Prinzip persönlicher Abhängigkeits- und Beziehungsverhältnisse. Mit dem Begriff der „territorialen Integrität" wurde diese Bestimmung auch nach außen hin festgeschrieben, was nach innen gleichzeitig das Verbot der Loslösung beinhaltete, das heißt das gewaltsame Festhalten von Bevölkerungsteilen im Territorium der Souveränität auch gegen ihren Willen. Die Demokratie stellt die reinste Form des Territorial-Staates und damit der modernen Menschenverwaltung für den kapitalistischen Selbstzweck dar, da hier alle anderen Beziehungsformen endgültig verdampft und ausgelöscht sind; dies macht einen wesentlichen Aspekt der Versachlichung aus.

Zum anderen ist es das staatliche Gewaltmonopol, das die Logik der Souveränität grundlegend bestimmt. Weder nach außen (im zwischenstaatlichen Krieg der Souveräne um Territorien und kapitalistisch vermittelte Machtansprüche) noch nach innen (in der polizeilichen oder militärischen Repression zwecks Aufrechterhaltung der kapitalistischen Gesellschaftsordnung und ihrer Zwänge) wird also Gewalt negiert und überwunden; stattdessen wird sie lediglich monopolisiert, konzentriert und damit zur vollen Effizienz geführt. Die Demokratien haben in jeder Hinsicht die größten und furchtbarsten Gewaltapparate der menschlichen Geschichte aufgebaut.

Führt man die Logik der Souveränität auf ihre Wurzel zurück, dann handelt es sich um die totalitäre Unterwerfung einer bestimmten, auf ein staatliches Territorium eingegrenzten Bevölkerung unter den Zwang zur „abstrakten Arbeit", der sich längst von der ursprünglichen Engführung auf die frühmoderne „politische Ökonomie der Feuerwaffen" abgelöst und zum flächendeckenden System betriebswirtschaftlicher „Unternehmen" unter dem Diktat des Selbstzwecks von Geldvermehrung ausentwickelt hat. Das gesamte politisch-juristische System der „Rechte und Freiheiten" fußt auf dieser Unterwerfung der Menschen unter den irrationalen Zwang zur Verausgabung fremdbestimmter „Leistung" jenseits eigener Zwecke. Genauer gesagt: Im Zuge der Verinnerlichung dieser Systemzwänge haben es sich die Menschen abgewöhnt, überhaupt noch eigene Alltagszwecke ins Auge zu fassen, die nicht unmittelbar von der kapitalistischen Systemform und ihrer allgemeinen Vermittlung durch die Geldform bestimmt wären. Der vormoderne Rahmen von Traditionen ist ersetzt worden durch eine unmittelbare systemische Steuerung.

Politisch-militärische Deterritorialisierung

In dem Maße nun, wie der pseudo-naturgesetzliche Systemzwang selber in der Dritten industriellen Revolution immer größere Menschenmassen für die „abstrakte Arbeit" überflüssig macht und sich dieser Prozess durch die finanzkapitalistisch gesteuerte Globalisierung des Kapitals dramatisch verschärft, stößt nicht nur die weitere Kapitalakkumulation (die ja auf einer ständigen Steigerung in der rentablen Vernutzung abstrakter Arbeit beruht) an objektive historische Grenzen, sondern gleichzeitig mit der Substanz des Kapitals („Arbeit") löst sich damit notwendigerweise auch die Substanz der Souveränität (Staat) samt dem daran gebundenen politisch-juristischen System der „Rechte und Freiheiten" auf. Vom homo oeconomicus bleibt nur noch das entsubstantialisierte nackte Konkurrenz-Subjekt übrig, während vom homo politicus lediglich das ebenso entsubstantialisierte Gewalt-Subjekt bleibt. Wenn die regulären Markt- und Produktionsbeziehungen aufhören, stürzt das Dach der Souveränität ein, die nichts als geronnene, zentralisierte und monopolisierte Gewalt ist; und die Gewalt in der inzwischen verinnerlichten Form der Geldkonkurrenz wird verflüssigt, dezentralisiert und demonopolisiert. Stichworte hierfür sind zum Beispiel: Al Kaida, Islamischer Staat, bewaffnete Sekten, militärische Großeinsätze, Söldnerbanden, Intifada, Gegenschläge, Bombardierungen, Weltpolizei, Kollateralschaden, Krieg, Entstaatlichung, Milizen, Clans, Plünderung, Vergewaltigung, Gangs, Banden, Tote, Massaker, Gemetzel, Flüchtlinge.

Diese täglichen Stichworte und ebenso täglich in den Medien einsehbare Momentaufnahmen aus dem Zerfallsprozess der Souveränität zeigen nichts, was auf eine neue Ordnung hindeutet, sondern immer nur ziellose Destruktion; Angriff und Verteidigung ohne ein Endziel des Willens, oder gar des Seins außer dem nackten Überleben, und im fortgeschrittensten Zustand nicht einmal mehr das.

Und so ist die anomische Gewalt letztlich nichts anderes als der verwesende Kadaver der modernen Souveränität selbst und enthüllt deren wahren Charakter. Aber Kapitalismus gibt es nicht ohne Souveränität. Und so muss sich auch, wenn sich die Souveränität auflöst, das zwischenstaatliche Rechts- und Vertragsverhältnis auflösen.

Politik

Die Heraufkunft des Politischen verbarg sich in den gesetzlosen Erscheinungen der frühen Neuzeit. Politik entstand in den Zeiten der Staatsbildungskriege als Bestandteil und Tätigkeitsform der Staatsapparate zum Zweck des Hineinfolterns des Menschenmaterials in die „abstrakte Arbeit" nach innen und die Entwicklung der Souveränitat nach außen. Politik ist somit bereits ihrem Wesen nach Gewalt und immer auf den Staat und die Souveränität bezogen und daher von diesen nicht trennbar. Kein Staat, keine Politik.

Politik ist also grundsätzlich nichts als eine Handlungsform, um nach außen (Staat, Nation, Souveränität) abzugrenzen und eigene Machtansprüche dorthin gegebenenfalls gewaltsam durchzusetzen und nach innen den irrealen Selbstzweck des „Geldmachens" zu sichern also das Menschenmaterial dafür zu domestizieren und zu verwalten. Politik ist folglich von ihren Anfängen bis heute nichts als Gewalt, auch wenn wir Marktidioten alles mit uns vermeintlich „freiwillig" machen lassen. Und alle paar Jahre wählen wir sogar unsere eigenen Dompteure/Folterer/Henker.

Zweck von heutiger Politik kann es nur sein, den Staatsapparat zu erobern, um mit der Arbeitsgesellschaft weiterzumachen. Wie Carl von Clausewitz (1780-1831), preußischer Generalmajor, schon wusste, ist „Krieg nur die Fortsetzung der Politik mit anderen Mitteln". Diese Bemerkung ist global bekannt und wird so heute auf der ganzen Welt zustimmend als Allgemeinwissen akzeptiert, weil sie eine Wahrheit benennt. Aber von Clausewitz hat damit mehr gesagt, als er selbst wusste. Denn so gilt logisch natürlich auch umgekehrt: „Politik ist nur die Fortsetzung des Krieges mit anderen Mitteln". Lediglich die verwendeten Mittel bestimmen also, ob ein Geschehen Politik oder Krieg zu nennen ist. Ihrem Wesen nach sind beide identisch, nämlich Gewalt. Den internationalen Machteliten ist das auch vollkommen bewusst. Auf ihren jährlichen Treffen, deren eines sie Münchner Sicherheitskonferenz nennen, schwören sie sich gegenseitig darauf ein, dieses Monstersystem Kapitalismus mit allen ihnen zur Verfügung stehenden Gewaltmitteln am Leben halten zu wollen. Bereits 2006 sagte dort die deutsche Kanzlerin: >Die zentrale außenpolitische Zielsetzung lautet, Politik und Handeln anderer Nationen so zu beeinflussen, dass damit den Interessen und Werten (!) der eigenen Nation (!) gedient ist. Die zur Verfügung stehenden Mittel reichen von freundlichen Worten bis zu Marschflugkörpern.< Noch Fragen?

So sind Politiker (alle!) also Krieger, die nur momentan die schweren Waffen eben gerade so aus der Hand gelegt haben, um sie natürlich jederzeit wieder aufnehmen zu können! Zu den Kampfmitteln der Politik zählen die Parteien. Die ersten entstanden im 19. Jahrhundert, natürlich im damals kapitalistisch am weitesten entwickelten England (merke: Parteien sind kapitalistische Gebilde zum Zweck des Systemerhalts). Zuerst entstand in den 30er Jahren die Tory-Partei (Konservative) als Interessenvertreterin des landbesitzenden niederen Adels (gentry); erst 70 Jahre später gründete sich die Labour-Partei als politischer Arm der Gewerkschaften. Aber lange vorher, bereits um 1690-95, gab es als Vereinigungen vor einer Wahl schon die „Tories" und Whigs" im Parlament; letztere als Vertretung des bürgerlichen Markt-Liberalismus. Die Organisations-Formen der Parteien waren von Anfang an und sind bis heute militärisch strukturiert und verraten uns ungewollt, woher sie stammen, welchen Zwecken sie dienen, offenbaren schlicht ihren Gewaltcharakter; allein das Wort „General"-Sekretär verrät die Kampf-Sau. „Keine der Parteien findet den Grund in der Politik überhaupt, sondern jede vielmehr in der Politik ihrer Gegenpartei ..." (Marx).

Bereits in den politischen Parteien selbst findet ein ständiger Kampf um Positionen, Posten, Listenplätze, Diäten usw. statt. Führer und Geführte, Promis und Fußvolk, Seilschaften und Mitläufer verweisen mit ihren vertikalen Strukturen auf ein Verhältnis, das nichts mit einer offenen Debatte und Entscheidungsfindung zu tun hat und nicht einmal haben kann. Bereits das Wort „Wahlkampf" zeigt uns das Wesen. Ist eine Wahl entschieden, entstehen Zwangsgebilde in der Form sogenannter Koalitionen.

In ihnen hört das innere Machtgerangel niemals auf, während nach außen scheinbar ein gemeinsamer Gegner bekämpft wird. Insofern sind also Parteien (alle!) nichts als eine besondere Form von Kampfmaschinen, dazu bestimmt, die Macht innerhalb eines Staates zu erkämpfen und entscheiden zu können, auf welche Weise mit dem Kapitalismus weitergemacht wird.

Und das bewusstlose politische Schwadronieren von einer anzustrebenden „Weltinnenpolitik" oder die „Demokratisierung" internationaler ökonomischer Institutionen wie Weltbank oder IWF kann sich nur beständig blamieren.

Eine „Weltinnenpolitik", auf welchem Gebiet auch immer, würde einen „Weltstaat" voraussetzen; und dieser ist nichts als eine schlechte Utopie, weil Staaten ihrem Wesen nach ebenso wie kapitalistische Unternehmen nur im Plural existieren können. Ein „grenzenloser Staat" (Weltstaat) wäre ebenso ein Widerspruch in sich, wie eine „gesamtgesellschaftliche Betriebswirtschaft". Bilaterale und multilaterale Abkommen von konkurrierenden Instanzen (Staaten/Nationen), nichts anderes sind zum Beispiel solche Konstrukte wie die UNO und EU, können aber niemals einen verbindlichen Rahmen für alle, eine gesamtgesellschaftliche (jetzt: weltgesellschaftliche) Meta-Instanz hervorbringen. Ein Weltstaat wäre nur unter der Voraussetzung denkbar, dass es im Weltall weitere sogenannte Weltstaaten gibt, mit denen wir konkurrierend kommunizieren könnten. Wie in der Dritten industriellen Revolution Makroökonomie und Mikroökonomie unvereinbar werden und auseinanderfallen, ebenso (und in logischer Konsequenz) verhält es sich mit Betriebswirtschaft und Politik. Die Politik soll (und kann nur) das Ganze repräsentieren und ist in der Krisenform Globalisierung gegenüber der Sphäre der transnationalen Betriebswirtschaft zu einem konkurrierenden Partikularsubjekt herabgesunken; die Betriebswirtschaft repräsentiert das partikulare

Unternehmensinteresse und agiert nun auf einer höheren Ebene als das (kapitalistisch nicht anders als nationalstaatlich-national-ökonomisch zu fassende) „Gesamtinteresse". Das zeigt, dass wir es mit dem Zerbrechen der strukturellen Polarität von Markt und Staat, Ökonomie und Politik, Mikroökonomie und Makroökonomie, Individuum und (falscher) Gesellschaft etc. zu tun haben, die aber Kapitalismus überhaupt erst möglich machten.

Recht

Das Recht ist wie die Politik eine an die Staatlichkeit gebundene, von dieser hervorgebrachte Instanz des bürokratischen Gewalt-Apparates. Es erfüllt denselben Zweck wie Politik, indem es die Rahmenbedingungen der Durchsetzung der Konkurrenz nach in-nen und außen festsetzt und deren Regeln gewaltsam exekutiert. Es verkörpert so das Gewaltmonopol des Staates. Dabei handelt es sich immer um die Anerkennung oder Nichtanerkennung der Menschen als Mensch. „Mensch" in diesem Sinne ist in Wahrheit nichts anderes als ein warenproduzierendes und geldverdienen-des Wesen, das elementare „Rechte" seiner Existenz, sogar das auf „Leben und körperliche Unversehrtheit", überhaupt nur be-sitzen kann, soweit es etwas oder wenigstens sich selbst (und im äußersten Fall seine Organe) zu verkaufen hat, also seinerseits zahlungsfähig ist.

Nur in diesem Sinne ist ein Mensch überhaupt rechtsfähig, also auch menschenrechtsfähig, dass er in den kapitalistischen Funkti-onsgesetzen funktionieren kann, die zum Naturgesetz der Gesell-schaft erklärt worden sind. Man muss sich nur einmal die seit über 300 Jahren immer wiederholten Essentials von Aufklärung, Libe-ralismus, Volkswirtschaftslehre und demokratischer Politik anse-hen, um zu begreifen, dass „Menschsein" hier nicht als leibliche

Existenz von Individuen verstanden wird, sondern einzig und allein als Existenz von Subjekten der „abstrakten Arbeit" in betriebswirtschaftlichen Funktionsräumen und des Warentauschs (der Realisationssphäre der Kapitalverwertung). Es wird unterstellt, „der Mensch" sei in dieser Form zur Welt gekommen, die sich im Lauf der Geschichte nur systemisch „ausdifferenziert" hätte. Und es wird unterstellt, dass sich „der Mensch" überhaupt nur in dieser Form darstellen könne, die ein Optimum seiner Entwicklungsmöglichkeiten garantiere. Der Fall ist gar nicht vorgesehen, dass Menschen überhaupt als Menschen aus diesen Voraussetzungen herausfallen können. Genau dieser Fall ist aber im Zuge der Dritten industriellen Revolution im Weltmaßstab massenhaft eingetreten. Der größte Teil der Weltbevölkerung kann beim besten Willen nicht mehr nach kapitalistischen Gesetzmäßigkeiten funktionieren und ist schlicht „überflüssig" geworden. Selbst die dümmsten Ideologen der Menschenrechte wissen ganz genau, dass sich angesichts der erreichten Produktivitätsstandards des elektronisch aufgerüsteten Sachkapitals für die Mehrheit der „Überflüssigen" in den Zusammenbruchs-Regionen die kapitalistische Funktionsfähigkeit nie wieder herstellen lässt. Damit aber trifft auf diese Menschen die Voraussetzung nicht mehr zu, die in der aufklärerisch-kapitalistischen Definition des Menschen gemacht worden ist. Bei ihnen handelt es sich demzufolge nach der stummen kapitalistischen Logik auch nicht mehr um die Kategorie „Mensch", auch wenn das selten offen gesagt wird, sondern nur implizit in der Definition selbst enthalten ist. Im Sinne dieser stummen Voraussetzung führen sich deshalb die „Menschenrechte" in den globalen Zusammenbruchs-Regionen selber ad absurdum. Die Exekutoren der Krisenkonkurrenz führen eindrücklich diese Wahrheit vor, die das weltdemokratische Räsonnement bloß nicht zur Kenntnis nehmen will.

Es widerspricht in diesem Sinne durchaus nicht dem Begriff der Menschenrechte, wenn die Verfolgung, Folterung, Ausplünderung und Ermordung von Bevölkerungsgruppen dort weltpolizeilich bewusst hingenommen wird, wo sich die Machthaber, Warlords usw. durch Wohlverhalten auszeichnen und auf ihrem Territorium etwa US-Kampfbomber stationieren lassen (wie zum Beispiel die Türkei oder Saudi-Arabien).

Da die Definition des „Menschen" praktisch auf die Kompatibilität mit kapitalistischen Kriterien eingeengt ist, heißt das im Zweifelsfall: Interventionsrecht bricht physisches Existenzrecht, und dabei dürfen dann eben die menschlichen Späne beim Hobeln fallen. Die Versachlichung des Tötens ist im Begriff der Menschenrechte insofern enthalten, als der kapitalistisch versachlichte Mensch (Subjekt der „Arbeit") in der Gestalt des Herausgefallenen eben sogar weniger als eine Sache ist. Die Menschenrechte münden schließlich ihrer eigenen Logik nach in das einzige und totale „Recht auf Selbstlosigkeit" und Entselbstung, das jetzt massenhaft wahrgenommen wird als letzte und einzige Option. Und die „alliierten" Bomberpiloten helfen tüchtig nach.

Damit wird zwar die offizielle Legitimation unglaubwürdig, die natürlich den Begriff des Menschenrechts rein positiv interpretiert; aber auf Glaubwürdigkeit kommt es ja auch sonst nicht mehr an. Entscheidend ist allein die medial durchzusetzende „Akzeptanzfähigkeit", die Erzeugung von passenden „Stimmungen" und deren Inszenierung. Obwohl die gesellschaftliche Militarisierung im großen Maßstab praktisch nicht mehr über den ideologisch-medialen Bereich hinausgreifen kann, arbeiten die militärischen Medienstrategen bereits mit Hochdruck daran, die sachliche Kälte und Gleichgültigkeit der Gesellschaft hinsichtlich der mörderischen Weltpolizei zu überwinden und die medial beschränkte Militarisierung dennoch in eine heiße Herzensangelegenheit zu verwandeln. Während zum Beispiel die demokratische Feigheit jeden Kratzer am Leib eines Kampfpiloten zur Schlagzeile macht und bange Fragen nach dem „Sinn" von Blutvergießen aufwirft, erscheinen die ebenso namenlosen wie massenhaften Opfer der Bombardements unter dem Stichwort der „Kollateralschäden" eher als Nebenwirkung beim Einsatz einer Reinigungsfirma (und dieser Sachlichkeitsgeruch lässt sich in der Tat schwer zu einem sportlichen Flair der demokratischen Menschenjagd umdeuten). Nichts könnte deutlicher machen, was „Menschenrecht" letzten Endes heißt: die buchstäbliche Wertlosigkeit der Unverkäuflichen, die noch als verbrannte Kadaver „stören", nämlich das „zivile" Bild der demokratischen „Weltgemeinschaft". Sie sind tatsächlich nicht mehr als Ungeziefer, dessen Menschenantlitz vom demokratischen Prozedere ungültig gestempelt worden ist.

Rechte sind niemals ein Versprechen, sondern eine Drohung: Wenn du nicht mehr funktionsfähig bist, bist du auch nicht mehr rechtsfähig, und wenn du nicht mehr rechtsfähig bist, bist du auch kein Mensch mehr. Deshalb ist abzusehen, dass das Vorgehen gegen die „störenden" Gotteskrieger, Warlords, Banden und Paten der Plünderungsökonomie usw. mehr und mehr umschlägt in einen heimlichen und zuletzt gar nicht mehr so heimlichen Ausrottungsfeldzug gegen die „Überflüssigen" dieser Erde. Der Feldzug für die Menschenrechte ist seiner Natur nach ein Feldzug für die kapitalistische Form des Menschen, die als die einzig und allein gültige definiert ist, und damit zwangsläufig implizit ein Vernichtungsfeldzug gegen alle Menschen (perspektivisch gegen die globale Mehrheit), die als Folge der kapitalistischen Entwicklung selber aus dieser Definition herausfallen und damit nicht erst als Gotteskrieger oder Krisenbanditen, sondern schon durch ihre schiere Existenz „stören".

Nation

Den Begriff gibt es bereits seit ein paar hundert Jahren. Er stammt vom lateinischen *natio,* was Volk, Sippschaft, Menschenschlag, Gattung, Klasse, Schar bezeichnet, jeweils also größere Gruppen oder Kollektive von Menschen, denen gemeinsame Merkmale wie Sprache, Tradition, Sitten, Gebräuche oder ethnische Abstammung zugeschrieben (!) werden. Diese Begriffsbestimmung ist jedoch empirisch vollkommen haltlos, denn keine so genannte Nation erfüllt umfänglich diese Definition. Daher wird die Bezeichnung inzwischen allgemeinsprachlich als Synonym für „Staatswesen" und „Volk" gebraucht. In der Moderne wurde „Nation", unbewusst, zu einem Fetisch gemacht. In diesem Sinne benutzten ihn mit zuerst Mandeville am Anfang und De Sade gegen Ende des 18. Jahrhunderts, nämlich als ein Konstrukt, dass von seiner diskursiven Reproduktion lebt. Und genau so wurde es zu dem heutigen Monster-Fetisch, einem Konstrukt, dessen Existenz den Menschen eingeredet wird und, wenn sie es denn *glauben*, für sie wirksam wird. So, gottähnlich, funktionieren Fetische. Die Auswirkungen sind, wie wir heute sehen können, verheerend.

In dem Maße, wie bereits über den Absolutismus vor etwa 300 Jahren hinaus, der Liberalismus selber den Nationalstaat trug, wandelte sich auch dessen Stellenwert: Der nationale Bezugsrahmen gewann eine eigene irrationale „Identität", die ihm vorher nicht zugekommen war. Solange der Absolutismus herrschte, war die strukturelle Polarität von Staat und Markt noch als Gegensatz von Absolutismus und Liberalismus erschienen; jetzt aber wollte der Liberalismus selber beide Pole besetzen (oder hatte dies schon getan). Er benötigte dazu eine identitätsstiftende Konstruktion, die Nationalökonomie und Nationalstaatlichkeit zusammenzwang. Man suchte also nach einer vermeintlich zugrundeliegenden historischen Substanz oder Entität, und fand die sogenannte

Nation: ein nirgends eindeutig definierbarer Zusammenhang, der bestimmte geographische Einheiten und kulturelle Gemeinsamkeiten wie zum Beispiel die Sprache in einer vorher nicht bekannten Art und Weise als primäres Aktionsfeld und äußere Begrenzung für die „schöne Maschine" und ihren staatlichen Moderator absteckte. Dieses nationale Identitäts-Konstrukt wurde in der ersten Hälfte des 19. Jahrhunderts vom liberalen Bürgertum (besonders im kapitalistisch noch rückständigen Deutschland) in hohem Grade sozialpsychologisch und *emotional aufgeladen*; die vorher auf ganz andere Zusammenhänge (Stadtstaaten, Fürstenherrschaften usw.) gerichteten Knechtsgefühle, des „Patriotismus" schlossen sich nun an den neuen abstrakteren Bezugsrahmen der Nation an und wurden zum „Nationalismus". Der Nationalismus ist der Patriotismus des bürgerlichen, warenproduzierenden Zeitalters.

Die „Nation" ist also keineswegs eine überhistorische Gegebenheit, sondern eine Erfindung des modernen Kapitalismus; sie stellt nichts anderes dar, als den Mantel oder die kulturell-symbolische, mythologisch vermittelte Kostümierung der staatlich-politischen Sphäre. Sie ist ebenso abstrakt und „unwahr" wie diese selbst, erscheint aber ihrer farbigen Einkleidung wegen als konkreter und greifbarer, als Gemeinschaft stiftend nicht gegen die Konkurrenz, sondern in der Konkurrenz durch Ausschließung des Fremden. Insofern führte der affirmierte sozialdemokratische Patriotismus direkt auf die Schlachtfelder des Ersten Weltkriegs und beweist schon frühzeitig die staatsbürgerliche Bestimmtheit der Arbeiterbewegung.

Bereits jene besondere „deutsche Ideologie" mythologisierte die deutsche Nation im Zuge der nachholenden Modernisierung Deutschlands im 19. Jahrhundert zu einer dem Kapitalismus gegenüber (!) vorrangigen Bluts- und Kulturgemeinschaft, in der angeblich nicht die verselbstständigte Logik des Geldes oder Tauschwerts, sondern das rein sachliche „gute" Kapital einer schieren technischen Produktivkraft jenseits der sozialen Gesetze wirken sollte. Dieses Konstrukt verdichtete sich immer mehr und wurde zum Essential der Nazi-Ideologie in geradem Weg nach „Auschwitz".

Bereits Marx nahm die „Durchsetzung des Kapitalismus mit antikapitalistischen Phrasen" aufs Korn (Polemik gegen Friedrich List) und entfesselte damit eine frühe Kritik der damals noch unentbundenen Ideologie eines „Nationalsozialismus", also eines Kapitalismus, der ausgerechnet qua Nationalität nicht-kapitalistisch sein will – vor allem, indem er die Konkurrenz nach außen beschwört, um nach innen eine ethno-rassistische nationale „Volksgemeinschaft" zu konstituieren.

Auch die Marxsche Polemik gegen die Nationalität im allgemeinen und gegen die „deutsche Ideologie" gewinnt heute wieder brennende Aktualität. Erleben wir doch weltweit als Reaktion auf die Krise der Politik eine ethno-nationalistische Regression und in Deutschland eine Wiederkehr jener gespenstischen „deutschen Ideologie" in neuen Formen, nicht nur bei ostdeutschen Nazi-Banden, denn: „Wir sind das Volk!" ist reinster Nationalismus; ausschließend, abwehrend, Andere, die nicht mit „Volk" identifiziert werden, zu bekämpfen, sie zu töten. Das ist dann, egal aus wessen nationaler Sicht, nahezu die gesamte Menschheit.

Demokratie

Der Begriff *Demokratie* stammt aus der griechischen Sprache und bedeutet „Herrschaft des Volkes". Und über wen, bitteschön, herrscht das Volk? Über sich selbst? Wenn es so wäre, ist der Begriff eine Idiotie; denn wenn Demokratie Volksherrschaft wäre, gäbe es sie nicht. Der Begriff hat nämlich nur eine Berechtigung, wenn es jemanden gibt, der nicht zum Volk gehört. Und wer gehört nicht zum Volk? Ein paar hundert Jahre vor Beginn der Zeitrechnung waren das im antiken Griechenland die Sklaven, Frauen und besitzlosen Bürger, sowie die Nichtbürger (z.B. Ausländer). Sklaven galten nicht einmal als Menschen, sondern ausschließlich als Quelle von Einkommen. Eine Volkszählung in Attika zwischen 317 und 307 v.d.Z. ergab 21.000 Bürger (alias „Volk"), 10.000 niedergelassene Fremde (Nichtbürger) und 400.000 Sklaven. Von den Frauen ist überhaupt keine Rede. Es mögen etwa so viel wie Bürger plus Nichtbürger und die Hälfte der Sklaven gewesen sein. Auch sie galten nur als Besitz. Um die Bürger (also das „Volk") des Stadtstaaten-Gebildes (also die 21.000) besser führen zu können und in diesem Sinne Fehlentwicklungen zu vermeiden, überarbeitete Solon (630-560 v.d.Z.), in Griechenland als einer der sieben Weisen bekannt, das verfassungsähnliche drakonische (von Drakon) Gesetzeswerk, in dem er bestimmte Bürgerrechte und -pflichten bei der Beteiligung an wichtigen Angelegenheiten des Staatsgebildes vorsah (wohlgemerkt: alles nur für die 21.000). Aber selbst diese Wenigen waren längst nicht gleich. Die gewachsenen Strukturen der Machtverteilung wurden dabei weitgehend berücksichtigt, indem Ämterzugang, militärische Dienstpflicht mit Selbstausrüstung und eventuelle steuerartige Abgaben gestaffelt nach Vermögensklassen vorgegeben wurden (timokratische Ordnung):

Die *Pentakosiomedimnoi* (Ernteertrag über 500 Scheffel pro Jahr) waren als einzige zu Archonten (hochrangige Führer) wählbar;

1. Die *Hippeis* (über 300 Scheffel) erhielten erst nach einiger Zeit Zugang zum Archontat, leisteten Wehrdienst zu

Pferde wie die Pentakosiomedimnoi, hatten aber nur zu den nachrangigen Ämtern Zugang;

2. Die *Zeugiten* (über 200 Scheffel) taten Militärdienst als Hopliten mit ebenfalls eingeschränktem Ämterzugang;

3. Die *Theten* (unter 200 Scheffel): waren bei Militäreinsätzen allenfalls leicht bewaffnet oder stellten die Rudermannschaften und hatten nur in Volksversammlungen und im Volksgericht Mitwirkungsrechte ohne Ämterzugang. (Quelle: Peter Funke: Athen in klassischer Zeit, München 2007, S.14-21)

Demokratie ist, so lässt sich hieraus leicht ersehen, eine totalitäre Herrschaftsform weniger, einkommensstarker sogenannter Bürger über die Sklaven, „arbeitenden Armen", nicht arbeitenden Überflüssigen, Frauen, Nichtbürger (vulgo Ausländer). Bei Demokratie geht es folglich, wie es das Wort schon verspricht, immer um Herrschaft, und zwar einer Herrschaft weniger Betuchter über eine Mehrheit Armer, Unterjochter. Und nur unter diesen Voraussetzungen der Antike, wenn als „Volk" nur ein paar betuchte „Bürger" gezählt werden, stimmt dieser Begriff.

Die arbeitsgesellschaftliche Demokratie geht sonderlich auf das von Jeremy Bentham (1748-1832) entwickelte Panopticon zurück und ist das perfideste Herrschaftssystem der Geschichte – sozusagen ein Benthamsches System der Selbstunterdrückung. Demokratie ist somit nichts anderes als *geronnene Diktatur*, die Glücksdiktatur der „unsichtbaren Hand" jenes marktwirtschaftlichen Systemdämons, den Immanuel Kant und Adam Smith mit pompösem theoretischen Aufwand als neuen säkularen Gott beschworen hatten und dessen ebenso kleinkarierter wie unerbittlicher historischer Zuchtmeister ein geistiges Würstchen wie Jeremy Bentham werden konnte.

Der fortgeschrittene Kapitalismus ist allein schon architektonisch geronnene Diktatur, in allen seinen Institutionen sind die panoptischen Spuren eingebrannt. Die allseits offenen und einsehbaren modernen Großraumbüros, in denen die Angestellten auf einem riesigen Präsentierteller sitzen, stellen ebenso ein Element des Panopticons dar wie die offen einsehbaren Großküchen der Fastfood-Restaurants, wo das Personal stets dem Auge des Publikums ausgesetzt bleibt. Die ewigen Benotungen, Bewertungen und Leistungsnachweise das ganze Leben hindurch, das System der Nummern, Namensschildchen, Ausweise und Identitätskarten, all das sind „Errungenschaften" des panoptischen Prinzips. So sitzen wir Demokraten nun freiwillig, weil „alternativlos" in einem einzigen Benthamschen Gesamtzuchthaus. Ekelhaft! Aber genau das gilt es zu begreifen. Weitergehendes hierzu findest Du bei Robert Kurz, Schwarzbuch Kapitalismus, 2009.

Deshalb organisiert diese Demokratie auch niemals die freie Selbstbestimmung der Gesellschaftsmitglieder über die gemeinsamen Ressourcen, sondern stets nur die Rechtsform der sozial voneinander getrennten Arbeitsmonaden, die konkurrierend ihre Haut auf die Arbeitsmärkte tragen müssen. Eine Demokratie jenseits des Staates ist ungefähr so sinnvoll und realistisch wie ein Markt jenseits des Geldes, ein Denken jenseits des Kopfes, ein Verdauen jenseits des Magens oder ein Fluss jenseits des Wassers. Insbesondere die Linke verwechselt systematisch den Anspruch der menschlichen Selbstbestimmung mit der politisch-demokratischen Subjektform des Kapitalverhältnisses, die per se Repression und Selbstrepression einschließt. Das Mantra der „Demokratisierung" kapitalistischer Kategorien und Institutionen statt ihrer radikalen Kritik und Überwindung hat hier bereits zum theoretischen Trance-Zustand geführt. Demokratie ist das Gegenteil von Freiheit. Und so zerfallen die demokratischen Arbeitsmenschen notwendigerweise in Verwalter und Verwaltete, Unternehmer und Unternommene, Funktionseliten und Menschenmaterial. Es ist integraler Bestandteil dieser Systemlogik, dass die Eliten selber nur unselbstständige Funktionäre des Arbeitsgötzen und seiner blinden Ratschlüsse sein können. „Demokrat" wird vermutlich ein Schimpfwort künftiger Jahrhunderte, um besondere moralische und intellektuelle Verkommenheit zu bezeichnen.

Erst nach dem Zweiten Weltkrieg konnte sich die heutige Form der Demokratie in den kapitalistischen Zentren herausbilden. Aber ein solcher Zustand der reinen Demokratie, der jedes Individuum qua Staatsbürgerlichkeit als „souveränes" setzt, während dasselbe Individuum gleichzeitig in sozialer („bürgerlicher") Hinsicht ein obdachloser Bettler sein kann, ein solcher Zustand, meinte Marx, sei die Verhöhnung eines menschlichen Gemeinwesens.

Wahlen, sowie Rede-, Presse- und Versammlungsfreiheit (alias Demokratie) können daran nichts ändern, ist ihnen doch der systemische Selbstzweck der Verwertung des Werts immer bereits vorgelagert; so kann jeweils nur entschieden werden, welche Protagonisten diesen dämonischen Selbstzweck durch immer gewalttätigere Methoden der Menschenverwaltung exekutieren dürfen. Wählen kannst du also, wen du willst, exekutiert wird immer.

Die Staatlichkeit überhaupt, deren höchste und reinste Form die Demokratie darstellt, ist demzufolge nur die andere Seite einer paradoxen Ungesellschaftlichkeit der wirklichen Individuen, die von der blinden Selbstbewegung des Geldes gesteuert werden. Indem sie allesamt dem kapitalistischen Verwertungsprozess unterworfen sind, können sie sich zueinander in ihrer sozialen Praxis nur als Rechtspersonen verhalten. Rechtspersonen aber sind nichts anderes als „Repräsentanten von Waren"; und indem sich die Menschen zueinander derart als bloße Repräsentanten von ihnen gegenüber verselbstständigten ökonomischen Kategorien verhalten müssen, können sie kein reales Gemeinwesen bilden. Denn die Individuen sind zwar als Staatsbürger in ihrem realen alltäglichen Leben Mitglieder eines Gemeinwesens, in ihrer materiellen Reproduktion aber bilden sie (als Konkurrenz-Subjekte) das genaue Gegenteil eines Gemeinwesens, obwohl die Produktionsmittel längst gesellschaftlichen Charakter haben.

Wie killen wir dieses Monster?

Soviel hier zum Formzusammenhang des Systems Kapitalismus, also dem, was Kapitalismus bedeutet, ihn ausmacht. Und was wir sahen, schreit aus allen Poren danach endlich abgeschafft zu werden. Wie soll das gehen? Es geht einzig und allein nur, wenn wir uns diese System-Formen selbst bewusst machen, sie auf allen Ebenen bekämpfen und sie schließlich rigoros abschaffen.

Statt immer mehr arbeiten zu wollen, müssen wir die „Arbeit" abschaffen; also die von jeglicher Bedürfnisbefriedigung abgelöste, somit abstrakte Arbeit; also die Verausgabung menschlicher Energie als Selbstzweck. Ändern wir den Zweck menschlicher Tätigkeit in eine Befriedigung sinnlicher menschlicher Bedürfnisse.

Damit eliminieren wir das Kapital, dessen Substanz ja „abstrakte Arbeit" ist, ebenso wie die Kategorien Wert/Mehrwert, Geld, Ware und Markt sowie Konkurrenz. Als eine Folge verschwinden

Möglichkeit und Notwendigkeit von Vertragsbeziehungen, da es nichts mehr zu verkaufen und kaufen gibt (nicht zu verwechseln mit der reichlichen Bereitstellung aller Güter zur Befriedigung aller menschlichen Bedürfnisse, wenn sich jeder einfach nehmen kann, was er braucht). Das Recht hört auf, wenn der Tauschwert verschwunden ist, ebenso wie die Kategorie „Eigentum".

Die Staatsform, und damit die Kategorie Souveränität, wird derzeit vom Kapitalismus in seinem globalen Zerfall in barbarischen Erscheinungen selbst aufgelöst. Darüber brauchen wir jedoch keine Träne vergießen, denn dem globalisierten, also transnational organisierten Weltkapital ist national beengt in keiner Weise beizukommen; ebenso nicht international, was ja die Staatsform voraussetzt. „Die In-ter-na-tio-na-ha-ha-ha-le erkämpft das Menschenrecht", diese Fehlinterpretation der Kampf-Ziele der alten Arbeiterbewegung, hat sich längst gründlich blamiert, denn bei den Menschenrechten handelt es sich ebenso wie bei der Nation (Staat) um nichts als zutiefst kapitalistische, folglich Gewalt-Kategorien, hat also mit Anti-Kapitalismus nicht das Geringste zu tun. So kann die Kampfebene gegen den Kapitalismus nur anti-national, anti-staatlich und muss transnational sein. Der Kampf kann daher nur global geführt werden, was an die erforderliche Vernetzung hohe Anforderungen stellt. Die nötigen Kommunikationsmittel sind allerdings bereits in reichlichem Maße vorhanden, ebenso wie der dazu nutzbare Zeitfonds. Zusammen mit der Staatlichkeit verschwindet auch der Fetisch-Begriff „Volk" mit seinem gesamten ihm immanenten Gewalt-Potential. Die kapitalistischen Begriffe müssen wir uns sehr genau anschauen und sie bloßstellen. So hat der Begriff „Volk" natürlich nicht das Geringste mit dem Begriff „Bevölkerung" zu tun, der seinerseits weder eines Staates, einer Nation oder Souveränität bedarf.

Aus dem Bisherigen abgeleitet, versteht es sich von selbst, dass der Kampf zur Abschaffung des Kapitalismus ebenfalls nur anti-politisch und anti-demokratisch geführt werden kann, denn beide Kategorien sind nur kapitalistisch zu besetzen. Sie bedingen den Staat, dieser den Markt/die Konkurrenz, beide das Geld/Kapital, diese den Wert/Mehrwert, diese die „abstrakte Arbeit". Alle kapitalistischen Strukturen, wozu natürlich auch die Politik gehört, sind vertikal organisiert. In solchen geht es immer um Macht, Recht und Herrschaft, also Gewalt. Demokratie ist nur eine bunte Verkleidung dieser Gewalt, denn „Volksherrschaft" wie sie uns beständig souffliert wird und wenn wir unter „Volk" alle Menschen verstehen wollen, ist eine logische Unmöglichkeit. Wer nach mehr oder besserer Politik oder Demokratie ruft, ruft also objektiv (ob er es weiß oder nicht) nach mehr oder „besserer" Gewalt, nach mehr oder „besserem" Kapitalismus. Politik außerhalb des kapitalistischen Formzusammenhangs ist nicht möglich. Und selbstverständlich ist somit der Kapitalismus auch nicht politisch abzuschaffen. Alle politische Tätigkeit kann sich stets nur darauf beziehen, die kapitalistische Gewalt zu variieren, egal wer die konkreten Protagonisten sind.

Den Kapitalismus können wir nur abschaffen, wenn wir uns aus seinen Strukturformen vollständig lösen, indem wir sie radikal ablehnen (alle!). Das geht nur, indem wir selbst horizontale Strukturen bilden, in denen es folglich keine Herrschaft, keine Führung, kein Zentrum gibt, sondern alle Individuen örtlich, regional, überregional, global miteinander vernetzt jederzeit über den sinnvollen Einsatz der ihnen gemeinsam gehörenden Ressourcen beraten und entscheiden. Der Zweck ist dann allein die Befriedigung der menschlichen Bedürfnisse, Herstellung von Gebrauchswerten. Für solche Strukturen haben wir heute die Begriffe „Räte", „Runde Ti-

sche", „Komitees". Durch die Art der Vernetzung kann das Zentrum zugleich überall sein. Und es geht dabei nicht um Gleichberechtigung (die ja die bereits jetzt immer mehr verschwindende Rechtsform voraussetzt), sondern um Gleichheit.

Der einzige Weg in dieser Richtung ist der, uns die hier ausgeführten Zusammenhänge bewusst zu machen (verzeih mir, dass ich das beständig wiederhole, aber es handelt sich um die Basis unserer Bewusstseinsentwicklung); das wiederum geht nur, wenn wir sie weltweit thematisieren und zugleich theoretisch immer weiter fundieren. Nur eine radikale Kapitalismus-Kritik kann emanzipatorische Zielsetzungen herleiten, die weltweit beraten werden und entsprechende Vernetzungs-Zusammenhänge ermöglichen. So ließen sich konkrete Handlungsansätze ermitteln und wir lernten zu erkennen, dass der Kapitalismus durch eine Jahrhunderte lange Domestizierung des Menschenmaterials inzwischen in uns selbst ist und wir ihn unterwürfig durch unser alltägliches Handeln beständig selbst reproduzieren; das heißt, die kapitalistische Gewalt, egal in welcher Form, sind wir selbst; unabhängig davon, in welcher Funktion oder sozialen Stellung Du lebst. Frag also nicht zuerst: „Kapitalismus abschaffen: Wie soll das denn gehen?". Diese Frage entspricht purem kapitalistischen Denken: Mach mir ein Angebot und ich werde mich entscheiden, ob ich es kaufe. Ein solches Angebot, also ein Rezept für die Abschaffung des Kapitalismus gibt es nicht und kann es nicht geben. Entscheidend ist unser Wille. Dieser beginnt dann mit der Frage: „Wie soll das denn so weitergehen?" konkretere Gestalt anzunehmen. Denn wir werden unserem Bewusstsein tüchtig auf die Sprünge helfen, wenn wir den kapitalistischen Formzusammenhang deutlich für jeden sichtbar machen und über diese Anstrengung unweigerlich erkennen, dass es gar nicht mehr so weitergehen kann und wir in der Folge dieses System nur noch komplett abschaffen wollen. Damit stellt sich fast *automatisch wieder die erste Frage, wie das denn gehen soll. Und sobald wir **dann** diese Frage weltweit stellen und diskutieren, werden wir überrascht sein von der Fülle entsprechender Ideen und Handlungsansätze. Und ob diese Ideen jeweils zu den gewünschten Ergebnissen führen, kann sich nur in ihrer Verwirklichung durch praktische Taten erweisen. Sicher ist nur eines: Es kann nur beständig immer besser gelingen, sofern wir imstande sind, die kapitalistisch verbohrten Machteliten daran zu hindern, die Welt mit den vorhandenen Massenvernichtungswaffen vollständig zu vernichten.*

Welche Alternative gibt es für uns? Der Kapitalismus zerfällt derzeit (seit ca. 40 Jahren) unter unseren Augen. Jegliche Empirik belegt das. Zuerst trifft es seine unterentwickelte Peripherie. Von dort frisst sich der Zerfall beständig über die im 20. Jahrhundert am Weltmarkt gescheiterten Regionen der nachholenden Modernisierung peu a peu bis in die kapitalistischen Zentren selbst hinein. Die Erscheinungsformen dieses Zerfalls bestehen in immer größerer Gewaltanwendung, wie du jeden Tag medial vermittelt bekommst oder es sogar bereits an deinem eigenen Dasein spürst. Durch die anhaltende Transnationalisierung des Kapitals (Stichwort: Globalisierung; die großen Betriebswirtschaften ziehen sich beständig weiter aus den Nationalstaaten zurück) werden die Staaten zunehmend geschwächt, verlieren ihre politische Gestaltungsmacht und zerfallen. So sind die Gewaltausbrüche des Kapitalismus unserer Zeit eigentlich auch als „Staatszerfallskriege" zu bezeichnen. Mit dem Staat verschwinden natürlich auch die an den Staat gebundenen kapitalistischen System-Formen ebenfalls (Recht, Politik, Demokratie, Nation, Volk, Souveränität). Keines der kapitalistischen Zerfallsprodukte dieser Entwicklung schafft eine neue, die menschliche Reproduktion sichernde Gesellschaftsform; und kann sie nicht schaffen, sondern befördert die Welt mit

*aller Macht und Gewalt in eine immer tiefere Barbarei und mög-
licherweise eine Selbstzerstörung der Menschheit.*

*Es ist nicht abzusehen, wann das sein wird, aber ohne eine solche
End-Konsequenz kann der bereits gegenwärtig beschrittene Weg
in die Barbarei keine 50 oder 100 Jahre mehr so weitergegangen
werden. Schau Dir hierzu und insbesondere zum kapitalistischen
Formzusammenhang, sowie über die Kriterien zur Abschaffung
des Kapitalismus, umfassender auch von George Kaufmann: Kapitalismus – verstehen – abschaffen, 2015, an.*

Der Nahe Osten und das antisemitische Syndrom

Im Prozess der Barbarisierung und Selbstzerstörung des herrschenden Weltsystems gibt es einen Brennpunkt, in dem sich die
destruktive kapitalistische Globalisierung, die Geschichte und die
Ideologiebildung der modernen Welt an ihren historischen Sys-
temgrenzen auf besondere Weise bündeln – und das ist der Nahe
Osten mit Israel und dem sogenannten Palästinakonflikt im Zentrum. Vordergründig scheint es hier zunächst um das wichtigste
Feld des westlichen Öl-Imperialismus zu gehen. Und im Hinblick
auf das krude Interesse der kapitalistischen Verbrennungskultur
ist das natürlich auch völlig richtig. Aber darin geht dieser Konflikt
bei weitem nicht auf; er enthält noch eine ganz andere, wesentliche Dimension: nämlich die Logik des Antisemitismus als zentraler kapitalistischer Krisenideologie und die damit verbundene
Konstitution des Staates Israel, der eben deswegen kein Staat wie
andere Staaten ist.

Kapitalistische Verbrennungsreligion und Ölregimes

Dennoch wäre das Bild unvollständig und falsch, würde man im Hinblick auf den Nahost-Konflikt vom Interessen-Hintergrund des westlichen Öl-Imperialismus völlig absehen. Da der Nahe Osten aus natürlich-geografischen Gründen der Lagerstätten die Hauptquelle des Treibstoffs für die kapitalistische Weltmaschine ist und bleibt, muss sich hier auch der weltpolizeiliche Zugriff des „ideellen Gesamtimperialisten" konzentrieren. Das ist ein nicht unwesentlicher Aspekt der kulturalistischen Feinddefinition gegen den Islam; denn gerade an den geheiligten Quellen der kapitalistischen Verbrennungsreligion, in der sich der irrationale Selbstzweck der „Verwertung des Werts" gewissermaßen energetisch materialisiert, müssen die islamistischen Barbarisierungs-Produkte der Globalisierung natürlich als besonders „störend" und gefährlich empfunden werden (weitaus mehr als etwa in Pakistan oder Indonesien).

Wie in jeder anderen Hinsicht verwickelt sich der „ideelle Gesamtimperialismus" aber auch und gerade auf diesem spezifischen Terrain von Globalisierung und weltpolizeilichem Zugriff in unauflösliche Widersprüche, die hinter der praktischen Zweckrationalität den objektivierten Wahn des Systems und seiner Macher aufscheinen lassen.

Dies betrifft zunächst die Art und Weise der Positionierung gegenüber der arabisch-moslemischen Welt selbst. Die offene westliche Militärdiktatur über den gesamten Raum der zentralen Ölförderung wäre kaum dauerhaft durchzuhaltender Notstand mit wahrscheinlich katastrophalen Rückwirkungen auf das fragile Babel-Gebäude des abgehobenen transnationalen Finanzkapitals.

Deshalb muss die gesamtimperiale Weltpolizei nach durchaus traditionellem Muster unbedingt darauf setzen, alteingesessene Regimes der Region an sich zu binden und sie als legitimatorische Sub-Souveräne, „Flugzeugträger" und militärische Hilfssheriffs zu benutzen.

Im brodelnden Hexenkessel des Raums, in dem hunderte Millionen von Menschen leben und Jahr für Jahr mehr von ihnen unter dem Juggernaut-Rad der kapitalistischen Globalisierung sozial zermalmt werden, kann eine derartige weltpolizeiliche Strategie letzten Endes nur schiefgehen. Der Ölreichtum, aufgrund seines besonderen Status im Gefüge des Weltsystems ein materialisierter spekulativer Gegenstand mit deshalb wild schwankendem Preisniveau, hat extrem ausschließenden Charakter: Die gewaltige Mehrzahl der Araber wird auf ein Armuts- und Elendsniveau gedrückt, während sich die winzige Oberschicht des energetischen Krisenreichtums mit einer selbst für Dritte-Welt-Verhältnisse außergewöhnlichen Obszönität darstellt. Die binnenökonomischen „Entwicklungsprojekte" der diversen arabischen Öl-Regimes, besonders derjenigen in der Golf-Region mit den bei weitem größten Fördermengen und Reserven, sind trotz der immensen Kapitalkraft großenteils verbal und kosmetisch geblieben; die Petro-Dollars" wurden und werden in ihrer Masse postwendend in die transnationalen Finanzmärkte gepumpt statt in Realinvestitionen angelegt und bilden ein Segment des globalen „fiktiven Kapitals" im spekulativen Finanzüberbau der Dritten industriellen Revolution.

Insgesamt zerfallen die nahöstlichen Öl-Regimes der arabischen Länder und des Iran allerdings in zwei auch heute noch abgeschwächt sichtbare unterschiedliche Formen, die auf ursprünglich ganz entgegengesetzte Ausgangspunkte verweisen. Zum einen handelt es sich um typische ehemalige Regimes nachholender Modernisierung mit inzwischen durch die Bank gescheiterten, aber in der Vergangenheit ernst gemeinten Industrialisierungsprojekten, mit republikanischer Staatsform und diktatorischem „Führerkult", wie ihn etwa Saddam Hussein oder Ghaddafi repräsentierten. Zum anderen haben wir es mit der Form nach archaischen Monarchien zu tun, die ein klerikal-feudales Schreckensregiment ausüben und einer Hollywood-Version des „finsteren Mittelalters" oder der pubertären Phantasie eines Karl May entsprungen sein könnten. Waren die republikanisch-diktatorischen Modernisierungs-Regimes wie in Ägypten, dem Irak, Algerien usw. in der Regel laizistisch, so stellten die (durchweg sunnitischen) Monarchien, Sultanate, Emirate etc. und ihre bizarren Prinzengarden von Anfang an synthetische „Gottesherrschaften" mit einer erzreaktionären islamistischen Legitimation dar, deren religiöser Ausdruck in keiner Weise auf den vormodernen Islam zurückgeht, sondern ganz im Gegenteil ein Resultat der absurden, in sich widersprüchlichen Einbindung in kapitalistische Moderne und Weltmarkt sind.

Das gilt ganz besonders für das saudische Wüstenregime, das in seiner jetzigen staatlichen Gewalt überhaupt erst im 20. Jahrhundert entstand. Die Dynastie der Saudis gründet sich auf die sunnitische religiöse Bewegung der Wahhabiten, die Ende des 18. Jahrhunderts von dem Sektenführer Abd al-Wahhab gegründet wurde und den Wüstenscheich Ibn Saud für sich gewann. Den Wahhabiten ging es von Anfang an um die reaktionäre Wendung zu einer phantasmatischen, „ursprünglichen Form" des Islam, verstanden als rohe Buchstäblichkeit und verbunden mit besonders rigiden rituellen Äußerlichkeiten, drakonischer Henkersherrschaft und extremer Unterdrückung der Frauen. In Gestalt der saudischen

Monarchie hat dieses religiöse Wahngebilde, eine frühe moslemische Version der heute im postmodernen Zerfallsprozess global und massenhaft sich ausbreitenden quasipolitisch-religiösen Sektenbewegungen, die äußere Form eines modernen Staatswesens angenommen und sich mit dem kapitalistisch vermittelten Ölreichtum aufgeblasen.

Eine Zwischenstellung zwischen den gescheiterten laizistischen Modernisierungsregimes und den monarchisch-reaktionären Gottesherrschaften, die von vornherein nur religionspolitische Nischenformen und gleichzeitig ein unselbstständiges Segment des globalen Finanzkapitalismus bildeten, nimmt das Regime des schiitischen Islamismus im Iran ein, das aus dem gewaltsamen Sturz der Schah-Monarchie (1979) hervorgegangen ist: Hier überschneiden sich Modernisierungsversuche im Hinblick auf Industrieprojekte und rückwärtsgewandte Gottesherrschaft, republikanische Form und quasi-religiöse Konstitution, sodass sich (abgesehen von der mehr religiösen als politischen Ikonisierung der Figur Khomeini) kein „Führerprinzip" wie in den laizistischen Diktaturen herausbilden konnte.

Im Krisenprozess der Globalisierung sind nun inzwischen die eigenständigen Modernisierungsversuche auch im Nahen Osten derart vollständig ruiniert und aufgerieben worden, dass ein Verwilderungs- und Konversionsprozess sämtlicher Regimes eingesetzt hat. Die letzten Dinosaurier-Diktaturen der gescheiterten Industrialisierung, die gleichzeitig nicht mehr wie im Kalten Krieg zwischen den Supermächten lavieren können, werden unberechenbar und neigen zu herostratischen Abenteuern wie es etwa Saddam Hussein zeigte; unter den bröckelnden Fassaden der Staatsformen macht sich auch sonst in der Welt eine bewaffnete Clan- und Bandenherrschaft breit; und das ideologische Moment der gesellschaftlichen Allgemeinheit verlagert sich mehr und mehr auf die Form des militanten pseudoreligiösen Wahns.

Die Religion kann dabei auf der Basis von kapitalistischer Warenproduktion und Weltmarkt weder zur reproduktiven Konstitution der Gesellschaft wie in den vormodernen agrarischen Zivilisationen zurückkehren noch kann sie an die Stelle der modernen Politik treten; sie wird vielmehr im Nahen Osten so extrem wie nirgendwo sonst zur destruktiven und mörderischen Krisenideologie, die das unhaltbare Regime kapitalistischer Konkurrenzverhältnisse nicht überwindet, sondern in einer trugbildhaften Gestalt zuspitzt und dem Todestrieb der modernen Vernunft in ihrem weltlichen Scheitern Ausdruck verleiht. Weil der Nahe Osten in vieler Hinsicht einen Brennpunkt der aktuellen weltkapitalistischen Widersprüche bildet, nimmt der manifeste Todestrieb dort auch besonders drastische gesellschaftliche Ausmaße an. In diesem Sinne gehen sämtliche moslemischen Länder des Nahen Ostens, auch die bislang laizistischen, in einen islamistischen Zersetzungsprozess über und laden sich mit scheinreligiösen Hassideen auf.

Es ist bezeichnend, dass der gesamtwestliche Öl- und Sicherheitsimperialismus unter Ägide der USA seine Herrschaft über diesen zentralen strategischen Raum von Anfang an in erster Linie vermittels der reaktionären monarchischen Gottesherrschaften zu festigen suchte. Nicht die vordergründig der westlichen Lebensweise eigentlich viel näherstehenden laizistischen Modernisierungs-Regimes wurden als eingeborene Sub-Repräsentanten bevorzugt, sondern die im Sinne der Modernisierung bloß dysfunktionalen, klerikal-politischen Alptraum-Regimes der saudischen Monarchie, der Sultanate, Emirate und Folter-Königreiche; und nicht obwohl, sondern gerade weil sie ihrem Wesen nach sich als besonders finster und gleichzeitig ökonomisch wie militärisch absolut unselbstständig darstellen. Keineswegs zufällig waren es andererseits Staaten wie der Irak, Libyen und die schiitisch-islamistische Republik des Iran, die zu „Schurkenstaaten" erklärt wurden, obwohl dort zum Beispiel die Position der Frauen auch heute noch erwiesenermaßen relativ besser ist als in den reaktionären Gottesmonarchien.

Der „ideelle Gesamtimperialismus" hat sich zielsicher die instabilsten, absurdesten, wie einem blutigen Märchen entsprungenen Wahn- und Terror-Regimes der zentralen Ölregion als „befreundete Mächte" ausgesucht. Indirekt und unfreiwillig ist es ein doppeltes Eingeständnis: nämlich erstens, dass der westliche Herrschaftsanspruch seinem Wesen nach selber bösartig und irrational ist; und zweitens, dass „Entwicklung" und „Modernisierung" gerade für die wichtigste Region der Ölförderung trotz gegenteiliger offizieller Ideologie in Wirklichkeit niemals vorgesehen waren. Es bedurfte der Teufelspakte mit den schlimmsten, reaktionärsten, von Anfang an durch islamische Bigotterie und Terrorherrschaft der (archaisch interpretierten) „Scharia" gekennzeichneten Feudalmonster, um den schnöden und scheinrationalen Interessen-Materialismus der kapitalistischen Verbrennungskultur in der zentralen Ölregion abzusichern. Je mehr „Schurkenstaaten" der Westen definiert, desto mehr sehen seine eigenen Freunde und Helfer in den Krisenregionen wie Hollywood-Schurken oder wie von Hieronymus Bosch erfundene Figuren aus.

Die strafende, ausgleichende Gerechtigkeit einer derartigen Ausgeburt imperialer Legitimation ließ nicht lange auf sich warten. In den Brüchen und Erschütterungen der Globalisierung, von denen die sozialökonomische Grundlage sämtlicher Regimes des Nahen

Ostens ins Wanken gebracht oder schon hinweggefegt wurde, bilden gerade die mit dem Westen befreundeten klerikal-feudalen Regimes den Schoß, der die Dämonen des „antiwestlichen" Islamismus ohne jede emanzipatorische Lebensperspektive gebiert. Wie auch sonst in der Welt und wie in seinem eigenen Inneren sind es auch hier und vor allem hier die eigenen Kreaturen des „ideellen Gesamtimperialismus", die in der neuen Qualität gesellschaftlicher Zersetzungsprozesse aus seinen politisch-strategischen Labors entfliehen und mit besonderer Intensität als „Störfaktoren" eines blind zuschlagenden Terrors durch das Ölimperium irren.

Keineswegs zufällig ist es gerade die wahhabitische Version einer besonders primitiven und brutalen islamistischen Sektenreligion, wie sie gleichzeitig die saudische Staatsreligion bildet, die zum Quellgrund eines Großteils des islamischen terroristischen Untergrunds und seiner Strömungen geworden ist. Die Fürsten des Terrors mit dem zu trauriger Berühmtheit gelangten Osama bin Laden an der Spitze, ihre Ideologen, Organisationen und Helfershelfer sind zu neunzig Prozent Abkömmlinge der feudal-klerikalen Clans, auf die sich der Westen stützt, weil ihre Schreckensgestalt seinem eigenen imperialen Herrschaftsanspruch am besten entspricht. In der immer weniger beherrschbaren sozialökonomischen Krise werden jedoch die selbstgezüchteten Dämonen viel unberechenbarer und gefährlicher als die übrig gebliebenen Dinosaurier der gescheiterten Modernisierungs-Regimes. Der Westen bekommt mit den wahhabitischen und verwandten geheimen Terrorgesellschaften nicht nur, was er verdient, sondern auch, was er selbst gepäppelt und herangezogen hat.

Der Antiimperialismus und die antisemitische Krisenideologie

Weil die völlig anachronistischen klerikal-feudalen und gleichzeitig finanzkapitalistischen Ölregimes immer schon eine viel zu unsichere Stütze waren, bedurfte es allerdings einer zweiten, anders gearteten Sicherungsmacht in der zentralen Ölregion; und es ist kein Geheimnis, dass der Staat Israel weitgehend, wenn auch nicht widerspruchsfrei diese Funktion eines Knüppels des westlichen „ideellen Gesamtimperialismus" gegen die von antiwestlichen Ressentiments in ihren Ländern bedrohten, unsicheren Kantonisten der arabischen Regimes als bitteren Preis für seine Existenz ausüben muss. Nur deshalb wurde Israel von den USA protegiert, mit modernsten Hightech-Waffensystemen aufgerüstet und von den westlichen Staaten massiv alimentiert. Aus eigener Kraft wäre Israel bis heute ökonomisch nicht lebensfähig, jedenfalls nicht auf dem jetzigen Lebensniveau, das sich mit seinen westlich-hochentwickelten Standards (allerdings mit demselben internen Gefälle von Reichtum und Armut wie inzwischen auch im Westen) krass von den umliegenden arabischen Ländern abhebt.

Diese ökonomischen und politisch-militärischen Tatsachen wurden und werden immer wieder von traditionell linken „antiimperialistischen" Positionen gegen Israel mit wütender Aggressivität geltend gemacht; eine Feindbestimmung, die dem Kontext des selber längst gescheiterten Paradigmas „nationaler Befreiung" als einer Form nachholender Modernisierung in der südlichen Peripherie des Weltmarkts entstammt. Bis heute gilt Israel in der gesamten Dritten Welt als imperialistischer Scherge und „Unrechtsstaat", den es eigentlich gar nicht geben dürfte. Die eigenen Interessen, die Israel dabei vertritt, werden allein als sub-imperialer oder quasi-kolonialer Anspruch wahrgenommen; der israelische Nationalismus und Expansionismus qua Siedlungsbewegungen und militärischer Eroberung geradezu als Inbegriff des Nationalismus schlechthin und die ethno-religiöse Selbstdefinition des israelischen Staates (die offizielle und juristische Diskriminierung nichtjüdischer Staatsbürger eingeschlossen) als Inbegriff des Rassismus schlechthin verstanden.

Die sowjetische Gegenweltmacht der historischen Nachzügler an der Peripherie des Weltmarkts mit „marxistischer" Legitimationsideologie hatte sich stets um ein Bündnis mit den laizistischen arabischen Modernisierungs-Regimes bemüht und unter dem Begriff des „Zionismus" ein antiisraelisches Feindbild aufgebaut, in dem sich das Bündnis Israels mit dem westlichen Kapitalismus und Imperialismus reflektierte – „Israel war während des Kalten Krieges ein geschätzter militärischer Verbündeter (der USA), sein Militär testete Waffensysteme, sein Geheimdienst stand für Operationen zur Verfügung, die die CIA nicht ausführen konnte" (Birnbaum 2002). In der Epoche des Kalten Krieges übernahm der größere Teil der politischen Linken in der ganzen Welt unter dem Titel des „Antizionismus" dieses Feindbild. Israel wurde gänzlich unter die damals vorherrschende Konfliktkonstellation der „nationalrevolutionären" antiimperialistischen Bewegungen der Dritten Welt gegen das westliche Imperium der Pax Americana subsummiert. Der Preis, den Israel für seine Existenz an den Imperialismus zahlen musste, wurde in ein „antiimperialistisches" Argument gegen diese Existenz umgemünzt.

Damit mussten jedoch ein ganz anderer Aspekt und eine viel wesentlichere Dimension der weltkapitalistischen Entwicklung ausgeblendet bleiben, die der traditionelle Antiimperialismus aus seiner verkürzten Perspektive nicht wahrnehmen konnte und wollte. Dieser Sichtweise entging nämlich die entscheidende Rolle des Antisemitismus in der bürgerlichen Ideologiebildung und damit eine zentrale Widerspruchsebene des Imperialismus selbst. Zwar hatte die Linke stets Auschwitz und den Holocaust als großes Verbrechen der Nazis gebrandmarkt, aber dennoch die Rolle des Antisemitismus eher heruntergespielt und jedenfalls nicht als wesentlich oder konstitutiv für den Nationalsozialismus im Besonderen und den Kapitalismus im Allgemeinen begreifen wollen.

Diese spezifische Begriffslosigkeit lässt sich letzten Endes wiederum aus dem allgemeinen Defizit erklären, dass die marxistische, arbeiterbewegte und antiimperialistische Linke im Zentrum wie in der Peripherie auf die gesellschaftlichen Kategorien des Kapitalverhältnisses (des modernen warenproduzierenden Systems) beschränkt blieb: also eben auf jene Option einer juristisch-politischen staatsbürgerlichen Gleichstellung, Beteiligung und Mitregierung der „Arbeiterklasse" und ihrer Institutionen einerseits; und auf die Option jener nachholenden Modernisierung und eigenständigen Teilnahme am Weltmarkt als nationalökonomisches und nationalstaatliches Subjekt andererseits. Aus dieser Perspektive, in der (bei den Sozialdemokraten wie bei den Leninisten) eine objektive Grenze und Krise der kapitalistischen Gesellschaftskategorien als undenkbar erschien, musste sich die Aufmerksamkeit auf den sozialökonomischen und politischen, scheinbar rationalen Interessengehalt und Interessenhorizont der Ideologiebildungen konzentrieren. Mit anderen Worten: Die Ideologie wurde dem Interesseninhalt von Subjekten des warenproduzierenden Systems zugeordnet – „Arbeiterklasse" gegen „Kapitalistenklasse", „nationale Befreiung" gegen „Imperialismus".

Der moderne Antisemitismus konnte so bestenfalls als eine Art sekundäres ideologisches Täuschungsmanöver der „herrschenden Klasse" oder als spezifische konkurrierende Interessen-Ideologie des „Kleinbürgertums" verstanden werden, womit die „Arbeiterklasse" oder die „unterdrückten Völker" von ihren eigentlichen Interessen abgelenkt werden sollten (Manipulationstheorie). Völlig ausgeblendet blieb dabei wiederum die ideologische Dimension des gemeinsamen, die Klassen und Nationen übergreifenden und historisch objektivierten gesellschaftlichen Formzusammenhangs von abstrakter Arbeit, Wert, Warenform, Geld, betriebswirtschaftlicher Produktion, Markt (Weltmarkt) und Staat. Dieser Formzusammenhang erschien vielmehr praktisch wie theoretisch als unüberschreitbare ontologische Grundlage von Gesellschaftlichkeit überhaupt.

So musste unbegriffen bleiben, dass das moderne warenproduzierende System nicht nur vordergründig und oberflächlich divergierende „Interessen" innerhalb dieser Form ideologisch ver- und einkleidet, sondern aus den Widersprüchen und Krisen der gemeinsamen, alle sozialen Kategorien umfassenden modernen Form-Konstitution auch gemeinsame, klassen-übergreifende Ideologiebildungen aufsteigen, die viel wesentlicher und gefährlicher sind als die durchsichtige und oberflächliche Legitimation von kapitalistisch geformten „Interessen" der diversen Klassen, sozialen Schichten und Funktionsträger. Alle Momente von „Weltanschauung", Erklärungsmustern und handlungsleitenden Ideen, die nicht klassen-soziologisch ableitbar schienen, wurden so in ihrer Tragweite missverstanden und eben als bloße Täuschungsmanöver abgetan.

Die arbeiterbewegte und marxistische Linke, auch und gerade die radikale Linke (und die anarchistische Linke nicht weniger) bemerkte so nicht einmal, dass sie selber wesentliche Bestandteile der bürgerlichen Ideologie positiv aufgenommen hatte als „Erbe" der protestantischen und aufklärerischen Ideologie- und Geistesgeschichte in der Herausbildung des warenproduzierenden Systems. Dazu gehörte insbesondere die Heiligsprechung des Abstraktums „Arbeit", das in seinem Charakter als repressiver Selbstzweck direkt aus den Ideen des Protestantismus und der so genannten Aufklärung des 18.Jahrhunderts in die Ideologie der Arbeiterbewegung übergegangen war. Indem ausgerechnet die „Arbeit" als zentraler Bezugspunkt vermeintlich dem Kapital gegenüber geltend gemacht wurde, spielte die Linke lediglich einen Aggregatzustand des Kapitals gegen den anderen aus. „Arbeit" erschien so nicht als das, was sie ist, nämlich die spezifisch kapitalistische Tätigkeitsform („abstrakte Arbeit" bei Marx), also ein ganz und gar dem Kapital angehöriger Begriff und ein entsprechendes reales Verhältnis, sondern als ontologische Menschheitskategorie.

Aus dieser zentralen ideologischen Gemeinsamkeit mit dem bloß äußerlich und soziologisch verkürzt als Gegner definierten Kapital mussten zwangsläufig weitere, uneingestandene Gemeinsamkeiten einerseits und jene völlige Unterschätzung der klassen-übergreifenden Krisen- und Vernichtungsideologien von Rassismus und Antisemitismus andererseits erwachsen. Weil die westliche Arbeiterbewegung, die östlichen Regimes nachholender Modernisierung und die südlichen „nationalen Befreiungsbewegungen" nur innerhalb der gemeinsamen gesellschaftlichen Formen des Kapitals agierten und mit der „Arbeit" die kapitalistische Tätigkeitsform affirmierten, konnten sie auch nur eine verkürzte Kritik des Kapitalverhältnisses formulieren, die weit hinter die Marxsche Begrifflichkeit des Kapitals als eines irrationalen Fetisch-Verhältnisses zurückfiel. Teils wurde nur die mangelnde staatliche Regulationsfähigkeit des warenproduzierenden Systems durch dessen bürgerliche Repräsentanz beklagt, teils die Unterordnung der „produktiven Arbeit" unter das „Finanzkapital" kritisiert, ohne den inneren, vermittelten (und auf wachsender Stufenleiter krisenhaften) Zusammenhang von „produktiver Arbeit" und „Finanzkapital" (zinstragendem und spekulativem Geldkapital) zu erkennen.

Diese notorisch verkürzte Kapitalismuskritik wies stets Berührungspunkte mit der antisemitischen Ideologie auf. Denn der Antisemitismus konnte gerade dadurch zur mächtigen Krisenideologie der Moderne aufsteigen, dass er die inneren Widersprüche der kapitalistisch konstituierten Gesellschaft und aller Subjekte veräußerlichte und sozial-biologistisch naturalisierte: „Die Juden" wurden zur negativen Repräsentanz des „unproduktiven" Finanzkapitalismus und zur Inkarnation aller destruktiven Erscheinungen der modernen warenproduzierenden Gesellschaft erklärt, anknüpfend an einschlägige Zuschreibungen schon seit dem Mittelalter und der frühen Neuzeit (etwa bei den antisemitischen Hetztiraden eines Martin Luther). Demgegenüber sollten die „ehrliche Arbeit" und das „produktive Kapital" als positiver Gegenpol gesetzt werden; bei den Nazis bekanntlich als ideologische Gegenüberstellung von „raffendem" („jüdischen") Kapital und „schaffendem" („deutschen" oder „nationalen") Kapital. An die Stelle einer Kritik der realen, klassen-übergreifenden Formen des warenproduzierenden Systems trat so die bösartige, auf eine besondere, „rassisch" definierte Gruppe von Subjekten bezogene Zuschreibung nach der Devise: „Arbeit", Wert, Ware, Geld und Kapitalform wären wunderbar und segensreich, wenn bloß die Juden nicht wären. Diese Zuordnung, die den an sich irrationalen Systemzusammenhang in einer zusätzlichen Dimension sekundärer Irrationalität zu „erklären" vorgab, stieg zur mordideologischen Welterklärung schlechthin auf.

Die Ideologie von Arbeiterbewegung und antikolonialer „nationaler Befreiungsbewegung" grenzte sich zwar stets von den offen antisemitischen Strömungen ab, indem sie sich statt auf den phantasmatischen „Rassengegensatz" auf den sozialen Klassengegensatz und den nationalen Interessengegensatz von kolonialen bzw. postkolonialen Nationalökonomien/Nationalstaaten und westlichem Imperialismus berief.

Aber erstens blieb auch diese rationaler anmutende soziale „Befreiungsideologie" ähnlich wie der Antisemitismus auf der subjektiven Ebene von schieren Willens- und Machtverhältnissen stehen, ohne die Ebene der Konstitution dieser Subjekte (also deren Geformtheit durch die Kategorien des warenproduzierenden Systems) zu berühren. Nicht die Negativität des gemeinsamen Formzusammenhangs, also auch der eigenen Subjektform, rückte ins Visier der Kritik, sondern allein die negative „Macht" der „Gegensubjekte": bei den Antisemiten die zugeschriebene subjektive Macht und Bosheit der „jüdischen Gegenrasse", bei der Arbeiterbewegung die subjektive Macht und vermeintliche „Verfügungsgewalt" der „sozialen Gegenklasse", bei den „nationalen Befreiungsbewegungen" die subjektive Macht und globale Eingriffsgewalt der imperialen Zentralmächte.

Weil sie auf derselben logischen Ebene von bloß „gesetzter", nicht aus dem gesellschaftlichen Formzusammenhang hergeleiteter Willens-Subjektivität stehen blieben wie der Antisemitismus, resultierend aus einer ähnlich (wenngleich nicht identisch) verkürzten Kapitalismuskritik, konnten Arbeiterbewegung, „nationale Befreiungsbewegung" und radikale Linke sich ihrer impliziten Berührungspunkte mit dem Antisemitismus nicht bewusstwerden. Dies galt erst recht für die Ontologisierung und Anbetung der „produktiven Arbeit", die sie ebenfalls mit den Antisemiten teilen.

Damit musste jedoch zweitens auch die klassen-übergreifende Gefährlichkeit der antisemitischen Ideologie unbegriffen bleiben. Die Verkürzung auf den klassen-soziologischen Horizont der kapitalistisch konstituierten Form des Interesses und die überhistorische Ontologie der „Arbeit" ließen die Illusion entstehen, als wären „Arbeiterklasse" und „unterdrückte Völker" qua ihrer kapitalistisch vorgegebenen Interessen und ihrer existentiellen bereits „an sich" (unabhängig von ihrem wirklichen Bewusstsein) transzendierende Kräfte, deren angeblich „objektive" system-überwindende Potenz nur abgerufen zu werden brauchte qua sozialer „Kämpfe". Die ihrer konstituierten Subjektform inhärente Form der Konkurrenz schien eine bloß äußerlich von der subjektiven „Gegenmacht" aufgedrungene, „uneigentliche", im Grunde fremde Verhaltensweise zu sein; somit auch der Antisemitismus eine „klassenfremde", bloß irrtümlich oder manipulativ aufoktroyierte Ideologie.

Diesem Denken musste völlig entgehen, dass die soziale Emanzipation vom Kapitalverhältnis zwar prinzipiell möglich ist, jedoch keineswegs „an sich" durch die „objektive" Stellung bestimmter Klassen oder anderer moderner Subjekte im Gefüge des warenproduzierenden Systems bereits angelegt; eine objektivistische Illusion, wie sie auch noch Marx im Gegensatz zu seiner eigenen kritischen Theorie der Moderne als eines gesellschaftlichen Fetisch-Verhältnisses formuliert hatte. Vielmehr sind alle Subjekte dieses Systems ohne Ausnahme, also auch die „Arbeiterklasse", die „unterdrückten Völker" usw. qua ihrer eigenen, vom System konstituierten Form (Reproduktions- und Subjektform) gleich weit entfernt vom Übergang zur Emanzipation von dieser negativen gesellschaftlichen Form. Die Entstehung von radikal kritischem Bewusstsein gegen diese Form (ein Bewusstsein, an das die radikale Linke bis heute nicht herangekommen ist, geschweige denn die sozialen Bewegungen) ist möglich; aber allein aus der negativen Verarbeitung der Erfahrungen von Leid und Zumutung in dieser Form, nicht aus einem positiven ontologischen Grund. Es gibt keine ontologische Bestimmung, die „außerhalb" oder „unterhalb" des Systems angesiedelt wäre (etwa in der Form der Arbeit) und somit als objektiver Hebel angesetzt werden könnte, um das repressive und destruktive gesellschaftliche Verhältnis zu kippen.

Deshalb sind soziale und andere „Kämpfe" nicht per se schon emanzipatorisch, auch nicht die „Kämpfe" von Arbeiterklasse, unterdrückten Gruppen, Minderheiten usw. Vielmehr ist der „Kampf" in der Form der Konkurrenz die allgemeine Bewegungsform des kapitalistischen Systems selbst. Dies gilt auch für die verschiedenen Formen der Fortsetzung der Konkurrenz mit anderen Mitteln, besonders der unmittelbaren Gewalt.

Über die Form der Konkurrenz, also auch über die eigene Subjektform hinauszukommen, erfordert ein – wie Marx sich einmal ausgedrückt hat – „enormes Bewusstsein", das keineswegs von den Verhältnissen selbst nahegelegt wird. Was sich vielmehr spontan entwickelt, ist die Konkurrenz bis aufs Messer innerhalb der konstituierten gemeinsamen Subjektform. Dabei bildet die Konkurrenz zwischen Lohnarbeitern und Repräsentanzen des Kapitals (Management, Unternehmerverbände etc.) nur eine Ebene in den vielschichtigen Verlaufsformen der Konkurrenz. Dazu gehört selbstverständlich die Konkurrenz zwischen den einzelnen Kapitalien selbst, zwischen den verschiedenen Branchen, zwischen den Fraktionen und Gruppierungen der Lohnarbeiter, zwischen den Nationalökonomien/Nationalstaaten usw.; aber auch die „ethnische", rassistische Besetzung der Konkurrenzverhältnisse und schließlich (als äußere Reaktion) deren antisemitische Schein-Transzendierung. Genau dieser Zusammenhang eines komplexen Netzes von vielfältigen Linien der Konkurrenz ist keineswegs subjektiv-manipulativ, sondern objektiv begründet durch die allgemeine Subjektform des warenproduzierenden Systems qua Arbeit, Geld und Staat, während der emanzipatorische Ausbruch aus dem „eisernen Gehäuse" dieser Form überhaupt nicht objektiv im Sinne einer Determination des Verhaltens begründet sein kann. Das warenproduzierende System und seine abstrakt-irrationale Tätigkeitsform als unüberwindbare ontologische Bestimmung vorausgesetzt, kann es sehr wohl im „objektiven" Interesse von Lohnarbeitern liegen, die Konkurrenz nationalistisch, rassistisch usw. zu besetzen oder sich ihr qua antisemitischer Ideologie phantasmatisch entziehen zu wollen. Sicherlich gab es in der Geschichte der Arbeiterbewegung auch so etwas wie eine transzendierende Sehnsucht nach Befreiung vom Joch der Konkurrenz, nach einer solidarischen Gesellschaft jenseits des modernen Systems. Diese überschießenden Momente mussten jedoch unabgegolten bleiben, eben weil sich die bisherigen sozialen Bewegungen der Moderne nicht zu einem Begriff dieser Transzendenz und daher auch nicht zu einem entsprechenden Handeln aufschwingen konnten.

Die verkürzte Kapitalismuskritik innerhalb der Formen des Kapitals selbst blieb notwendigerweise auch in den Verlaufsformen der Konkurrenz stecken. Das gegenseitige Abschlachten der Lohnarbeiter in den Weltkriegen war daher kein Verrat und kein Verhalten gegen ihre ontologische Natur, sondern die Konsequenz ihrer affirmierten statt kritisierten Subjektform selbst. Weder die politischen Arbeiterparteien noch die Gewerkschaften (allein dieses Auseinanderfallen in eine politische und eine soziale Repräsentanz verweist schon auf die bürgerliche Form-Konstituiertheit der Arbeiterbewegung) konnten jemals eine solidarische Kraft über die Konkurrenzverhältnisse hinaus entwickeln. Die Aufhebung der Konkurrenz blieb partiell und auf das Motiv der bürgerlichen Gleichstellung beschränkt, die Einbettung in die Konkurrenzverhältnisse als solche dagegen universell.

Wie schon im alltäglichen, institutionell regulierten Interessenkampf die sozialen Bewegungen von der Logik der Konkurrenz durchdrungen wurden, so auch in der Gewaltexplosion der Weltkriege zwischen den nationalimperialen Mächten. Dabei wurde das soziale Risiko der universellen Konkurrenz unmittelbar als Todesrisiko manifest und damit die letzte Konsequenz der modernen allgemeinen Subjektform sichtbar. Dasselbe kann über die Macht des Antisemitismus und die Niederlage der europäischen Arbeiterbewegung gegen Faschismus und Nationalsozialismus gesagt werden. Auch diese Katastrophe war eine Folge der Involvierung in das System der universalen Konkurrenz durch die Weltkriege und durch das Aufkommen des Antisemitismus in allen Klassen und Schichten.

Gewerkschaften, marxistische Parteien und selbst die radikale Linke waren nur gemacht für die Austragung des vermeintlich „rationalen" Interessengegensatzes in der Formhülle des warenproduzierenden Systems. Selbst die militante Zuspitzung des Kampfes verließ nie diesen Raum bürgerlicher Rationalität. Die Linke verschloss sich dem an sich irrationalen Charakter des Systems, und deshalb wurde sie auch in den Krisen regelmäßig vom machtvollen Ausbruch dieser Irrationalität überrollt. Während die Linke auch noch bei den schwersten Krisenbrüchen das gar nicht mehr realisierbare „nationale Interesse" in der bürgerlichen Form trotz des temporären objektiven Zusammenbruchs dieser Form aufrechterhalten wollte, machte der Antisemitismus die Irrationalität des Interesses selbst als Ausgrenzungs- und Vernichtungswillen geltend und gewann gerade dadurch machtvolle gesellschaftliche Wirkung.

Der Antisemitismus ist (im Unterschied zum gewöhnlichen Rassismus) nicht eine Besetzung der Konkurrenz neben anderen, sondern die ultima ratio der Konkurrenz in einer Situation, in der die immanent-scheinrationale Austragung der Konkurrenz ausweglos wird. In einer solchen Situation droht die allgemeine bürgerliche Subjektform selbst zu zerbrechen. Der Antisemitismus verspricht einen Ausweg, ohne diese gemeinsame Subjektform des Systems in Frage zu stellen, indem er das Problem irrational und mörderisch veräußerlicht. So kann er trotz und gerade wegen seiner intellektuellen Primitivität eine klassen-übergreifende Anziehungskraft auf eine große Masse von kapitalistisch konstituierten Individuen ausüben, vom Arbeitslosen bis zum Manager, vom landlosen Bauern der Dritten Welt bis zum Ölprinzen, vom Maschinenschlosser bis zum Investment-Banker, von der alleinerziehenden Mutter bis zum Model, vom Sonderschüler bis zum akademisch gebildeten Intellektuellen.

Mit anderen Worten: *Das antisemitische Syndrom bildet die letzte und äußerste krisen-ideologische Reserve des modernen warenproduzierenden Systems.* Der Antisemitismus lauert in der allgemeinen bürgerlichen Subjektform selbst; er wird regelmäßig in den Einbrüchen der Krise abgerufen, und zwar umso massiver, je heftiger die Krise sich äußert. So war die Epoche der Weltkriege und der großen Weltwirtschaftskrise mit einer beispiellosen Welle des Antisemitismus verbunden. In Deutschland, das in der spezifischen Geschichte seiner kapitalistischen Nationsbildung eine besonders aggressive, eliminatorische Version des antisemitischen Syndroms mit besonderer sozialer Tiefenwirkung ausgebrütet hatte, überflutete diese Welle die staatlichen Institutionen selbst: Der Antisemitismus wurde hier in der Situation der Weltwirtschaftskrise nicht bloß als Ventil für die angestaute soziale Aggressivität der Konkurrenzverhältnisse genutzt, sondern zur Staatlichkeit erhoben und als Menschheitsverbrechen des Holocaust realisiert.

Keineswegs zufällig bildete der deutsche Nationalsozialismus gleichzeitig eine gesellschaftliche Formierung, in der sich der Todestrieb aus der leeren Form kapitalistischer Subjektivität heraus in einem bis dahin beispiellosen Ausmaß manifestierte. Denn die Logik des Antisemitismus und der inhärente Todes- und Vernichtungstrieb kapitalistischer Subjektivität liegen dicht beieinander; der latente irrationale Drang nach Weltvernichtung im metaphysischen Vakuum des Werts und seiner selbstzweckhaften Verwertungsbewegung drückt sich in der äußersten Zuspitzung als Vernichtungswunsch gegen die Juden und gleichzeitig als Selbstvernichtungswunsch, als Wunsch nach der Vernichtung von physischer Existenz überhaupt aus.

Rein äußerlich, militärisch und machtpolitisch, haben die Nazis den Zweiten Weltkrieg verloren; aber in der bislang weitestgehenden Realisierung des im Innersten des Kapitals lauernden Weltvernichtungswunsches waren sie enorm erfolgreich in der Identität von fabrikmäßiger Judenvernichtung und organisierter Selbstvernichtung. Die auf oberflächliche bürgerliche Rationalität vergatterte Linke, die nicht an die Kritik der basalen kapitalistischen Formen herankam und daher auch nicht an die Kritik und Abschüttelung ihrer eigenen kapitalistisch konstituierten Subjektform, musste so notwendig auch die Leere dieser Form, die darin liegende dämonische Potenz der schieren Irrationalität und deren Vernichtungskonsequenz verfehlen, also auch das Wesen des modernen Antisemitismus.

Die Kehrseite dieses katastrophalen Defizits war nach dem Zweiten Weltkrieg der ebenso defizitäre frischfröhliche Antizionismus der Linken, der den Judenstaat nicht in seiner welthistorischen, weltkapitalistischen Dimension als Konsequenz des modernen Antisemitismus erkennen wollte, sondern Israel unter das antiimperialistische Paradigma der nationalrevolutionären Bewegungen der Dritten Welt subsummierte, deren Kapitalismuskritik noch weitaus stärker verkürzt war als diejenige der westlichen Arbeiterbewegung.

Der Staat Israel und sein paradoxer weltkapitalistischer Status

Gewiss lassen sich dem Staat Israel, der selbstverständlich Bestandteil der kapitalistischen Weltökonomie ist, der Form nach alle negativen Attribute moderner Staatlichkeit und des modernen warenproduzierenden Systems zuweisen. Aber aufgrund seines besonderen Charakters, weil er letzten Endes ein unfreiwilliges Produkt der Nazis und der Vernichtungslogik kapitalistischer Subjektivität in ihrer äußersten Zuspitzung ist, enthält dieser Staat als erster, letzter und einziger ein entscheidendes Moment der Rechtfertigung, das übrigens sämtlichen nationalrevolutionären Staatsbildungen der Dritten Welt (die ja auch samt und sonders sehr bald eine hässliche Fratze anzunehmen begannen) von vornherein abging. Es ist ein kapitalistischer Staat und somit ein Ausdruck kapitalistischer Subjektform, der aber gleichzeitig in paradoxer Verschränkung die äußerste Notdurft und Notwehr gegen die Konsequenz dieser Subjektform selbst darstellt.

Und natürlich lässt sich gegen den Zionismus, der ja ideell ein Produkt der europäischen nationalistischen Formierung des 19. und frühen 20. Jahrhunderts war, grundsätzlich dieselbe Kritik vorbringen wie gegen den modernen Nationalismus überhaupt; allerdings nur, wenn man den spezifischen Kontext seiner Entstehungsgeschichte ignoriert und ihn abstrakt und isoliert als Nationalismus neben anderen Nationalismen betrachtet. Aber der Zionismus lag eben nicht auf derselben Ebene wie die übrigen Nationalismen. Er war vielmehr gerade ein sekundäres Produkt der leidvollen jüdischen Erfahrung, dass die europäischen Nationen, und mit besonderem Nachdruck der Ausgrenzung Deutschland und Österreich, nicht zur Integration der Juden willens und fähig waren, sondern vielmehr den Antisemitismus als das Konstrukt des „Anderen" (der Alterität) benötigten, um sich selbst als positive nationale Identität setzen zu können.

Diese Setzung der Alterität nahm auch andere Ausdrucksformen an, so den kolonialen Rassismus und die kulturalistische Abgrenzung der europäischen Nationen untereinander; aber der Antisemitismus bildete die extremste Ausprägung. Was für den jüdischen Staat als Staat gilt, trifft somit auch für den zionistischen Nationalismus als Nationalismus zu: als Notwehr gegen den primordialen europäischen Nationalismus selbst und dessen antisemitische Setzung der Alterität kann er das, was er ist, nur in paradoxer Verschränkung mit seiner eigenen Negation sein.

Dasselbe gilt für die unzureichenden, das moderne warenproduzierende System nicht entscheidend transzendierenden sozialistischen Bestandteile des Zionismus. Diese blieben natürlich ebenso verkürzt und in ein nationalstaatliches Bezugssystem eingebunden wie die Kapitalismuskritik der westlichen Arbeiterbewegung (aus deren Gedankenwelt die sozialistischen Elemente des Zionismus ja auch entlehnt waren) und erst recht der nationalen Befreiungsbewegungen der Dritten Welt. In der Verbindung mit Staatsapparat und nationalem Pathos musste sich der zionistische Sozialismus wie die Arbeiterparteien der übrigen Welt an jene die europäische Nationalisierung begleitende sozialregulative Tendenz annähern, wie sie vom späten 19. Jahrhundert bis zum Zweiten Weltkrieg die allgemeine Entwicklungsgeschichte der kapitalistischen Zentren bestimmte; etwa in Gestalt des Bismarckschen Sozialstaats und später sozialdemokratischer Regierungsbeteiligungen, allgemein in der Herausbildung von Arbeits- und Sozialbürokratien, des Welfare-Staates usw. – eine Entwicklung, die bekanntlich in Proto-Formen fordistischer Regulation auch Faschismus und Nationalsozialismus kennzeichneten. Eine perfide Verdrehung ist es jedoch, dem Zionismus seinen Anteil an einer allgemeinen, übergreifenden Strukturentwicklung spezifisch anzukreiden und das verkürzte sozialistische Moment dabei in Verbindung zu bringen mit dem nationalen Sozialismus der Nazi-Mörder.

Genau umgekehrt wird ein Schuh daraus. Hinsichtlich der sozialistischen Qualität des Zionismus (genauer: des sogenannten Arbeiter-Zionismus) lässt sich sogar empirisch ein besonderer emanzipatorischer Aspekt feststellen: In Gestalt der Kibbuzim nahm dieses Moment in Israel nämlich gerade nicht wie sonst überall eine repressiv-staatskapitalistische, sondern eine selbstverwaltet-genossenschaftliche Form an, die nirgendwo auf der Welt eine ähnliche Bedeutung erlangen konnte. Selbstverständlich war auch diese Form noch an das warenproduzierende System gefesselt; sie enthielt jedoch im Anspruch der nicht-warenförmigen Binnenbeziehung, in ihren Aspekten der Reproduktion jenseits von Geld und Staat, ein darüber hinausweisendes Moment; wenn auch mit einer in vieler Hinsicht engstirnigen Gemeinschaftsideologie verbunden.

Alles, was sich gegen den Nationalismus im Allgemeinen sagen lässt, trifft somit für den Zionismus nur bedingt und in paradoxer Verschränkung mit seinem Gegenteil zu. Israel ist trotz seiner quasi kolonialen Beziehungen und Verhältnisse in der nahöstlichen Weltregion kein wesentlich koloniales Projekt, wie es im selber längst bankrotten nationalrevolutionären Diskurs der Dritte-Welt-Bewegungen immer wieder bezeichnet worden ist, sondern es ist wesentlich ein Not- und Rettungsprojekt angesichts des mit der modernen Subjektform verbundenen antisemitischen Syndroms.

Deshalb kann von einem emanzipatorischen Standpunkt aus Israel auch nicht der Prozess gemacht werden, weil es faktisch seine Gründung wie seine Weiterexistenz und militärische Absicherung dem westlichen Ölimperialismus verdankt. Genau umgekehrt muss gesagt werden, wie beschämend und bedrückend es ist, dass das Existenzrecht Israels keine andere Garantie hat als diese niederträchtige; beschämend gerade für die Linke in aller Welt, die nie imstande war, diesem Existenzrecht eine bessere Garantie oder auch nur Hilfestellung zu geben, ja dieses Existenzrecht nicht einmal selber grundsätzlich anerkennen wollte. Die verkürzte, bloß oberflächliche, unreflektiert in der kapitalistischen Subjekt- und Interessenform agierende Kapitalismuskritik von Arbeiterbewegung, nationaler Befreiungsbewegung und bisherigem Linksradikalismus ist historisch selber eine Bedingung dafür, dass Israel notgedrungen sein Existenzrecht nicht anders erlangen konnte als in der Anlehnung an den westlichen Ölimperialismus.

Genau diese Art der Garantie ist jedoch äußerst widersprüchlich und damit unsicher. Der „ideelle Gesamtimperialismus" des Westens stützt die Existenz Israels nicht aus einem Bewusstsein über den wirklichen Zusammenhang von Antisemitismus und Zionismus heraus, der ihm vielmehr völlig gleichgültig ist. Mehr noch: Weil gleichzeitig der Antisemitismus die letzte ideologische Reserve des Systems bildet, fallen das öl-imperialistische Motiv einerseits und das Motiv der ideologischen „Krisenbewältigung" qua Duldung oder sogar Entfesselung des antisemitischen Syndroms als nicht zu vermittelnder Widerspruch auseinander.

In einer zugespitzten Weltsituation ist es durchaus nicht undenkbar (wenn auch keineswegs aktuell abzusehen), dass der „ideelle Gesamtimperialismus" Israel fallen lässt und im Hinblick auf seine inneren Widersprüche das antisemitische Ventil öffnet. In demselben Maße übrigens, wie das westliche Augenmerk sich auf die kaspischen Ölreserven richtet, droht auch auf dieser Ebene des vulgären Interesses die prekäre Garantie für das Existenzrecht Israels zu verfallen. Eine weitere Variante der Abkehr von Israel könnte darin bestehen, dass der Westen im Falle einer den Weltkapitalismus existentiell bedrohenden Ölkrise (etwa durch akute Destabilisierung und drohenden Umsturz in den Ölmonarchien) Israel den arabischen finanzkapitalistischen Feudalmonstern zum Fraß vorwirft, um seine Weltwirtschaft zu retten.

Das Ende der „nationalen Befreiungsbewegungen" und der Spuk der palästinensischen Staatsgründung

Die linke, antiimperialistische Kritik des Zionismus (der Begriff der Kritik ist hier eigentlich unpassend; eher handelt es sich um einen schwelenden Hass, der sich vielleicht gerade auch aus einer Ahnung vom zweifelhaften Charakter der eigenen Motive speist) musste so an der wahren Natur des Problems völlig vorbeigehen. Alles, was die nationalrevolutionären sogenannten Befreiungsbewegungen der Dritten Welt gegen den Zionismus vorbringen konnten, galt erstens in potenzierter Form für sie selbst; und zweitens ermangelten sie gänzlich jener tieferen Dimension der Rechtfertigung, wie sie dem Zionismus aus der weltkapitalistischen antisemitischen Potenz und speziell aus dem deutschen Menschheitsverbrechen zuwachsen musste. Die im Übrigen, wie sich längst herausgestellt hat, illusionäre Legitimierung einer eigenständigen nationalökonomisch-nationalstaatlichen Teilhabe als Subjekt des Weltmarkts war nicht nur viel schwächer als die zionistische, sondern auch von Anfang an überall in der Dritten Welt (und egal in welcher ideologischen Einfärbung) mit repressiven staatskapitalistischen Zwangsverhältnissen und jenen Ausgeburten eines zutiefst antiemanzipatorischen „Führer"-Kults verbunden.

Nachdem unter den Bedingungen von Dritter industrieller Revolution und Globalisierung das Paradigma antiimperialistischer „nationaler Befreiung" gegenstandslos geworden ist und die entsprechenden Regimes oder Bewegungen selber längst in barbarische Zersetzungsprozesse übergegangen sind, hat sich auch der dazugehörige linke und marxistische Diskurs erledigt, oder er nimmt in Bezug auf den Zionismus und auf die Kapitalismuskritik offen antisemitische Züge an und entfernt sich gänzlich von den ursprünglichen emanzipatorischen Intentionen: eine Entwicklung, wie sie allerdings schon immer latent im kategorial verkürzten und schlecht immanenten Verständnis des antiimperialistischen und sozialistischen Denkens angelegt war und jetzt in seinem Scheitern manifest wird.

Das jämmerliche Ende des antiimperialistisch-nationalrevolutio-
nären Paradigmas in der Globalisierung zeigt sich an vielfältigen
Erscheinungsformen der moralischen Verwahrlosung und Barbarisierung der am Weltmarkt gescheiterten Entwicklungsregimes,
an der Verwandlung von übrig gebliebenen Führern der ehemals
linken Guerilla in gewöhnliche Warlords der Plünderungsökonomie, in Drogenbarone, Lösegeld-Erpresser usw. Dort, wo der Anspruch einer nationalrevolutionären Staatsbildung uneingelöst
geblieben ist, aber dennoch aufrechterhalten wird, obwohl die
weltkapitalistische Entwicklung längst darüber hinausgegangen
ist, nimmt die Verwilderung und Verwahrlosung des absurd gewordenen Anspruchs besonders drastische und hässliche Formen
an.

Das gilt wiederum ganz unabhängig von den jeweiligen staatlichen Besonderheiten oder kulturellen Differenzen, zum Beispiel
für die Bewegung der Kurden ebenso wie für die tschetscheni-
schen Aufständischen oder die tamilischen Separatisten, um nur
einige zu nennen. Die barbarische Repression durch selber völlig
instabile, vom Weltmarkt überrollte ex-imperiale Großstaaten
wie die Türkei und Russland oder durch ein Ethno-Regime wie das
singhalesische in Sri Lanka lässt sich dadurch ebenso wenig recht-
fertigen wie die nicht minder barbarischen Zugriffe der neuen gesamtimperialen Weltpolizei. Aber die „nationalen Befreiungsbewegungen" bilden unter den veränderten Weltverhältnissen
keine Alternative mehr, nicht einmal eine illusorische; was eben
nur heißt, dass keine „Modernisierung" mehr mit emanzipatorischem Anspruch besetzt werden kann, weil es auf dem Boden des
modernen warenproduzierenden Systems und seiner Ausgeburt
der Nationalstaatlichkeit keine Entwicklung mehr gibt, sondern
nur noch gesellschaftliche Desintegration und Barbarei.

Diese veränderte historische Situation wird an keinem der unverwirklicht gebliebenen, dem Überhang der alten Epoche zugehörigen nationalrevolutionären Projekte so deutlich wie gerade dem palästinensischen, das mit Israel in feindlicher Intimität auf paradoxe Art verbunden ist. Sind schon die realisierten Staatsgründungen der einstmals mit mehr bürgerlich-aufklärerischen als kommunistischen Ideale aufgeladenen Trikont-Bewegungen inzwischen am Weltmarkt und damit an ihrer eigenen bürgerlichen Verfasstheit und Subjektform gescheitert, so nimmt das irreal gewordene palästinensische Projekt jenseits dieses Realisierungs-Horizonts geradezu schauerliche Züge an. Es ist das Zombie-Projekt einer toten Epoche, das kein überschießendes emanzipatorisches Moment mehr besitzt, sondern nur noch als bösartiger Wiedergänger spukt.

Der Spuk der PLO, ehemals verkörpert in Jassir Arafat als der tragischen Figur eines historischen Untoten, verweist allerdings auf den an sich immer schon negativen Charakter vermeintlich emanzipatorischer nachholender moderner Staatsbildungen. Nachdem im Zuge der kapitalistischen Globalisierung diese Illusion endgültig verflogen ist, wird auch empirisch deutlich, dass das „Recht auf einen eigenen Staat" oder das „Recht auf Staatsgründung" das genaue Gegenteil von sozialer Befreiung darstellt. Unter den Bedingungen des begonnenen 21. Jahrhunderts könnte sich diese Parole nur als das „Recht" entpuppen, „autonom" vor den Gesetzen der globalen kapitalistischen Verwertungslogik vollstrecken zu „dürfen". Genauso gut könnte man das „Recht auf einen eigenen Konkursverwalter" oder das „Recht auf einen eigenen Folterknecht" von eigenem Ethno-Fleisch und Blut fordern.

Insofern bildet die Staatsvision der PLO tatsächlich einen der letzten Ausläufer der bürgerlichen Aufklärungsideologie, die sich zur

Kenntlichkeit ihres zutiefst repressiven und destruktiven Gehalts entpuppt hat. Was die Palästinenser brauchen, ist kein „eigener Staat", sondern der autonome Zugang zu materiellen, sozialen und kulturellen Ressourcen, die heute durch die Form „Staat" gerade im Namen des globalisierten ökonomischen Terrors mit ebenso harten wie sinnlosen Restriktionen belegt werden. Das Beharren auf der längst obsoleten nationalstaatlichen Option, bei den Bewohnern Palästinas das späteste und daher in seiner Irrationalität am leichtesten historisch durchschaubare ideologische Konstrukt einer institutionellen und kulturellen Einkleidung des warenproduzierenden Systems, nimmt zutiefst pathologische Züge an. Der palästinensische Phantom-Staat ist folgerichtig der erste, der schon vor seiner offiziellen Gründung in den Prozess der Zersetzung und Verwesung übergegangen ist. Staatsbildung und Entstaatlichung fallen hier unmittelbar zusammen, ein historisches Paradoxon. Noch bevor sich ein übergreifender Staatsapparat mit eigener Legitimation und Geschichte herausbilden konnte, treten Clan-Strukturen, Warlords und Mafia-Strukturen an dessen Stelle. Gleichzeitig wird der palästinensische säkulare Staat schon vor seiner Gründung von der pseudo-religiösen Islamisierung überrollt. Als Überrest der laizistischen Modernisierungs-Impulse steht die PLO auf verlorenem Posten. Die islamistischen Bewegungen von Hamas und Dschihad laufen ihr den Rang ab, und indem sie in dieser Richtung zu Zugeständnissen gezwungen ist, verliert das Staatsgründungsprojekt der PLO zusehends seine modernisierungs-politische Legitimation. Was übrig bleibt, ist die blanke Irrationalität des blinden Hasses ohne jede gesellschaftspolitische Perspektive. Das ideologische moderne Konstrukt des ethnopolitisch formierten „Volkes" erlebt in der palästinensischen Version seine grauenhafte Realdekonstruktion: Indem dieses konstruierte „Volk" sich in den abstrakten Universalismus des Religionskrieges flüchtet und indem es seine eigenen Kinder auf

„Selbstmordakademien" schickt, gibt es faktisch zu, dass es keine Hoffnung auf Zukunft mehr hat; dass es schon kein potentielles „Staatsvolk" mehr ist, sondern nur noch eine dumpfe Masse von ziellos Verzweifelten. Auch diese palästinensische Version einer postmodernen Zerfallsgesellschaft, die schon keine Gesellschaft mehr ist, wird durchzogen von den Strukturen entgrenzter männlicher Gewalttätigkeit und der „Verwilderung des Patriarchats". Zwar stellt es einen Gipfel postmoderner „Chancen"-Individualisierung dar, dass inzwischen vereinzelt auch halbwüchsige Palästinenserinnen ihr ungelebtes Leben als Selbstmordattentäterinnen wegwerfen (und es ist ein Gipfel in der Verwilderung des Patriarchats, dass sie von bärtigen Männern dazu ausgebildet werden). Aber dennoch bleibt auch die palästinensische Identität von Vernichtung und Selbstvernichtung im Wesentlichen diejenige männlicher Konkurrenz-Subjektivität.

In diesem Klima der absoluten Ziel- und Zukunftslosigkeit jenseits einer denkbaren Nationsbildung ist auch der Antisemitismus, mit dem sich der palästinensische Hass längst aufgeladen hat (Nazi-Traktate aller Art zirkulieren im palästinensischen „Bildungswesen" ebenso wie die unsägliche Hetzschrift und primitive Fälschung der sogenannten „Protokolle der Weisen von Zion usw.), von anderer Natur als der europäisch-deutsche. Im Prozess der nationalen Konstitution, der besonders beim historischen Nachzügler Deutschland seit dem frühen 19. Jahrhundert mit einer ethno-kulturalistischen und biologistischen, auf Herder und Fichte zurückgehenden Ideologie des „Völkischen" einherging, bildete der (in Deutschland und Österreich eliminatorische) Antisemitismus das Ferment dieser „völkischen" Formierung des Nationalstaats, indem er die Juden als negative Alterität konstruierte.

Aber in der palästinensischen Version kann dieses Ferment gar nicht mehr wirken, auch nicht mit einer anderen kulturellen Konnotation, weil die staatliche Entbindung des palästinensischen Nationalkonstrukts im Zeitalter von Globalisierung und Krisenkapitalismus nur eine Totgeburt sein kann. Die „völkische" Formierung zerfällt schon in ihre postnationalen (in diesem Fall islamistischen) Zersetzungsprodukte, bevor sie überhaupt institutionell greifen konnte. Der Antisemitismus in seiner aktuellen palästinensisch-arabischen Version, der keine gesellschaftlich formierende Kraft mehr besitzt, wird direkt und damit weitaus offener als bei den Nazis zum Moment des Todestriebes völlig desorientierter kapitalistischer Subjektivität; er erscheint deshalb auch unmittelbar als die Wahnidee von Selbstmordattentätern.

Die physische Zerstörung der ohnehin dürftigen palästinensischen Infrastruktur durch die israelische Kriegführung mag zur Legendenbildung eines „heroischen Kampfes" beigetragen haben; allerdings bedurfte es nicht erst der Kriegsverbrechen der israelischen Armee und der gehässigen israelischen Zerstückelungspolitik in Bezug auf das potentielle palästinensische Territorium, um den Palästina-Staat bereits vor seiner Gründung vollständig zu ruinieren. An sich schon ist ein palästinensischer Staat aus eigener Kraft (Fähigkeit zur Teilnahme am Weltmarkt, nichts anderes zählt mehr) noch viel weniger lebensfähig als der israelische; noch nicht einmal auf gemeinarabischem Armutsniveau. Mangels realer Entwicklungsmöglichkeiten war der PLO-Apparat von Anfang an auf den Status eines Almosen-Empfängers der arabischen Liga (vor allem natürlich der arabischen Ölprinzen), der EU, der USA usw. (ungefähr in dieser Reihenfolge) reduziert und ist als solcher nach zahllosen Zeugnissen von Korruption völlig ausgehöhlt. Bereits vor der letzten Intifada waren Schießereien und Auftragsmorde zwischen rivalisierenden Gruppen so alltäglich wie in anderen Zusammenbruchs-Regionen auch. Die innerpalästinensischen „Abrechnungen" der eigenen Barbarisierungsprodukte stehen der israelischen Repression kaum nach und sind erst durch die israelische Kriegspolitik vorübergehend in den Hintergrund gerückt.

Dass nicht nur die Palästinenser selbst, sondern auch die EU, die USA und der westliche „ideelle Gesamtimperialismus", ja sogar teilweise die israelische Politik an der völlig obsoleten Staatsgründungs-Option für die Palästinenser festhalten, zeigt den Grad an Desorientierung und Wirklichkeitsfremdheit des gesamten offiziellen „Realismus" an. Niemand will wahrhaben, dass die alten, bürgerlich-aufklärerischen Formeln von Emanzipation, „Entwicklung", Demokratie usw. vollständig entwertet und ungültig geworden sind. Solange sich nicht eine qualitativ neue, radikal antikapitalistische und ihrem Selbstverständnis nach von vornherein transnationale, poststaatliche soziale (nicht politische, sondern anti-politische) Oppositionsbewegung herausbildet, kann das Verhängnis der gesellschaftlichen Auflösungs- und Selbstzerstörungsprozesse nur weiter seinen Lauf nehmen; in Palästina so buchstäblich selbstmörderisch und perspektivlos wie nirgendwo sonst. Die erschreckend hilflosen und begriffslosen Äußerungen der wenigen verbliebenen Vertreter kritischer Intelligenz im palästinensischen und gesamtarabischen Raum können daran nichts ändern, weil sie nur Ausdruck der Tatsache sind, dass bis jetzt nicht einmal die äußerste Not das Denken dazu bewegen kann, sich von den obsoleten Paradigmen des vergangenen Zeitalters zu lösen.

Israel als „Alien" der kapitalistischen Welt und der arabische Neo-Antisemitismus

Von dieser bitteren Diagnose ist allerdings Israel keineswegs auszunehmen. Das ist gerade deshalb umso tragischer, weil Israel eben nicht bloß ein Staat unter Staaten und ein Konkurrent des virtuellen palästinensischen Staates ist, sondern gleichzeitig ein auf die ganze Welt bezogenes Paradigma gegen den mit kapitalistischen Reproduktionsformen untrennbar verbundenen Antisemitismus – und damit trotz seiner Involviertheit in das westlich-imperiale Gefüge gleichzeitig ein Widerstandspotenzial gegen die letzte krisenideologische Reserve des Weltkapitals. Die schiere Existenz Israels bildet eine Art Garantie dafür, dass sich der Marsch des warenproduzierenden Weltsystems in die Barbarei noch nicht vollenden kann; nicht weil dem Staat Israel an sich eine besondere metaphysische Qualität innewohnt, sondern genau umgekehrt deswegen, weil die israelische Realexistenz mit den letzten Konsequenzen der kapitalistischen Realmetaphysik unvereinbar ist, denn diese letzten Konsequenzen verlangen die physische Vernichtung ausnahmslos aller Juden.

Insofern verlangt die (unfreiwillige) Bedeutung Israels im Hinblick auf die kapitalistische Weltkrise auch eine viel genauere Analyse, als sie etwa der palästinensischen oder jeder anderen Krisengesellschaft der Peripherie zukommt; denn es handelt sich bei der israelischen Entwicklung zwar um einen analogen Krisenprozess, der jedoch mit einer zusätzlichen, direkt das Schicksal der ganzen Welt mitentscheidenden Bedeutung aufgeladen ist.

Israel kann freilich als das, was es in seiner modernen staatlichen Existenz ist, überhaupt nur existieren, solange es selbst kein Bewusstsein über das weltgeschichtliche Wesen dieser Existenz hat.

Die Paradoxie dieser Existenz ist im kapitalistischen Dasein der jüdischen Menschen überhaupt angelegt: So unreflektiert wie alle anderen Alltagsmenschen (oder auf dem Gebiet des begrifflichen Denkens: so verkürzt wie alle anderen modernen Theoretiker auch), wollen sie in ihrer falschen Unmittelbarkeit zunächst nichts anderes als „arbeiten", ihr „Geld verdienen", „Wissenschaftler sein" usw. und sich irgendwie eine stinknormale kapitalistische Identität bilden. Der tief in der Moderne wurzelnde, mit der kapitalistischen Subjektform als solcher verwachsene Antisemitismus jedoch lässt dies nicht zu. Je normaler die jüdischen Individuen sein wollen, desto grausamer tritt ihnen die Fremddefinition entgegen, die sie als schlechthinnige Alterität bestimmt. Ihr schierer Wille zur Normalität fällt in eins mit der schieren Abnormität oder Monstrosität des Kapitalverhältnisses.

Der jüdische Konformismus, auch in seiner Staat gewordenen Form als Mitglied der scheinheiligen „Völkergemeinschaft" (alias die Konkurrenz- und Mordgemeinschaft von National- und Staatsungeheuern), ist immer schon damit konfrontiert, in all seiner sogar überdeterminierten Anpassungsleistung gleichzeitig apriori als „Alien" gesetzt zu sein. Diese Verungeheuerlichung des Jüdischen, wie sie dämonisch den zerreißenden Selbstwiderspruch kapitalistischer Subjektivität darstellt, geht weit über alle „normalen" Konkurrenzverhältnisse, Rivalitäten, Rassismen und auch die kolonialistische kulturelle „Exotisierung" hinaus.

In allen diesen Negativbeziehungen und Setzungen von Alterität erkennt sich doch die kapitalistisch formierte Menschheit in ihrem bürgerlichen, negativen Menschsein durch alle Auseinandersetzungen hindurch wieder. Der Antisemitismus jedoch ist das Andere der Konkurrenz selbst: Er setzt eine absolute Fremdheit, die nichts anderes ist als die gesellschaftliche Selbstentfremdung des warenproduzierenden Wesens, das als metaphysisches Subjekt der leeren Wertform nicht von dieser Welt und doch in dieser Welt ist; und er veräußerlicht diese absolute Selbstentfremdung in Gestalt des Juden als des schlechthin Anderen und unversöhnbar Fremden, also auch des nicht mehr politisch Vermittelbaren und Befriedbaren.

Das gilt auch für den Staat Israel als Staat. So können die Israelis nur Staatsvolk und Staat unter Staaten sein, indem sie gleichzeitig für alle anderen das absolut Andere als abstrakte Negativität darstellen, ob sie wollen oder nicht. Dieser Zusammenhang ist von jüdischen Autoren innerhalb wie außerhalb Israels immer wieder in aller Schärfe benannt worden, so von Nathan Glazer 1975: „Juden haben meistens so sein wollen wie alle anderen. Sogar die Gründung des Staates Israel erfolgte ironischerweise in dem Bestreben, Juden so sein zu lassen wie alle anderen auch: Sie würden nun einen Staat haben, wären nicht mehr länger ein sonderbares, heimatloses Volk, sondern ein Volk wie alle anderen. Aber es ist anders gekommen. Israel hat den besonderen Status der Juden verstärkt, nicht vermindert. Kein anderer Staat weiß so sehr, dass ein verlorener Krieg seine Zerstörung und sein Verschwinden bedeuten würde" (zit. Nach: Eisenstadt 1987/1985, 576).

Dabei muss allerdings unterschieden werden zwischen dem „besonderen Status" der Juden im Sinne der welthistorischen Stellung des Staates Israel im Kontext des modernen Antisemitismus und seiner gesellschaftlichen Funktion einerseits, und dem spezifischen, unmittelbar feindlichen Konkurrenz-Verhältnis zu sämtlichen arabischen Nachbarn andererseits, das keineswegs von vornherein mit dem modernen (primär westlichen) Antisemitismus verbunden war. Deshalb ist die arabische Feindschaft gegen

Israel zumindest in ihren Anfängen nicht unmittelbar gleichzusetzen mit dem weltgesellschaftlichen „besonderen Status" der Juden oder gar dem eliminatorischen Antisemitismus der Nazis.

Ursprünglich bezieht sich die Nichtanerkennung Israels bei den Arabern (gerade dort, wo sie offiziell ist) nur auf die staatliche Existenz, nicht auf die physische oder soziale Existenz der Menschen. Mit anderen Worten: Den Juden in Palästina wird (in Umkehrung des palästinensischen Problems) das „Recht auf einen eigenen Staat" aberkannt, nicht das Lebensrecht. Sie sollen als Bürger eines phantasierten palästinensisch-arabischen Staates leben, der Intention nach ebenso subaltern und in „Homelands" eingepfercht wie jetzt umgekehrt die Palästinenser unter israelischer Staatsherrschaft. Was natürlich bedeuten würde, dass es kein Israel als Zufluchtsort für die Verfolgten des globalen Antisemitismus mehr gäbe. Aber diese Seite des Problems hat die palästinensisch-arabische Seite sowieso nie interessiert. Die palästinensischen Vertreter sprechen bestenfalls von sich als den „Opfern der Opfer", ohne den Kontext der kapitalistischen Weltgesellschaft und ihrer destruktiven Widersprüche reflektieren zu wollen.

Aber diese Haltung ist eben zunächst noch nicht dasselbe wie der eliminatorische Antisemitismus der Nazis oder überhaupt der westliche Antisemitismus. Die Juden sind im arabisch-islamischen Raum ursprünglich nicht als die absolute Alterität im Nations-, Staatsbildungs- und Modernisierungsprozess gesetzt. Bis heute gibt es in den meisten nahöstlichen Ländern jüdische Gemeinden mit Synagogen und relativ unbehelligten Existenzmöglichkeiten, auch in der islamistischen Republik des Iran. Der natürlich vorhandene Migrationsdruck in Richtung Israel ist nicht großen Verfolgungswellen geschuldet, sondern entstammt anderen (kulturellen und vor allem sozialen) Motiven. Selbst beim gegenwärtigen Stand der Hass-Eskalation würde eine militärische Niederlage Israels wahrscheinlich außer zum Verlust seiner staatlichen Existenz zwar auch zu traditionellen Rache-Gemetzeln, Plünderungen und Vertreibungen führen, was grausam genug wäre, nicht aber zum fabrikmäßigen Judenmord nach dem Muster der Nazis, der eben nicht das Resultat eines typischen modernen Interessenkonflikts an der Reibungsfläche realer Gegensätze war, sondern direkt aus dem Inneren der allgemeinen kapitalistischen Subjekt-Metaphysik kam – sich also auf einer ganz anderen Abstraktionsebene vollzog, und der gerade deswegen so extrem und leidenschaftslos durchgeführt wurde. Die Singularität von Auschwitz wird durch die arabische Judenfeindschaft nicht aufgehoben.

Wenn sich das palästinensisch-arabische Hasspotential gegen Israel inzwischen tatsächlich mit Momenten des importierten europäisch-westlichen Antisemitismus und dessen gesellschaftlicher Funktion als Krisenideologie auflädt, etwa in der Hetze palästinensischer Medien und im „Bildungswesen" der Autonomiebehörde, so ist dies weniger dem realen Gegensatz der hautnahen Interessen-Auseinandersetzung um Land, Wasser usw. geschuldet, sondern vielmehr dem negativen Aufgehen beider Konfliktparteien im destruktiven Prozess der kapitalistischen Globalisierung, der die interessenmäßige Realität des Konflikts irreal oder surreal und die Subjektform sämtlicher Interessen obsolet macht.

Aber sogar beim modernen Antisemitismus kommen die Araber als Bestandteil der kapitalistischen Welt gewissermaßen zu spät. Sie können diese krisenideologische Reserve nicht mehr wie die Nazis als gesellschaftlichen Formierungsprozess mobilisieren. Die

antisemitische irrationale Welt- und Krisenerklärung kann unter
den Bedingungen der Globalisierung nirgendwo mehr eine staatliche Form als organisiertes Vernichtungsprogramm im gesellschaftlichen Maßstab annehmen, schon gar nicht in Palästina.
Eben deswegen ist der eliminatorische Impuls dabei gleichzeitig
unmittelbar autoaggressiv (Selbstmordattentäter); er vermischt
sich praktisch mit den elementaren kapitalistischen Konkurrenzverhältnissen der materiellen Reproduktion vor Ort und ideologisch mit den religionspolitischen Zerfallsprodukten von Staatlichkeit: auch dies ein Unterschied zu den Nazis; ganz abgesehen von
der Differenz zwischen Erster und Dritter Welt, die auch im for-
mell homogenen Raum der Globalisierung erscheint und die ideologischen Muster färbt.

Vom Zionismus zur Herrschaft der Ultras: Die innere Krise der israelischen Gesellschaft

Israel seinerseits wird als kapitalistischer Staat unter kapitalistischen Staaten nicht nur die absolute Alterität nicht los, sondern
durchläuft gleichzeitig im planetarischen kapitalistischen Raum
dieselben Krisenprozesse wie alle anderen Staaten auch; und aufgrund seiner prekären, alimentierten ökonomischen Existenz mit
im Vergleich zum Westen besonderen Gefährdungspotentialen.
Da Israel jedoch, um kapitalistischer Staat sein zu können, seine
wahre Legitimation selber nicht wissen darf oder nur in einer ganz
äußerlichen Weise (zwar positiv als Zufluchtsort für die vom Antisemitismus verfolgten Juden, aber nur mit einem selber äußerlichen, verkürzten Verständnis von der Natur dieses Antisemitismus), muss es ebenso regressiv und bösartig auf die Krise reagieren wie alle anderen, von denen es als die absolute Andersheit

definiert wird: Der jüdische Drang nach bürgerlicher Normalität reproduziert sich auch in der negativen Form. Das als Alterität gesetzte Israel kann zwar natürlich nicht den Antisemitismus als letzte innere Reserve bürgerlicher Subjektivität mobilisieren, aber es ist in Wahrheit dennoch in dieser Welt und von dieser Welt, integraler Bestandteil ihrer Entwicklung und damit auch ihrer Entwicklung zur Barbarei.

Die aufgezwungene Alterität macht Israel nicht zur positiven historisch-gesellschaftlichen Alternative und seine Menschen nicht zu anderen Menschen. Bleibt der antiarabische Rassismus im Westen eine rassistische Äußerung neben anderen und ist nicht dafür geeignet, in der drohenden Selbstzerstörung des bürgerlichen Subjekts als Projektion der Selbstentfremdung auf ein äußeres Objekt zu dienen, so muss er in Israel als Notbehelf und Ersatz für die dort nicht mögliche antisemitische Krisenform kapitalistischer Subjektivität dienen. Insofern geht Israel seinen eigenen Weg in die Barbarei, der sich allerdings in seinen Erscheinungsformen von dem der arabischen feindlichen Nachbarn kaum unterscheidet.

Wie überall in der Welt erweist sich in Israel die reaktionäre religionspolitische Mobilisierung als genuines Zersetzungsprodukt kapitalistischer Subjektivität und Staatlichkeit; hier eben mit antiarabischen Projektionen aufgeladen. Und auch in Israel hat der dem Globalisierungsprozess folgende Barbarisierungsprozess eine Vorgeschichte; genauer gesagt: Es werden alte und in der Vergangenheit scheinbar verblasste innere Gegensätze neu besetzt und gerade in diesem speziellen Fall aggressiv mit den äußeren amalgamiert. Der führende israelische Soziologe und Historiker Shmuel N. Eisenstadt (Hebräische Universität Jerusalem) hat Mitte der 80er Jahre eine umfassende Untersuchung über „Die

Transformation der israelischen Gesellschaft" (Eisenstadt 1987/1985) vorgelegt, die in dieser Hinsicht als äußerst aufschlussreich gelten kann.

Entscheidend ist dabei der Umstand, dass der säkulare Arbeiter-Zionismus von Anfang an in den jüdischen Gemeinden sowohl der verschiedenen Weltregionen als auch innerhalb des Staates Israel auf den erbitterten Widerstand der orthodoxen und ultra-orthodoxen Religiösen stieß. Tatsächlich haben die Ultra-Orthodoxen (die sogenannten Haredim), in Israel keineswegs eine kleine Minderheit, den jüdischen Staat bis heute so wenig anerkannt wie die militantesten Palästinensergruppen und islamischen Staaten. Dieser innerjüdische Konflikt geht weit zurück; er speiste sich stets aus dem Affekt der klerikalen Reaktionäre gegen die moderne Verweltlichung und innerkapitalistische Interessenpolitik – gewissermaßen die jüdische Version der „modernen Antimoderne", also der bloß regressiven und autoritären bürgerlichen Gegenaufklärung ohne jedes Moment emanzipatorischer Kritik.

Im Unterschied zur westlichen Welt gingen diese reaktionär-autoritären Kräfte jedoch in Israel nicht einfach als rechtsradikale Strömung in der bürgerlichen Politik auf. Sie bildeten zwar Parteien und nahmen an der Politik teil, jedoch auf eine ganz äußerliche und rein taktische Weise, während sie im Prinzip antistaatlich blieben. Antistaatlich jedoch natürlich nicht in irgendeinem Sinne anarchischer Emanzipation, sondern einzig und allein als Programm einer direkten Unterordnung des Lebens unter den spezifisch religiösen Fetischismus mit einer quasi-religionspolitischen Mobilisierung.

Wie aus der Untersuchung Eisenstadts hervorgeht, wurden die Ultra-Orthodoxen im Laufe der israelischen Entwicklung zunächst als eine Art Dinosaurier des Judentums betrachtet, die irgendwann aussterben würden. Unter dem Eindruck des Holocaust erhielten sie als Einwanderer weitreichende institutionelle Zugeständnisse, damit sie trotz ihrer Ablehnung des Staates Israel in diesem Staat leben konnten. Das alles musste nicht als schwerwiegend und verhängnisvoll erscheinen, solange sich Israel trotz seiner welthistorischen Sonderstellung und trotz der feindlichen arabischen Umwelt als kapitalistischer Staat unter kapitalistischen Staaten im Kontext der globalen fordistischen Akkumulationsära entwickeln konnte. Ganz anders stellte sich die Position der Ultra-Orthodoxen jedoch im Kontext von Globalisierung und kapitalistischer Weltkrise dar. Mit jedem Schub der postmodernen Krise entpuppte sich diese reaktionäre gesellschaftliche Kraft zunehmend als Ferment der innerisraelischen gesellschaftlichen Selbstzerstörung. Weit davon entfernt, allmählich auszusterben, begann das vermeintlich bloß skurrile religionspolitische Segment der israelischen Gesellschaft zu einem typisch postmodernen religiösen Fundamentalismus auszuwuchern.

Zwei Momente gaben dieser Tendenz besondere Durchschlagskraft. Zum einen mussten die Ultra-Orthodoxen sich als Repräsentanten eines „Gottesstaats" nicht neu erfinden; ganz wie die saudischen Wahhabiten waren sie noch nie bereit, im Rahmen bürgerlicher religiöser Toleranz ihre Nische zu pflegen, sondern im Gegenteil schon immer darauf bedacht, der weltlichen Gesellschaft ihr „Gottesgesetz" als militante Bewegung aufzuzwingen. Zum anderen waren sie dank der staatlichen Zugeständnisse dazu auch zunehmend institutionell in der Lage; im Gegensatz zu den meisten ihrer islamischen Brüder im Geiste mussten sie sich – wiederum ähnlich wie in Saudi-Arabien – nicht aus dem Untergrund heraus formieren. Unter dem Schutz des staatlichen Herrn

Biedermann „... betonten sie stets die höhere Autorität ihrer eigenen Einrichtungen, ihrer Studienzentren und der Entscheidungen ihres Weisenrates, dem ihre Parlamentsmitglieder verantwortlich waren. Gleichzeitig stellten sie dem Staat zahlreiche Forderungen prinzipieller und religiöser Art; einmal sollten der Bevölkerung so viele religiöse Beschränkungen wie möglich auferlegt werden, zum anderen beanspruchten sie aber auch diverse Zugeständnisse und irdische Zuwendungen für ihre eigenen Bedürfnisse, vor allem für ihr getrenntes Schulsystem... Außerdem forderten sie bestimmte Vorrechte und eine Art begrenzter Immunität gegenüber vielen staatlichen Gesetzen..." (Eisenstadt, a.a.O., 531).

Mit anderen Worten: Die Ultra-Orthodoxen bildeten von seiner Gründung an innerhalb des Staates Israel einen dem weltlichen Zionismus prinzipiell feindlichen separaten Gottesstaat; eine Position, die unter den Bedingungen der neuen kapitalistischen Weltkrise bestens dazu geeignet ist, den inneren staatlichen und gesellschaftlichen Zersetzungsprozess in postmodern-poststaatliche Barbarisierungsprodukte einzuleiten. Die Parallele zu den weltregionalen feindlichen Nachbarn könnte nicht deutlicher und peinlicher sein. Um als Ferment dieses destruktiven Prozesses wirken zu können, mussten sich die ultra-orthodoxen Kräfte aus ihrer abgeschlossenen Existenz herausbewegen, ohne deren klerikal-reaktionären Anspruch aufzugeben, und dazu übergehen, mit anderen, in dieselbe Richtung wirkenden gesellschaftlichen Tendenzen widersprüchlich zu verschmelzen.

Zunächst einmal kam es „... in enger Verbindung mit der allgemeinen Tendenz in der Diaspora ... zu einer starken Ausbreitung orthodoxer Gruppen in Israel. Ultraorthodoxe Gemeinschaften sowie orthodoxe Kreise unterschiedlicher Art ... nahmen an Zahl zu und traten deutlicher in Erscheinung" (Eisenstadt, a.a.O., 533). Wie in der übrigen Welt in unterschiedlichsten Formen, nahm also die sektenhafte, religionspolitische Verarbeitung der gesellschaftlichen Krisenerscheinungen auch in der gesamten jüdischen Welt und in Israel quantitativ zu.

Unter diesem Druck zeigten sich bald auch Risse innerhalb des staatstragenden Zionismus in seiner bisherigen Zusammensetzung. Ursprünglich hatte sich der Zionismus aus einem weltlich-sozialistischen und einem sogenannten national-religiösen Flügel zusammengesetzt. Die Nationalreligiösen erkannten im Unterschied zu den Ultra-Orthodoxen den Staat Israel als solchen an und damit auch seine säkulare Erscheinung; sie bewegten sich darin als ideologisch religiös eingekleidete parteipolitische Kraft wie etwa die Christdemokraten in Europa. Aber unter dem Krisendruck von außen wie von innen und im Zeichen des starken Aufkommens der Ultra-Orthodoxen begann sich der „historische Bund" der Nationalreligiösen mit der säkularen Hauptströmung des Arbeiter-Zionismus zusehends aufzulösen. Die Nationalreligiösen näherten sich stattdessen den Ultra-Orthodoxen an und umgekehrt, was bedeutete, dass die einen mit religiösem Fanatismus und die anderen mit militantem Nationalismus aufgeladen wurden. Schon diese Konvergenz allein musste einen Sprengsatz der israelischen Gesellschaft bilden, mit Sprengwirkung nach außen wie nach innen.

Hinzu traten weitere destruktive Phänomene im Zuge der jüdischen Immigration nach Israel. Waren die ursprünglichen Einwanderungsschübe vor allem in der Zeit des Holocaust und danach eher von ost- und mitteleuropäischen Juden (Aschkenasim) mit großenteils westlicher und säkularer Orientierung getragen gewesen (was ja auch der zionistischen Ideologie entsprach), so verlagerte sich das Gewicht der Immigration allmählich auf asiatisch-afrikanische oder sogenannte „orientalische" Immigranten (Sephardim). Diese Neuankömmlinge in Zeiten der erlahmenden globalen Kapitalakkumulation bildeten bald in ihrer Mehrzahl die soziale Unterschicht der israelischen Gesellschaft. Der daraus resultierende innergesellschaftliche Gegensatz wurde jedoch in zunehmendem Maße nicht sozialökonomisch, sondern in der typischen Manier des postmodernen Kulturalismus „ethnopolitisch" artikuliert. Diese spezifisch innerisraelische Ethnisierung des Sozialen blieb nicht bei einem bloßen Multikulturalismus stehen, sondern mutierte unter dem wachsenden inneren und äußeren Druck zur Tendenz einer militanten „Orientalisierung" der israelischen Gesellschaft mit einer Hassmobilisierung gegen den säkularen europäischen Zionismus: So sah man schon in den frühen 80er Jahren „in den nördlichen... Vororten von Tel Aviv viele Grafitti mit dem Wort ‚Aschkenazi' (eine Verbindung aus Aschkenase und Nazi)..." (Eisenstadt, a.a.O., 783).

Es konnte nicht ausbleiben, dass die reaktionäre religionspolitische Mobilisierung im Zusammenwachsen von ultra-orthodoxen Fanatikern und religiösen Ultranationalisten sich auch mit der ethnopolitischen „Orientalisierung" zu verbinden begann: ein Gebräu von religiösem Fundamentalismus, extremistischem Nationalismus und Ethnopolitik in einer einzigen Mixtur; geradezu ein Musterbeispiel von zerstörerischer Barbarisierungspolitik in Krisenzeiten.

Mindestens ebenso problematisch ist die Anreicherung der israelischen Gesellschaft mit einem zweiten, anders motivierten rassistischen Potential; nämlich durch die seit dem Zusammenbruch der Sowjetunion geradezu lawinenartige Immigration aus Russland und den GUS-Staaten: „Tagtäglich kann man auf dem Ben-Gurion-Flughafen eine Aeroflot- oder eine Transaero-Maschine sehen, die eine Ladung Immigranten aus den untersten Schichten der ehemaligen Sowjetunion abliefern" (Kampfner 2002). Der „jüdische" Charakter, ohnehin wie alle anderen Ethno-Definitionen ein historisches Konstrukt und wie der Staat Israel selbst nur durch den weltweiten Antisemitismus legitimiert, ist bei vielen dieser Immigranten eher zweifelhaft; sind doch die Zustände in der ex-sowjetischen Zusammenbruchsgesellschaft vielerorts derart grauenhaft, dass selbst die Migration in das bedrohte Israel als sozialer Ausweg erscheint. Gemäß dem israelischen Rückkehrgesetz müssen die Immigranten „belegen, dass sie einen jüdischen Großelternteil haben. Entsprechende Papiere kann man sich in den meisten exsowjetischen Städten jederzeit gegen Geld beschaffen" (ebd). Ähnlich wie bei der Migration der sogenannten deutschstämmigen Russen in die BRD zeigt sich hier die Zweifelhaftigkeit und Doppelbödigkeit „ethnischer" Kriterien überhaupt; diese sind stets nach zwei Seiten hin rassistisch besetzbar, sowohl im einschließenden wie auch im ausschließenden Sinne.

Die immigrierten Russen wirklicher oder gefälschter jüdischer Herkunft, meistens aus der russischen Unterschicht der sogenannten „Sows" stammend, haben das Profil der israelischen Gesellschaft weiter verändert: „Heute stellen sie ein Sechstel der Gesamtbevölkerung. Über Generationen geprägt durch die sowjetische Diktatur und entsprechend mental konditioniert, wissen diese Sows über Israel nur wenig und über die Araber überhaupt nichts. Während sie früher die ‚Schwarzen' aus den mittelasiatischen oder transkaukasischen südlichen Sowjetrepubliken hassten, richten sie ihren Hass nunmehr auf die Palästinenser und auf die muslimischen Länder, die Israel umgeben... Die einzigen Sows, die regelmäßig Kontakt mit den Palästinensern pflegen, sind die organisierten Kriminellen, die so lukrativen Tätigkeiten nachgehen wie der Hehlerei mit gestohlenen Autos oder Waffenschmuggel ins Westjordanland und in den Gaza-Streifen. Die Waffen bekommen sie von israelischen Soldaten, die damit ihren Drogenkonsum finanzieren" (ebd).

Praktisch alle der immigrierten „Sows" sind konsequent säkular ausgerichtet und haben mit dem religiösen Wahn der Ultra-Orthodoxen nichts am Hut. Aber sie haben den säkularen Teil der Israelis eben nicht im emanzipatorischen Sinne verändert. Denn was sie mitbringen und neu orientieren, ist der ganz gewöhnliche säkulare Rassismus kapitalistischer Unterschichten, der mit dem religiös motivierten widersprüchlich verschmilzt: „Es ist nicht die Religion, die sie antreibt. Die meisten Sows haben keine. Sie bilden mit anderen Gruppen der israelischen Gesellschaft eine zufällige und unheilige Allianz, die die politische Landschaft stark verändert hat" (ebd).

Zusätzlich verschärfend musste wirken, dass Israel als integraler Bestandteil der kapitalistischen Weltgesellschaft gleichzeitig natürlich deren ökonomischer und ideologischer Mainstream-Tendenz unterworfen ist. Unter der Ägide des Neoliberalismus mit den grundsätzlichen Vorgaben von Privatisierung, Deregulierung und Globalisierung mussten alle sozialistischen Momente des Zionismus ihre Bindekraft einbüßen. Insbesondere die Idee der Kibbuzim wurde weder intellektuell noch praktisch zeitgemäß erneuert, sondern erlebte einen quantitativen und substantiellen Verfall. An die Stelle der engen Gemeinschaftsideologie trat keine weitergehende Kritik der kapitalistischen Subjektform, sondern wie überall in der Welt die schrittweise Kapitulation vor den beiden eng miteinander verbundenen postmodernen Erscheinungen

von abstrakter Individualisierung qua Markt- und Konkurrenz-
zwang einerseits und militantem Religions- bzw. Ethno-Kulturalis-
mus andererseits.

In vordergründig politischer Hinsicht führten alle diese Entwicklungen schon bald zu einer völligen Verschiebung der israelischen
Machtverhältnisse: Der säkulare Arbeiter-Zionismus wurde mehr
und mehr an die Wand gedrückt; es kam zu einem „anfangs lang-
samen, aber kontinuierlichen Aufstieg von Gachal, dem späteren
Likud-Block" (Eisenstadt, a.a.O., 626), der politischen Mitte der
reaktionär-barbarisierenden Tendenz mit einem ganzen Kome-
tenschwarm von ultra-religiösen, ultra-nationalistischen und
ethno-politischen Parteien, Splittergruppen, Sekten und fanati-
schen Kampforganisationen, die heute mindestens das Zünglein
an der Waage für Regierungsbildungen sind: „Die Likud-Regierung
von Ariel Scharon stützt sich auf sowjetische Einwanderer, se-
phardische Juden und Ultraorthodoxe" (Kampfner 2002).

Diese Tatsachen der gesellschaftspolitischen Entwicklung Israels
werfen erst recht ein grelles Licht auf die unheimliche Ignoranz
des traditionellen linken „Antiimperialismus": Während dieser
weiterhin seine „antizionistischen" (immer schon und heute bis
zur Kenntlichkeit antisemitisch aufgeladenen) Parolen brüllt, ist
der säkulare Arbeiter-Zionismus in Wahrheit von den antizionistischen reaktionären und postmodern-antizivilisatorischen Kräften
Israels selbst längst überrollt worden. Auch in dieser Hinsicht ist
der „nationalrevolutionäre" Antisemitismus nur noch anachronis-
tisch. Der Aufstieg des Likud-Blocks ging mit einer systematischen
Delegitimierung des ursprünglichen zionistischen Denkens einher
und war nahezu identisch mit einem doppelten, sowohl nach außen wie nach innen gerichteten Zersetzungsprozess der israelischen Gesellschaft.

In der Orientierung nach außen verwandelte sich die defensive Haltung gegenüber den Arabern in militante Feindseligkeit, kulturalistische Arroganz und aggressive Eroberungsideen. Diese ideologische Ausrichtung der rapide an Einfluss gewinnenden Ultras schlug sich praktisch in einem neuen rechtsextremistisch formierten Siedlungsprogramm nieder. Die 1974 gegründete Gush Emunim („Block der Gläubigen") predigte ein neues, nicht mehr sozialistisches, sondern religiös-nationalistisches „Pionier"-Ideal mit dem Ziel, die arabischen Einwohner zu vertreiben und letzten Endes die besetzten Gebiete Israel einzuverleiben: „Die Siedlungspolitik in Judäa und Samarien schlug tatsächlich neue Richtungen ein, nachdem die Likud-Regierung an die Macht gekommen war... Der Siedlungsprozess unter den Likud-Regierungen wies einige typische Merkmale auf. Das erste davon war sein enormes Ausmaß. Während in der Zeit von 1967 bis 1977 rund vierzig neue Siedlungen gegründet worden waren, entstanden von 1976 bis 1983 fast doppelt so viele... Das zweite Merkmal des Siedlungsprozesses unter den Likud-Regierungen betraf die Lage der neuen Siedlungen. Während der Zeit des Arbeiterblocks hatte man Siedlungen in Gebieten errichtet, die keine oder nur sehr wenige arabische Einwohner aufwiesen... Die Ortswahl für neue Siedlungen veränderte sich dann weitgehend unter den Likud-Regierungen. Ziel war es nun, ein Maximum an jüdischer Präsenz in allen Teilen der Westbank zu schaffen. Statt Gebiete mit dichter arabischer Bevölkerung auszusparen, bevorzugte man gerade diese Bezirke für Siedlungsneugründungen und errichtete sogar Siedlungskerne in den großen arabischen Städten wie Nablus, Ramallah und Hebron. Die genaue Lage der neuen Siedlungen richtete sich nach der Identifizierung einer bestimmten Stätte mit einer biblischen Siedlung..." (Eisenstadt, a.a.O., 754 f). 2009 gab es bereits über 120 Siedlungen und sogenannte Außenposten; und schon 2012 lebten mehr als 600.000 Juden in mehr als 250 Siedlungen und Außenposten inmitten von ca. 2,4 Millionen Palästinensern.

Diese Besiedlung folgte keinem universellen Ideal mehr wie der Arbeiter-Zionismus, also auch nicht einem impliziten Anspruch, dass Platz für alle Verfolgten sein soll und sich darüber hinaus alle Menschen überall niederlassen können, sofern dies nicht auf Kosten anderer geht. Ganz im Gegenteil repräsentiert Gush Emunim eine ethno-politische „Säuberungs"- und Enteignungspolitik mit einer völlig irrationalen (biblischen) Legitimationsgrundlage. Dabei machte der spätere Regierungschef schon in den frühen 80er Jahren von sich reden: „Die allgemeine Siedlungspolitik ... stand unter der dynamischen Leitung von Ariel Scharon..." (Eisenstadt, a.a.O., 757). Es war deshalb kein Zufall, dass unter Scharons Führung als Verdeidigungs-Minister 1982 der erstmals rein aggressive, nicht von außen aufgezwungene Libanon-Feldzug geführt wurde, der in dem berüchtigten Massaker von Sabra und Schatila bei Beirut gipfelte: Dort ermordeten mit Israel verbündete christliche Milizen unter den Augen der israelischen Armee und mit offenbar stillschweigender Billigung von Scharon mehr als 800 palästinensische Zivilisten.

Nach innen ging die Rechtswende der israelischen Gesellschaft wie auch sonst in der Welt mit einem steigenden Grad von Korruptionsfällen und vor allem mit einer unversöhnlichen Spaltung einher, die bereits in den 80er Jahren zu einer immer aggressiveren rechten Gewaltrhetorik gegen die israelische Linke führte: „Diese Spaltungstendenzen verbanden sich mit einem erheblichen Maß an zumindest verbaler Gewalt und Gesetzlosigkeit auf vielen Ebenen, die ... in zahlreichen Lebensbereichen auch später anhielten. Dies zeigte sich im Alltagsverhalten, im Straßenverkehr und in der hohen Unfallrate. In engem Zusammenhang mit dieser

Gewalt stand die zunehmende Intoleranz gegenüber Gegnern, einschließlich der Neigung, sie mit extrem abwertenden Bezeichnungen zu belegen… Diese Gefühle der Zwietracht und Feindseligkeit, die heftig zum Ausdruck gebracht wurden, fanden sich vor allem bei den Gruppen, die dem Likud nahestanden" (Eisenstadt, a.a.O., 745 f).

Die Delegitimierung des Arbeiter-Zionismus ließ keinen Aspekt aus, weder die Kibbuzim noch der Gewerkschaftsverband Histradut blieben verschon: „Von besonderer Wichtigkeit waren die plötzlich ausbrechenden Hetztiraden … gegen die Kibbuzim, dieses zentrale Symbol des zionistischen Modells…" (Eisenstadt, a.a.O., 735). Wie die Kibbuzim litt auch die Gewerkschaftsbewegung unter dem doppelten Druck von kapitalistischer Krise und neoliberaler Globalisierung einerseits und rechtsradikal-religionspolitischer Hetze andererseits: „Generell verlor die Histadrut mehr und mehr ihre Stellung als Partner der Regierung bei der Formulierung ihrer Wirtschaftspolitik. Sie wurde oft ins Abseits gedrängt…" (Eisenstadt, a.a.O., 771). Nicht einmal die historische Rolle der zionistischen Hagana, des militärischen Kerns der israelischen Staatsgründung, wurde von diesem Prozess der Delegitimierung ausgenommen: „Sogar die Geschichte des Kampfes gegen die Briten und für die Unabhängigkeit wurde umgeschrieben – vor allem mit dem Ziel, die Rolle der Hagana bei all diesen Vorgängen herunterzuspielen" (Eisenstadt, a.a.O., 767).

Am Ende seiner Untersuchung gibt Eisenstadt der Hoffnung Ausdruck, dass Israel trotz dieser Entwicklung zu einem neuen „dynamischen Gleichgewicht" finden und die selbstzerstörerischen Tendenzen überwinden könnte. Leider haben bereits die 90er Jahre das genaue Gegenteil bewiesen. Die Ermordung von Ministerpräsident Jitzhak Rabin im November 1995 durch einen jungen religiös-nationalistischen jüdischen Fanatiker bildete nur die Spitze eines Eisbergs, an dem Israel durch seine eigene fundamentalistische Barbarisierung zu scheitern droht. In dieser Hinsicht liest sich die Untersuchung von Michael Karpin und Ina Friedman, „Der Tod des Jitzhak Rabin" (1998), im Original unter dem Titel „Murder in the Name of God" erschienen, wie eine unheilvolle Fortsetzung der Analyse von Eisenstadt. Karpin und Friedman, die zu den bekanntesten israelischen Journalisten zählen, zeigen in über weite Strecken schonungsloser Offenheit, wie weit die religiös-fundamentalistische und rechtsradikal-nationalistische Zersetzung der israelischen Gesellschaft inzwischen fortgeschritten ist, und zwar wiederum nach außen wie nach innen. Dass mit Rabin noch einmal eine zionistisch-säkulare Regierung ins Amt gekommen war, konnte zwar dem Willen der israelischen Mehrheit nach Frieden und Ausgleich zugeschrieben werden; aber das blutige Ende dieser bloß Episode bleibenden Politik verweist auf die bereits herangereifte Macht der fundamentalistischen Tendenz.

Sowohl vor als auch nach der Ermordung Rabins war eine bis heute anhaltende Forcierung der militanten Siedlungs- und Enteignungspolitik gegen die arabische Bevölkerung zu beobachten, deren Ausmaß selbst US-amerikanische Unterhändler regelmäßig erschreckte. Schon Eisenstadt wies im letzten Teil seiner Untersuchung auf den rassistischen Charakter der Siedlungsideologie und ihrer Unterstützung in den Spitzen der israelischen Gesellschaft hin; wie er schreibt, „rechtfertigten auch manche religiösen Gruppen ein extrem xenophobisches Verhalten, das sich auf die biblischen Beschuldigungen gegen Amalek berief" (Eisenstadt, a.a.O., 787). Der damalige Likud-Ministerpräsident Begin hatte die Palästinenser öffentlich als „zweibeinige Tiere" entmenschlicht; und in demselben Maße, wie die Mehrheit der orthodoxen Rabbiner in

Israel immer offener den jüdischen „Gottesstaat" propagierte, wurde auch dieser Rassismus lauter. Der Rabbiner Jitzhak Ginzburg, einer der extremistischen Hardliner, verfasste ein Dekret, „wonach ‚jüdisches Blut und nichtjüdisches Blut nicht dasselbe‘ seien" (Karpin/Friedman 1998, 18). Und der berüchtigte Rabbi Meir Kahane, einer der Ideologen der fundamentalistischen Rechten, der 1990 selber bei einem Besuch in New York ermordet wurde, „bezeichnete … alle Araber als eine ‚Epidemie… Bakterien, die uns vergiften‘ …" (Karpin/Friedman, a.a.aO., 69).

Solche Leute waren schon vor mehr als zwei Jahrzehnten in Israel ungefähr so „marginalisiert" wie etwa zur gleichen Zeit ein Jörg Haider in Österreich; zu Kahanes Begräbnis in Jerusalem „kamen etwa 15.000 Trauergäste, und kein Geringerer als der Oberrabbiner von Israel, Mordechai Eliyahu, hielt die Totenrede… Zu denen, die gekommen waren, um Kahane die letzte Ehre zu erweisen, gehörten auch zwei Minister und eine Reihe von Knessetabgeordneten der Rechten" (Karpin/Friedman, a.a.O., 70).

Das rassistische Motiv wurde zum Treibsatz für eine nicht abreißende Serie von Gewalttaten israelischer Siedler. So stürmte, um nur ein frühes Beispiel zu nennen, im Sommer 1983 eine Gruppe maskierter Extremisten in die Universität von Hebron, tötete mit Gewehr- und Granatfeuer drei Palästinenser und verwundete zahlreiche weitere. In der Folgezeit wurden reihenweise Bombenanschläge auf arabische Bürgermeister verübt. Herostratische Groß-Anschläge auf die Al-Aksa-Moschee in Jerusalem und andere moslemische Symbole wurden geplant, wenn auch rechtzeitig verhindert. Selbst bekannte politische Führer der Rechten beteiligten sich persönlich an Gewalttaten, so das Mitglied der rechten „Aktionszentrale" gegen Rabin, Gadi Ben-Zimra. Im Alltag terrorisierten gerade die exponiertesten, oft winzigen Siedlergruppen im Schutz der Armee ihre palästinensischen Nachbarn, warfen ihre Gemüsestände um, beschossen ihre Häuser, zerstörten ihre Autos usw. Erschreckend war der Selbstmordanschlag des Arztes Dr. Baruch Goldstein aus der berüchtigten Siedlung Kiryat Arba bei Hebron, der am 25. Februar 1994 mit einem Schnellfeuergewehr 30 Palästinenser beim Morgengebet niedermähte, bevor er selbst von wütenden Überlebenden gelyncht wurde. Goldstein erlangte in weiten orthodoxen und nationalistischen Kreisen den Rang eines „Märtyrers", von denen er sogar als „Opfer des arabischen Terrors", ja als „den Opfern des Nazi-Holocaust gleichgestellt" bezeichnet wurde (Karpin/Friedman, a.a.O., 104, 177).

Alle diese Gewaltausbrüche von nationalistisch-rassistischem Hass und religiösem Wahn waren organisiert und nicht bloß vereinzelt. Von der Armee auf Geheiß der Likud-Regierung mit Waffen versorgt, bildeten die Siedler eigene private Milizen, die sich bald selbst gegenüber der Likud-Administration zu verselbstständigen und als „bewaffneter Untergrund" gesetzlos und willkürlich zu agieren begannen: wiederum in auffälliger Parallele zu den palästinensisch-arabischen feindlichen Nachbarn. Die innere Zersetzung Israels hatte damit bereits die Warlord-Ebene erreicht. Die weltliche israelische Presse bezeichnete „die Brennpunkte der Siedlergewalt dann auch bald als ‚Wildwestbank' ..." (Karpin/Friedman, a.a.O., 64).

Paradoxerweise deuteten die Haredim und Ultra-Nationalisten in demselben Maße, wie sie die Autorität und die Institutionen des Staates Israel aushöhlten und zersetzten, gleichzeitig die legitimatorische Grundlage dieses Staates radikal um: Während ihr fundamentalistischer Aktivismus den Staat nach innen zerstörte, sollte er nach außen die überdimensionalen Ausmaße eines „Groß-Israel" annehmen. Aus dem weltlichen Zufluchtsort der Zionisten wurde der biblisch mystifizierte Ort eines religiös-nationalistischen Heilsversprechens; und aus dieser Sicht einer rechtsradikal-religiösen fundamentalistischen „Antipolitik" kann eine Grenzziehung überhaupt nicht das Resultat von Verhandlungen sein. Stattdessen behauptet die fanatische Gläubigkeit, „es gebe nur eine Richtlinie, um die Grenzen des Landes Israel festzulegen: Gottes Versprechen gegenüber dem Erzvater Abraham (!): ‚Deinen Nachkommen will ich dies Land geben, von dem Strom Ägyptens an bis an den großen Strom Euphrat' (1. Mose 15, 18). Heute umfassen diese Grenzen den größten Teil des Nahen Ostens, von Ägypten bis zum Irak (!)…" (Karpin/Friedman, a.a.O., 15).

Im Prozess der Verschmelzung von religiösem Fundamentalismus, säkularem Nationalismus, Rassismus und Ethnopolitik verwandelte sich die Lehre von der Erlösung durch den Messias in ein postpolitisches Konstrukt, das sich selbst als religions-politische „Revolutionierung" der israelischen Gesellschaft definiert: „Die ‚neomessianistische Revolution' wurde von Synagogen und Bildungseinrichtungen aus gesteuert. Synagogen waren nicht mehr nur Bethäuser, sondern auch Zentren der politischen Indoktrination, Jeschiwas nicht mehr nur Stätten der Gelehrsamkeit, sondern Kaderschmieden der großisraelischen Bewegung… Ein riesiger Propaganda-Apparat wurde aufgebaut, unter anderem von angeblich unpolitischen Verbänden, die Steuerfreiheit genossen… Eine ‚Erweckung' dieses Ausmaßes hatte es seit dem Aufstieg des Zionismus ein Jahrhundert zuvor in der jüdischen Welt nicht mehr gegeben…" (Karpin/Friedman, a.a.O., 291).

Nach innen agierte die neo-messianische, theokratische Bewegung für ein phantasmatisches Groß-Israel mit ebenso zunehmender, theologisch-talmudisch legitimierter Gewaltsamkeit wie nach außen. Auch diese innere, vor allem gegen die säkulare Linke gerichtete Gewalt begann früh, parallel zur rassistischen Siedlergewalt in den besetzten Gebieten. Den Startschuss gab ein Zwischenfall im Februar 1983: „Yonah Abrushmi, ein von der zügellosen Rhetorik der Rechten getriebener verbitterter junger Mann, warf in der Nähe des Amtssitzes des Ministerpräsidenten eine Handgranate in eine Menge von ‚Frieden jetzt'-Demonstranten. Ein Mann, Emil Grunzweig, starb bei diesem Anschlag, elf weitere Menschen wurden verletzt" (Karpin/Friedman, a.a.O., 155).

Gewalt und Gewaltrhetorik der theokratischen und/oder nationalistischen Rechten in teils offenen, teils sublimen Formen haben seitdem nicht nachgelassen. Der Ermordung von Rabin ging eine lange Hetzkampagne vorraus, in der mehrfach öffentlich sein Tod gefordert wurde; nach dem sogenannten Din Rodef, der talmudischen Todesstrafe für jüdische Verräter, hatten ihn ‚gespenstische Rotten' von fundamentalistischen Rabbis tagelang vor seinem Amtssitz auf pseudo-mittelalterliche Weise verflucht. Und dieser Mord wurde von einem bereits erschreckend großen Teil der israelischen Gesellschaft teils passiv hingenommen, teils klammheimlich und in vielen Fällen sogar offen bejubelt. Der Mörder, Yigal Amir, wird von vielen Teenagern als „Held" angehimmelt, erhält massenhaft Fanpost usw. Und die mehr oder weniger stille Billigung oder wenigstens Verharmlosung dieses Mordes geht bis weit in die höchsten Kreise der politischen Rechten: „Fast zwei Jahre nach dem Mord wiederholte Sharon, zu der Zeit Minister in Netanjahus Regierung, die Behauptung der rechtsradikalen und extremistischen Rabbiner: Jitzhak Rabin habe seinen

Tod durch seinen Starrsinn selbst verschuldet" (Karpin/Friedman, a.a.O., 301).

Analog zur globalen Amok-Kultur mit ihrer Verbindung von Aggression und Selbstvernichtung brütete die theokratisch-nationalistische Rechte Israels auch dieselbe Rechtfertigung des Selbstmordattentats aus wie die Islamisten, wobei die Tat des Massenmörders Goldstein als Präzedenzfall betrachtet wurde. Und ähnlich wie bei den Islamisten diente die militante Umdeutung religiöser Begriffe diesem Unterfangen: „Kiddush ha-Shem war, bevor er mit dem messianischen Eifer der Gush-Emunim-Siedler verknüpft wurde, ein Selbstopfer, mit dem anstelle des erzwungenen Glaubensübertritts der Tod gewählt wurde... Goldsteins aggressive Verwandlung dieses Selbstopfers wurde von den jüdischen Fanatikern rasch gutgeheißen... In einem Buch mit dem Titel Baruch ha-Gever (‚Gesegnet ist der Mann') priesen sie sein ‚Selbstopfer' als höchsten Ausdruck religiöser Überzeugung und forderten andere auf, es ihm gleichzutun. Rabbiner Elitzur Selga ... schrieb, die rabbinischen Heiligen hätten nie die Goldsteinsche Spielart der Selbstmordmission verurteilt. ‚Offenbar ist ein noch gewisserer Tod, etwa indem man sich und seine Feinde mit einer Granate in die Luft jagt, ebenfalls als edle Tat sanktioniert' ... „ (Karpin/Friedman; a.a.O., 67). Deutlicher könnte nicht gesagt werden, dass der akute und manifeste Todestrieb kapitalistischer Vernunft in jedes ideelle Gewand schlüpfen kann.

In kultureller und gesellschaftspolitischer Hinsicht verschärfte sich der radikal-theokratische Anspruch an die israelische Gesellschaft und gegen die säkulare Linke ebenfalls in den 90er Jahren; und wiederum in peinlicher Affinität zu den feindlichen arabischen Nachbarn. Ähnlich wie die Wahhabiten und alle anderen

Islamisten wettern die ultra-orthodoxen und religiös-nationalistischen Kräfte heute nicht nur verbal gegen „die hohle Kultur des Westens" (Karpin/Friedmann, a.a.O., 23), den modernen Materialismus, den Ausverkauf patriarchaler Werte usw., sondern sie wollen mehr als jemals zuvor der Gesellschaft ihre irrationalen Gebote aufzwingen. Genau wie bei den Islamisten steht dabei eine militante Sexualfeindlichkeit an vorderster Stelle. Selbst gemäßigte Orthodoxe sind entsetzt über den institutionellen Druck, den die puritanische Haredim inzwischen in dieser Hinsicht ausüben können. So nannte etwa 1997 Professor Yehudah Friedländer, Rektor der Bar-Ilan-Universität, „Beispiele für die Veränderungen aus dem Umkreis seiner eigenen Familie… ‚Streng beachtet wird die äußere Etikette; so verbietet man den Mädchen schlichtweg, in Socken herumzulaufen… Streng überwacht wird die Länge der Röcke und die Höhe der Schlitze…'. Den Vätern wurde verboten, die Schuljahr-Abschlussfeier ihrer Töchter zu besuchen, weil dort ein Mädchenchor auftrat… Der Leiter der Grundschule seines Sohnes verbot es dem Jungen, im Sommer ein von der Hebräischen Universität veranstaltetes Wissenschaftscamp zu besuchen… ‚Vor hundert Jahren haben sie noch nicht in den (Privatangelegenheiten) herumgestöbert, heute stürzen sie sich auf die geringste Kleinigkeit, und sei sie noch so persönlich' …" (Karpin/Friedman, a.a.O., 73 f).

Die institutionelle Macht der rabbinischen Orthodoxie und Ultra-Orthodoxie beherrscht weite Teile des zivilen Rechts, weil diese nie säkularisiert worden sind. Diese Macht führt zu unerträglichen Schurigelungen des persönlichen Lebens auch bei allen, die mit der Religion gar nichts am Hut haben: „Für die Juden Israels heißt dies, dass sie vom orthodoxen religiösen Establishment kontrolliert werden, und im Laufe der Jahre hat sich diese Regelung verheerend auf die bürgerlichen Rechte zahlloser Staatsangehöriger ausgewirkt. Wegen des Klammergriffs der orthodoxen Kleriker kann kein jüdischer Israeli, selbst der gefestigste Atheist, außerhalb seines ‚Glaubens‘ heiraten... Tausenden von israelischen Kindern, die im Ausland adoptiert wurden, wird der Übertritt zum Judentum verwehrt, weil ihre Eltern nicht dem orthodoxen Lebensstil folgen. Frauen ist es kategorisch untersagt, vor den rabbinischen Gerichten auszusagen, an die man sich zwecks Ehescheidung wenden muss...“ (Karpin/Friedman, a.a.O., 76).

Auch die orthodox-rabbinische Frauenverachtung und Frauenunterdrückung gleicht der islamistischen (natürlich auch der traditionell christlichen und überhaupt der patriarchalen und krisenideologisch neo-patriarchalen in der ganzen Welt) aufs Haar. In den strenggläubigen Gemeinden ist die misogyne Haltung auch praktisches Alltagsgesetz, das sich als Reif auf die individuellen Liebesbeziehungen legt, wie etwa der beklemmende Film „Kadosh“ von Amos Gitai zeigt. Und qua institutioneller Macht dehnt sich dieses pseudo-archaische Alltagsgesetz der Frauenunterdrückung in vielfältiger Weise auf das säkulare israelische Leben aus.

Dasselbe gilt für die damit eng zusammenhängende Schwulenverachtung und Schwulenverfolgung, die von den ultra-orthodoxen Gläubigen genauso ausstrahlt wie von den säkularen Rassisten der „Sows“. Zu den gehässigen Angriffen der Ultras auf Rabin vor dem politischen Mord gehörte immer wieder der Slogan „Rabin ist ein Homo“ (Karpin/Friedman, a.a.O., 113). Dieselbe militante Homophobie wie bei den Islamisten findet sich nicht nur bei den israelischen Ultras, sondern auch bei ihren Unterstützern und Vordenkern in der jüdischen Diaspora, nicht zuletzt in den USA, wo sie in den jüdischen Gemeinden äußerst umstritten ist. So unterstützte der rechtsradikale New Yorker Rabbiner Abraham

Hecht (ein Held auch der israelischen Rechten) die Wahl des später durch drakonische Maßnahmen gegen die Armen bekannt gewordenen Bürgermeisters Giuliani mit antischwulen Hetztiraden: „Als er sich 1989 für Giuliani einsetzte, verkündete er, sein Kandidat werde in einer von Übeln wie vorehelichem Sex, Abtreibungen und homosexuellen Verbrechen (!) korrumpierten Stadt endlich aufräumen, und er unterstützte (wie der örtliche Ku-Klux-Klan) die milde Bestrafung eines Mörders durch einen texanischen Richter, weil dessen Opfer nach dem Wort des Richters „Schwuchteln" waren" (Karpin/Friedman, a.a.O., 220).

Mit der rassistisch und nationalistisch zugespitzten neo-archaischen Ideologie geht eine abermals dem Islamismus ebenso wie den westlichen synkretistischen Sekten entsprechende rituelle Zwanghaftigkeit einher. Nach den verheerenden palästinensischen Selbstmordattentaten versuchen beispielsweise ultra-orthodoxe Fanatiker, die Leichenteile „ethnisch" zu sortieren, damit nicht Körperteile eines fremdrassigen Attentäters versehentlich zusammen mit jüdischen beerdigt werden. Von der religiösen Rechten werden gegen den Willen der säkularen Bevölkerung immer mehr religiöse Einschnürungen des Alltagslebens durchgesetzt, die inzwischen weit über die unmittelbaren institutionellen Befugnisse der Ultra-Orthodoxen hinausreichen. Mit jedem neuen politisch-koalitionstechnischen Zugeständnis an die religiösen Parteien verwandelt sich das Gesicht Israels. Das Land ist einerseits im Sinne des politischen Systems eine kapitalistische Demokratie westlicher Prägung, die jedoch wie gesagt von den Haredim nie anerkannt wurde; andererseits gleicht der israelische Alltag in vieler Hinsicht bereits dem eines Gottesstaates nach dem Muster der Taliban.

Es ist ganz offensichtlich, dass hier zwischen zwei einander ausschließenden Welt- und Lebensentwürfen eine katastrophale Zerreißprobe heranreift. Hatte Eisenstadt seine soziologisch-historische Analyse von 1984 noch mit der Hoffnung auf inneren Ausgleich beendet, so ist diese Einschätzung des inneren Zustands Israels bei Karpin/Friedman 14 Jahre später nur noch rabenschwarz: „Das Land, so sehen es die Israelis immer wieder, sitze auf einem Pulverfass mit brennender Lunte. Als größte Bedrohung gilt ihnen nicht der fundamentalistische Terrorismus oder ein Krieg mit den Nachbarn, sondern die Auflösung von innen her... (Als) bei einer Gallup-Erhebung für Ma'ariv am zweiten Jahrestag des Attentats die Frage gestellt wurde, ob das Land der Einheit oder dem Bürgerkrieg näher sei, urteilten mehr als doppelt so viele Israelis (56 gegenüber 21 Prozent), es sei dem nationalen Geschwistermord näher als dem inneren Frieden" (Karpin/Friedman, a.a.O., 427).

Wenn die drohende gewaltsame Entladung des inneren Widerspruchs in Israel bis jetzt vertagt wurde, so ist dies natürlich in erster Linie auf die Zuspitzung des äußeren Konflikts mit den Palästinensern seit Beginn der sogenannten AL-Aksa-Intifada zurückzuführen. Die antisemitischen Hetztiraden, die Selbstmordattentate und die quasi-militärische Formierung durch palästinensische Warlord-Milizen haben nicht nur schlechthin den äußeren Widerspruch wieder stärker in den Mittelpunkt gerückt, sondern auch die eigene rassistische, fundamentalistische und nationalistische Energie der israelischen Rechten erst einmal nach außen gelenkt, zumal diese Rechte inzwischen den gesellschaftlichen Mainstream bildet und das institutionelle Ruder fest in der Hand hat.

Dementsprechend sieht auch das Vorgehen der israelischen Armee in den besetzten Gebieten seit der Scharon-Regierung aus, das nicht mehr als Akt der Selbstverteidigung einer militärisch-technisch weit überlegenen Macht interpretiert werden kann. Naturgemäß hat sich die rechtsgerichtete Ultra-Tendenz der Gesellschaft wie überall in der Welt am heftigsten in der Armee durchgesetzt. Es ist nicht nur desinformierender palästinensischer Propaganda geschuldet, wenn auch die Berichte westlicher Journalisten und israelischer oppositioneller Gruppen und Hilfsorganisationen inzwischen eine ganze Reihe von Kriegsverbrechen der israelischen Armee aufzählen.

So wurden mutwillig Privathäuser, historische Monumente und völlig unmilitärische Einrichtungen der Palästinenser zerstört: „In Ramallah verwüsteten die Soldaten das Gesundheitszentrum der Union, zerstörten die Optiker-Station, das Büro für den Verleih medizinischer Geräte und das Jugendzentrum… Das Kulturministerium in Ramallah wurde erst am 2. Mai… von den Besetzern geräumt. Sie hinterließen lauter verwüstete, verschmierte und besudelte Büros, zerstörte Computer und leere Registerregale. … selbst die Toilettenschüsseln wurden zerschlagen. In der Stadtverwaltung von Ramallah sprengten die Soldaten den Haupttresor der Finanzbuchhaltung auf und entfernten sämtliche Harddisks aus den Computern. Im Erziehungsministerium … ließen sie die Unterlagen für die nächsten Abschlussexamina und die Beglaubigungsstempel für Abgangszeugnisse mitgehen; zur Abrundung pflügten sie den Blumengarten mit ihren Kettenfahrzeugen um. Nach Auskunft des Kultusministers Abderabboh entwendeten die Soldaten im Grundbuchamt sämtliche Unterlagen über den Bodenbesitz, was im Lichte der fortschreitenden Enteignung für jüdische Siedlungen ein schmerzhafter Verlust wäre… Laut zahlreicher Zeugenaussagen … richteten die Soldaten auch in

Schulen und in vielen Privatwohnungen Zerstörungen an und ließen Wertsachen oder Bargeld mitgehen" (Neue Zürcher Zeitung, 8.5.2002).

Die Berichte über die Durchsuchung und Plünderung großer Geschäftszentren nicht nur in Ramallah, über das Ausrauben von Zivilpersonen usw. sind so zahlreich und übereinstimmend, dass man von ihrem Wahrheitsgehalt ausgehen kann. So heißt es über israelische Schützenpanzerbesatzungen, dass diese „vor Läden, Goldschmieden, Banken und Computergeschäften gehalten und diese geplündert hätten" (Wieland/Schäfer 2002). Angeblich nach Waffen durchsuchten Studenten wurden die Geldbeutel abgenommen. Teile der israelischen Armee verhalten sich im „ethnischen Feindesland" ganz der globalen Entwicklung entsprechend; das Vorgehen in den Palästinensergebieten ist ansatzweise zum Teil der weltweiten Plünderungsökonomie geworden.

Bei Raub und Plünderung ist es nicht geblieben. Im April 2002 legten bei einer Pressekonferenz in Jerusalem Sprecher von acht internationalen Menschenrechtsgruppen Berichte über außergerichtliche Exekutionen und Folter durch israelische Soldaten vor. „So hörte man von einer Gruppe von zehn Frauen, die sich nach einem Feuergefecht auf die Straße wagten: Mit erhobenen Armen flehten sie die Soldaten an, den hilflosen Verletzten beizustehen. Ihre Anführerin, die Ärztin Dr. Kadah, wurde erschossen, die anderen Frauen schwer verletzt" (Neue Zürcher Zeitung, 17.4.2002).

Das oberste israelische Gericht musste die Folter von palästinensischen Gefangenen ausdrücklich verbieten, was einem Eingeständnis gleichkommt, dass die Folter verschiedenen Grades in Israel wie in den Militärdiktaturen der Dritten Welt schon in der

Vergangenheit zum Alltag gehört hat. Carmi Gillon, damals designierter israelischer Botschafter in Dänemark, rief Proteste hervor, als er auch nach einem Urteil noch öffentlich die Folterung von palästinensischen Gefangenen rechtfertigte. Dass der Vorwurf der Folter auch bei den nachfolgenden israelischen Militäroffensiven wieder massiv und mit Details erhoben wurde, zeigt an, dass diese Praktiken weiterhin bis heute angewandt werden. Über das Schicksal von Marwan Barghuti, Mitglied des palästinensischen Exekutivrats, der von der israelischen Armee im April 2002 festgenommen worden war, hieß es in Presseberichten: „Barghuti werde vom israelischen Inlandgeheimdienst Shin Bet durch Schlafentzug gefoltert... Außerdem werde er immer wieder viele Stunden lang auf einem mit Nägeln gespickten Stuhl festgebunden. Seine Hände und Füße seien dabei so fixiert, dass er nicht aufrecht sitzen könne. Dabei habe er sich derart starke Verletzungen an Rücken und Händen zugezogen, dass er in eine Krankenstation gebracht worden sei. Dort habe der Kontakt mit den Vertretern der Menschenrechtsorganisation stattgefunden. Seine Peiniger hätten Barghuti angedroht, seinen in der israelischen Stadt Ashkelon inhaftierten Sohn zu töten" (Neue Zürcher Zeitung, 25.5.2002).

Erscheinungen wie Kriegsverbrechen, Folter usw. können nicht allein schuldhaften Einzeltätern zugeordnet werden, zumal diese Verbrechen in der Regel gar keine oder nur eine milde Bestrafung als „Heldendelikte" erfahren (in Israel ebenso wie in Russland, Restjugoslawien, den USA und anderswo); vielmehr sind solche Taten immer auch ein Spiegelbild der Gesellschaft, aus der sie hervorgehen. Die Gräueltaten der israelischen Armee, die nicht mit der Barbarisierung der palästinensischen Gesellschaft gerechtfertigt werden können, verweisen auf die Barbarisierung der israelischen Gesellschaft selbst, die gerade in dieser Hinsicht ein integraler Bestandteil der kapitalistischen Weltgesellschaft ist.

Wenn der innere Widerspruch Israels noch nicht in großem Maßstab gewaltsam aufgebrochen ist, so ist dies nicht allein dem „Export" von Gewalt und theokratisch-rechtsradikalen Hasspotentialen durch die äußere Konfrontation mit dem komplementär barbarisierten palästinensischen Gegner zuzuschreiben. Ein weiterer Faktor ist das Zurückweichen der säkularen Linken und selbst der bloß lebensweltlich säkularen Kräfte Israels. Dass die Arbeiterpartei schon längst den Weg aller Sozialdemokratien gegangen ist, dürfte kaum überraschen. Die Ermordung Rabins hat nicht etwa kritische Potentiale freigesetzt, sondern die Reste des ideologisch längst aufgeweichten Arbeiter-Zionismus noch weiter nach rechts getrieben; vergleichbar der Entwicklung sämtlicher Sozialdemokratien zu Beginn des Ersten Weltkriegs. Auch damals hätten sämtliche sozialdemokratischen Führer von Rechtsradikalen erschossen werden können (was mit Jean Jaurès in Frankreich tatsächlich geschah), und die Burgfriedenspolitik wäre trotzdem weitergegangen.

Hinzu kommt, dass das Bewusstsein der säkular orientierten israelischen Jugend, gerade der linken, ebenso wie das ihrer europäischen und nordamerikanischen Altersgenossen stark von der warenkonsum-hedonistischen abstrakten Individualisierung der sogenannten Postmoderne geprägt ist, die dem Vormarsch der anderen Seite derselben Tendenz, nämlich des ethno-kulturalistischen Fundamentalismus, kaum Paroli bieten kann. Eine darüber hinaus ideell durch postmoderne Theorie abgerüstete Linke, die Kapitalismus und Barbarei zu bloßen „Diskursereignissen" verharmlost, muss selber harmlos werden, was sich natürlich besonders in den Krisenregionen fatal auswirkt, wie der linke israelische

Hochschullehrer Ran HaCohen feststellt: „Diese jungen Israelis verstehen sich als radikal, friedensorientiert, gegen die Besatzung eingestellt und dazu verdammt, unter rückwärtsgewandten Fanatikern zu leben. Zur selben Zeit aber ermöglicht ihnen dieselbe Bewusstseinsstruktur, sich an die Besatzung anzupassen... Die intellektuelle Mode, die ‚Postmodernismus' genannt wird – im Westen eher auf dem absteigenden Ast, doch quicklebendig im provinziellen Israel – spielt dabei eine wichtige Rolle... Weil es keine Wahrheit gibt, können wir auch gegen nichts Widerstand leisten und nichts wirklich unterstützen... Worte sind wichtiger als Handlungen. Sprache ist die Grundlage von allem, Diskursanalyse ist der Schlüssel zu allem... Der israelische Fall bietet einen eindrucksvollen Beweis dafür, wie gefährlich diese Ideologie sein kann" (HaCohen 2002).

Unter allen diesen Umständen und Bedingungen kann die Ausschaltung der zurückweichenden säkularen Linken durch die rechte Administration vorerst auf kaltem Wege vor sich gehen. So sagte etwa die Direktorin des Cohn-Instituts an der Universität Tel Aviv, Rivka Feldhay, über die Situation der säkularen und linken Intellektuellen an den Hochschulen: „Israels ultranationale Ministerin für Bildungsfragen, Limor Livnat, versucht uns zu isolieren und zu behindern. Forschung und Lehre werden hier in Israel durch einen Rat für akademische Ausbildung finanziert. Die neue Ministerin hat dieses Gremium in den vergangenen Monaten neu besetzt, um die Universitäten zugunsten von regierungsnahen Wissenschaftlern zu schwächen. Mit Erfolg... (wir) sind darauf angewiesen, dass die Europäer uns zu Hilfe kommen. Nicht mit Boykotten. Sondern indem sie ihren guten Namen in die Waagschale werfen, um gegen die Regierungspolitik zu protestieren" (Feldhay 2002).

Auch im Alltag müssen säkulare Linke immer mehr damit rechnen, angefeindet und angepöbelt zu werden; Künstler und Intellektuelle ziehen sich allmählich aus bestimmten, von Ultra-Orthodoxen beherrschten Vierteln Jerusalems und anderer Städte zurück. Trotzdem bringt die linke Opposition immer noch Hunderttausende von Demonstranten auf die Straße. Nach Angaben der 1982 (als Reaktion auf den von Scharon befehligten Einmarsch in den Libanon gegründeten) Verweigerer-Organisation Yesh Gvul („Es gibt eine Grenze") haben seit Herbat 2000 mehr als tausend israelische Soldaten, darunter höhere Offiziere, den Dienst unter der Scharon-Regierung in den besetzten Gebieten verweigert: „ Es ist nicht das erste Mal, dass Israelis den Dienst an der Waffe verweigern, doch haben sich noch nie so viele Mitglieder von Kampfeinheiten – Reservesoldaten und -offiziere – öffentlich für eine Verweigerung in den besetzten Gebieten ausgesprochen" (Dachs 2002).

Dieser auch heute (2016) noch anhaltende Widerstand ändert jedoch nichts daran, dass die säkulare Linke insgesamt geschwächt ist und um ihre soziale und institutionelle Zukunft, ja bei einer Rückverlagerung der theokratisch-nationalistischen Aggressionspotentiale nach innen auch um Leib und Leben fürchten muss. Die Eskalation der inneren Widersprüche droht nicht zuletzt durch eine absehbare katastrophale Wirtschaftskrise ausgelöst zu werden. Israel, zusammen mit Palästina ohnehin wie viele andere Weltregionen durch den Prozess der kapitalistischen Globalisierung und die Abhängigkeit vom Zufluss transnationalen Finanzkapitals bereits trotz aller Alimentierungen schwer angeschlagen, ruiniert sich zusätzlich durch die immensen Militärkosten, die auf die soziale Reproduktion zurückschlagen. Bereits die damalige Scharon-Regierung saß auf einem sozialökonomischen Pulverfass; nicht minder die auf sie folgenden Netanjahu-Regierungen

bis heute. Die ökonomische Krise, die periodisch zu Regierungs-
krisen führt, stellt unerbittlich die Frage, welche Teile der israelischen Bevölkerung sozial über die Klinge springen müssen. Und
die Ultra-Parteien haben bereits unmissverständlich deutlich gemacht, dass es alle ihnen missliebigen säkularen Schichten sein
sollen; eine Absicht, der durch die Entfesselung der inneren Hass-
potentiale nachgeholfen werden kann.

Das Wissen um diese Entwicklung schlägt sich in einer „Abstim-
mung mit den Füßen" nieder: Hunderttausende von säkularen Israelis sind seit längerem dabei, auszuwandern, oder tragen sich
mit dieser Absicht: „Noch nie in seiner jungen Geschichte hat es
in dem traditionellen Einwanderungsland so viel potentielle Aus-
wanderer gegeben… Nicht nur Kanada, Australien und die USA
wirken wie ein Magnet auf viele Israelis: „Auch Vanuatu, ehemals
die Neuen Hebriden, republikanischer Inselstaat im Pazifischen
Ozean… In Tel Aviv haben sich … bereits 2000 Familien in die ko-
operative ‚Mondragon'-Gesellschaft eingetragen, welche für
4.500 Dollar Landparzellen von jeweils 3.000 Quadratmetern in
Vanuatu verkauft. Doch das ist erst der Anfang, denn ‚Mondragon' hat rund 80.000 Hektar Land für 150 Jahre gepachtet, um es
aufgestückelt an auswanderungswillige Israelis zu verkaufen. Das
gäbe über 50.000 Parzellen, also Platz für über eine Million Menschen" (Landsmann 2001).

Es hat etwas zutiefst Deprimierendes und Erschütterndes, wenn
auf diese Weise immer mehr säkulare Juden dem vermeintlichen
Zufluchtsort und der vermeintlichen Heimat Israel den Rücken
kehren, davongetrieben sowohl von palästinensischen Terror-
kommandos als auch von der inneren unheimlichen Allianz aus
religiösen Fanatikern, Ultra-Nationalisten, Ethno-Politikern und

säkularen Rassisten. Je mehr die säkulare Linke Israels durch diesen tragischen Exodus ausblutet, desto rapider schreitet die innere Zersetzung und Barbarisierung der israelischen Gesellschaft notwendigerweise fort.

Natürlich stellt sich die Frage, wie diese traurige gesellschaftliche Entwicklung Israels im Hinblick auf den „ideellen Gesamtimperialismus" des kapitalistischen Zentrums zu bewerten ist. Auf keinen Fall kann es für eine emanzipatorische, antikapitalistische Position um eine „Äquidistanz" zu Israelis und Palästinensern in dem Sinne gehen, dass bloß auf die komplementäre Barbarisierung der beiden ineinander verschlungenen Gesellschaften im Kontext der allgemeinen Globalisierungskrise verwiesen wird. Das wäre deswegen zu kurz gegriffen, weil durch einen derartigen Krisen-Positivismus die Funktion des weltweiten Antisemitismus und damit die besondere Bedeutung des Staates Israel ausgeblendet würde.

Israel ist immer beides zugleich: ein peripherer kapitalistischer Staat unter kapitalistischen Bedingungen in einer zentralen Krisenregion einerseits; und ein spezifisches Widerstandsprodukt gegen die antisemitische letzte krisenideologische Reserve des Imperialismus andererseits. Deshalb ist die staatliche Existenz Israels eben von anderer Qualität als diejenige aller anderen Staaten. Während es nicht mehr im Horizont der sozialen Emanzipation liegen kann, dass die Palästinenser einen eigenen Staat bilden, sondern hier bereits die poststaatliche Perspektive der Befreiung aktuell geworden ist, bleibt die Existenz und die Verteidigung des Staates Israel eine entscheidende flankierende Bedingung für die Konstitution einer transnationalen globalen Emanzipationsbewegung neuen Typs, die sich nicht durch die Öffnung des antisemitischen ideologischen Ventils das Verlangen nach Befreiung austreiben lässt. Mit anderen Worten: Unter allen Ländern ist Israel dasjenige, das im Rahmen einer neuen emanzipatorischen Weltbewegung am letzten die staatliche und „nationale" Existenz hinter sich lassen kann.

Das gewissermaßen doppelte Dasein Israels als gewöhnlicher kapitalistischer Krisenstaat und als globaler Bezugspunkt kapitalistischer Krisenideologie verlangt eine entsprechende doppelte Herangehensweise radikaler Gesellschaftskritik. Die Verteidigung der Existenz Israels muss für eine neue Kapitalismuskritik unbedingt sein; denn diese Verteidigung bildet eine conditio sine qua non für den emanzipatorischen Gehalt der Kritik. Die unbedingte Verteidigung der Existenz Israels kann gleichzeitig nicht von der realen gesellschaftlichen Entwicklung Israels als kapitalistischer Krisenregion abstrahieren. Denn die Reduktion gesellschaftlicher Entwicklung auf die ideologische Sphäre und damit die Reduktion der Kritik auf Ideologiekritik, gar in zusätzlicher Engführung auf das antisemitische Syndrom, würde das Verhältnis von Gesellschaft und Ideologie auf den Kopf stellen und die Ideologiekritik selber in Ideologie verwandeln.

Insofern ist es auch falsch, aus der Perspektive radikaler Kritik die Geschehnisse im Nahen Osten ausschließlich unter das krisenideologische Aufblühen des Antisemitismus im Westen und speziell in Deutschland zu subsummieren, um dann unter dem Vorwand, die Thematisierung der gesellschaftlichen Entwicklung in Israel „nütze" bloß dem Antisemitismus, diese reale Entwicklung auszublenden oder sogar schönzufärben.

Der Antisemitismus kann nicht unabhängig von seiner gesellschaftlichen Grundlage, dem modernen warenproduzierenden

System, analysiert und bekämpft werden. Abgelöst von der gesellschaftlichen Wirklichkeit schlägt die Kritik in Affirmation um, wie die gegenwärtige ideologisch reduzierte Auseinandersetzung um den Antisemitismus bis in die radikale Linke hinein zeigt. Hatte die kritische Theorie immer den wesentlichen inneren Zusammenhang von Kapitalismus und Antisemitismus, von Auschwitz und der deutschen Geschichte des Kapitalismus hervorgehoben, so soll nun genau umgekehrt radikale Kapitalismuskritik als solche mit dem Schandmal des Antisemitismus gebrandmarkt werden, um die Linke mundtot zu machen. Eine Linke, die diesem Druck nachgibt, muss sich selbst aufgeben: Der ideologiekritische Reduktionismus einer totalen Subsumtion von Gesellschaftskritik unter die Kritik des Antisemitismus entpuppt sich dann als platte Verteidigung des gesamtimperialen Weltkapitalismus im falschen Namen einer Kritik des Antisemitismus, die gerade dadurch in sich unwahr werden muss.

Der Beruf kritischer Theorie kann es nicht sein, für den Nahen Osten „Friedenspläne" auf der Basis des kapitalistischen „Realismus" auszuhecken. Auf dieser Basis wird es sowieso niemals und nirgends Frieden geben. Der Beruf kritischer Theorie ist die unbestechliche Analyse der gesellschaftlichen Verhältnisse, aus der die radikale Kritik dieser Verhältnisse als immanente Konsequenz hervorgeht. In diesem Sinne kann es hinsichtlich der komplexen Beziehung von antisemitischer Krisenideologie (in der ganzen Welt, im Westen und auch speziell in Deutschland und Österreich), gesellschaftlicher Entwicklung in Israel und sogenanntem Palästinakonflikt nur darum gehen, die Verteidigung der Existenz Israels zu verbinden mit einer Unterstützung der israelischen säkularen Linken und einem gemeinsamen Kampf gegen den weltweiten Barbarisierungsprozess des warenproduzierenden Systems.

Diese notwendige Verbindung hat ihre Sachhaltigkeit gerade in der primären Verteidigung Israels als Staat gewordene Existenz des Widerstands gegen das globale antisemitische Syndrom; denn diese Existenz ist nicht nur von außen, sondern ebenso von innen gefährdet. Bereits in den 90er Jahren hat in der israelischen Gesellschaft ein Bruch stattgefunden, der selbst den gemeinsamen Bezug auf die Erinnerung an den Holocaust grundsätzlich in Frage stellt. So erklärte der Ultra-Rabbiner Chaim Miller: „Unsere Absicht ist eine strikte Trennung zwischen Gläubigen und Ungläubigen in Sachen Holocaust" (zit. nach: Der Spiegel 8/1995). Der Chef der ultrareligiösen Agudat-Israel-Partei, Mosche Feldmann, „verlangte die Einrichtung einer alternativen Gedenkstätte für Gläubige" (ebd). Diese Abspaltung droht die säkularen jüdischen Opfer der Nazis selbst noch aus der Erinnerung zu eliminieren: Die „wahren" Opfer sind dann einzig noch die streng Religiösen, wie die „wahren lebenden Juden" ebenfalls nur die Ultras sein sollen. Eine derartige innere Delegitimierung des zionistischen Projekts stellt den historischen Ort Israels in Frage, soweit die Kriterien von Inklusion und Exklusion grundsätzlich verlagert werden und nicht mehr der globale Antisemitismus die (negative) Legitimationsgrundlage bildet, sondern ein die säkulare jüdische Linke ausgrenzender positiver Ethno-Nationalismus.

Israel ist auf absehbare Zeit von der kapitalistisch weit zurückgebliebenen arabischen Welt nicht militärisch im traditionellen Sinne zu besiegen. Von außen wie von innen ist es stattdessen durch den Todestrieb kapitalistischer Vernunft in Frage gestellt; durch Selbstmordkommandos womöglich mit atomaren oder biologischen Sprengsätzen ebenso wie durch rassistisch-theokratische Selbstzerstörung. Das Kalkül des westlichen Ölimperialismus könnte gerade ein gewaltsames Zerbrechen der israelischen Gesellschaft von innen heraus zum Anlass für eine Neuorientierung in der Region nehmen, die gleichzeitig die Bahn für die antisemitische Krisenideologie im Westen selbst freimachen würde. Dann darf man, liebe israelische Menschen, darauf gespannt sein, ob der kapitalistische Zusammenbruchs-Welt-Antisemitismus in seinem physischen Vernichtungsdrang überhaupt im Entferntesten einen Unterschied zwischen gläubigen und ungläubigen Juden, jüdischen Linken, Orthodoxen, Ultra-Orthodoxen oder Nationalisten machen wird. Das sollte Euch (wie uns allen) zu denken geben! Wehrt Euch gegen den längst begonnenen inneren Zerfall und versucht, mediative einigende Handlungsweisen zu finden. Jetzt!

Literatur

Astbury, Sid (2001), „Flüchtlingsflut" vor Wohlstandsinsel, dpa-Bericht, August 2001

Back, Les (2000), Im Kreisverkehr. Offener und institutioneller Rassismus in London; in: Jungle World 6/2000

Bebber, Hendrik (2001), Der Frust der farbigen Jugendlichen richtet sich wieder einmal gegen die Polizei; in: Nürnberger Nachrichten, 9.7.2001

Bendemann, Chris (2002), Keine Aufklärung. An einer juristischen Aufarbeitung der Rostocker Pogrome zeigt der Staat kaum Interesse; in: Jungle World 35/2002

Beucker, Pascal (2001), Die Bronx am Rhein; in: Jungle World 38/2001

Birnbaum, Norman (2002), Europas Unmündigkeit; in: Der Spiegel 9/2002

Bodin, Jean (1976, zuerst 1583), Über den Staat

Böhm, Andreas (2000 a), Freier für den Frieden; in: Die Zeit 3/2000

Broder, Henryk M. (2000), Da unten ist er; in: Der Spiegel 50/2000

Dachs, Gisela (2002), Da bröckelt's kräftig an der Front. In Israel verweigern Reservesoldaten den Dienst in den besetzten Gebieten; in: Die Zeit 9/2002

Dreis, Ralf (2000), Multiple Deportation; in: Jungle World 30/2000

Eisenstadt, Shmuel N. (1987, zuerst 1985), Die Transformation der israelischen Gesellschaft

Feldhay, Rivka (2002), Wer nicht mehr spricht, stirbt/Interview; in: Die Zeit 18/2002

Gebauer, Thomas (2002), Neutralität ist eine Illusion. Die Rolle humanitärer Hilfsorganisationen in Bürgerkriegs-Ökonomien; in Dr. Med. Mabuse 136

Gruppe KRISIS (2004), Manifest gegen die Arbeit

HaCohen, Ran (2002), Lebendiger, tödlicher Postmodernismus. Ein Brief aus Israel; in: ak 462

Hardt, Michael/ Negri, Antonio (2002, zuerst englisch 2000), Empire. Die neue Weltordnung

Jacobs, Andreas/Masala, Carlo (1999), Vom Mare Nostrum zum Mare Securum, sicherheitspolitische Entwicklungen im Mittelmeerraum und die Reaktion von EU und NATO; in Beilage zur Wochenzeitung Das Parlament 17/1999

Jappe, Anselm (2002), Des Proletariats neue Kleider. Vom Empire zurück zur Zweiten Internationale; in: KRISIS 25, beiträge zur kritik der warengesellschaft

Kampfner, John (2002), Vom Dnjepr ins gelobte Land. Die Einwanderer und die Regierung Sharon; in: Le Monde diplomatique, deutsche Ausgabe 4/2002

Karpin, Michael/Friedman, Ina (1998), Der Tod des Jitzhak Rabin. Anatomie einer Verschwörung

Kaufmann, George (2015), Kapitalismus – verstehen – abschaffen

Korosides, Konstantin (2001), Geistliche Green Card; in: Der Spiegel 47/2001

Kurz, Robert (2003), Weltordnungskrieg

Kurz, Robert (2009), Schwarzbuch Kapitalismus

Kurz, Robert (2013), Der Tod des Kapitalismus

Laak, van, Dirk (1999), Weiße Elefanten, Anspruch und Scheitern technischer Großprojekte im 20. Jahrhundert

Landsmann, Charles A. (2001), Dem Volk Israel droht ein erneuter Exodus; in: Nürnberger Nachrichten, 19.9.2001

Mazower, Mark (2000), Die letzte der Revolutionen; in: Die Zeit 43/2000

Nastase, Adrian (2001), Rumänien wird Schutzschild gegen illegale Einwanderung; in: Frankfurter Allgemeine Zeitung, 4.7.2001

Oztovics, Walter (2000), Angst ohne Grenzen; in: Wirtschaftswoche 41/2000

Piper, Nikolaus (1996), Standort Sarajevo; in: Die Zeit 25/1996

Ramthum, Christian (1997), Dr. Jekyll und Mister Hyde; in: Wirtschaftswoche 43/1997

Rückert, Sabine (2002), Blut, Speichel und Tränen; in: Die Zeit 8/2002

Rufin, Jean-Christophe (1991), Das Reich und die neuen Barbaren

Schmid, Bernhard (2000), Antisemitismus ohne Rechte; in: Jungle World 45/2000

Seibert, Thomas (2000), Die Weltsozialarbeiter; in: Jungle World 27/2000

Simon, Jana (2000), „Ich bin denen nicht gewachsen". Dreiste Nazis, überforderte Sozialarbeiter, verängstigte Lokalpolitiker; in: Die Zeit 33/2000

Sontheimer, Michael (2000), Spiel mit der Rassen-Karte; in Der Spiegel 17/2000

Thielke, Thilo (2002), Schamlose Helfer; in: Der Spiegel 19/2002

Uthmann, von, Jörg (1991), Die Verdrängung des Establishments. Entwickelt sich der Schmelztiegel Amerika zur multikulturellen Gesellschaft?, in: Frankfurter Allgemeine Zeitung, 14.12.1991

Wälterlin, Urs (2001 b), Die Hölle im Paradies; in: Süddeutsche Zeitung 2.1.2001

Wälterlin, Urs (2001), Die Hölle im Paradies; in: Süddeutsche Zeitung, 2.1.2001

Woratschka, Rainer (1999), „Mit vielen Bürgermeistern waren wir per Du"; in: Nürnberger Nachrichten, 30.10.1999

Der Autor George Kaufmann

George Kaufmann wurde 1941 in Berlin geboren. Heute lebt er in einer kleinen Gemeinde des Berliner Umlands.

Er lernte Werkzeugmacher und studierte an verschiedenen Hochschulen.

Studium Dresden: Technologie Flugzeugbau

Technologie Maschinenbau (Dipl.-Ing.)

Studium Berlin: Philosophie, Politische Ökonomie

Außenhandel (Dipl.-Ök.)

Fachliche Tätigkeiten: Jeweils langjährig im Schienenfahrzeugbau, Außenhandel (Elektronik/Mikroelektronik) und als Geschäftsführer einer PR-Agentur/Journalist tätig.

Seit mehr als drei Jahrzehnten untersucht George Kaufmann zunächst nebenberuflich und inzwischen ungehindert das Wesen des Kapitalismus, also seinen Formzusammenhang und seine Geschichte.